Edition Sternsaphir

AF547263

Diese Geschichte widme ich meinen beiden unzertrennlichen, einmaligen Söhnen **Christian und Matthias.**

Ich liebe Euch

und

Ihr werdet immer *das* Wunder in meinem Leben sein.

Umschlag, Illustration: Nadine Drexler
Lektorat, Korrektorat: „Die drei Kommas“

Verlag: Edition Sternsaphir, Saldenburg

ISBN

Paperback 978-3-9821174-1-6

e-Book 978-3-9821174-2-3

Druck und Distribution im Auftrag des Verlags:
tredition GmbH, Heinz-Beusen-Stieg 5, 22926 Ahrensburg, Deutschland

Kontaktadresse nach EU-Produktsicherheitsverordnung:
editionsternsaphir@web.de

Die Autorin

Arlett Stauche
wurde 1970 im Thüringer Wald
geboren und lebt in dem kleinen
Städtchen Gräfenthal.

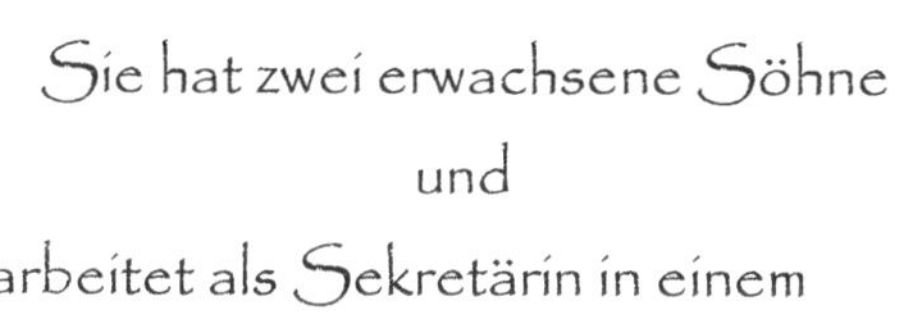

Sie hat zwei erwachsene Söhne
und
arbeitet als Sekretärin in einem
Krankenhaus. Nach ihrem Abitur
begann sie ein Studium im Bereich
Germanistik und Kunst an der Pädagogischen
Hochschule in Erfurt.

Das Schreiben und Malen betreibt sie mit viel
Enthusiasmus in ihrer Freizeit.

Bücher sind ihre Leidenschaft!

≈∞≈ Geheimnisvolle Seelensucher ≈∞≈

≈∞≈ Die Feloidea ≈∞≈ 9
≈∞≈ Das Elend der Meia Saiwalos ≈∞≈ 38
≈∞≈ Katzenwut ≈∞≈ 50
≈∞≈ Die Offenbarung ≈∞≈ 55
≈∞≈ Anpassung ≈∞≈ 72
≈∞≈ Im Käfig gefangen ≈∞≈ 90
≈∞≈ Versteckte Botschaft ≈∞≈ 100
≈∞≈ Die Entführer ≈∞≈ 108
≈∞≈ Auf der Suche ≈∞≈ 112
≈∞≈ Das Wasserkraftwerk ≈∞≈ 122
≈∞≈ Der König aller Metamorphe ≈∞≈ 134
≈∞≈ Dahinrinnende Zeit ≈∞≈ 149
≈∞≈ Abhängigkeiten ≈∞≈ 169
≈∞≈ Grenzen ≈∞≈ 177
≈∞≈ Feinde und Verbündete ≈∞≈ 203
≈∞≈ Auf den Fersen ≈∞≈ 237
≈∞≈ Raserei und Einsamkeit ≈∞≈ 256
≈∞≈ Neue Wege ≈∞≈ 268
≈∞≈ Verfolgung und Verzögerung ≈∞≈ 287
≈∞≈ Die Zurückgebliebenen ≈∞≈ 300
≈∞≈ Hinterhalt ≈∞≈ 315
≈∞≈ Vom Suchen und Finden ≈∞≈ 328
≈∞≈ Die Oldthree ≈∞≈ 336
≈∞≈ Verschmelzung ≈∞≈ 360
≈∞≈ Bezwingende Pläne ≈∞≈ 375
≈∞≈ Heiliges Versprechen ≈∞≈ 390

≈∞≈ Die Feloidea ≈∞≈

Im selben Augenblick, als die Scheinwerfer aufflammten, wusste er, sie war in der Konzerthalle – zwar nicht in seiner unmittelbaren Nähe, aber auch nicht allzu weit entfernt.
Adam spürte ein ungewohntes Kribbeln auf seiner erhitzten Haut, und sein Herzschlag beschleunigte sich unwillkürlich. Aufgewühlt durchkämmte sein Blick die undurchdringliche Menschenmasse, die sich vor der erhellten Bühne Leib an Leib drängte. Unglücklicherweise konnte er in dem gleißenden Licht der Strahler keine einzelnen Gesichter erkennen.
Er verengte die Augen zu schmalen Schlitzen, um mehr Details sehen zu können, aber es gelang ihm einfach nicht. Die Fans johlten, pfiffen und riefen seinen Namen im Chor.
Adam lächelte angespannt in die gesichtslose Menge, die den einzigen Menschen verschluckte, nach dem er sein Leben lang gesucht hatte.

Unzählige Male hatte er sich diese Szene, diesen kaum greifbaren Traum, die Begegnung mit diesem Mädchen in seinen Gedanken ausgemalt.

Und nun war es endlich so weit! Er spürte sie in jeder Zelle seines Körpers. Seine Gedanken wirbelten wild durcheinander, er konnte sich nicht konzentrieren, konnte nicht klar denken. Panik ergriff ihn! Was sollte er tun, wenn er sie in diesem Gedränge nicht entdecken konnte? Wenn das Konzert viel zu schnell vorüber war und er sie bis zum Ende nicht gefunden hatte? Doch bevor er ganz und gar in Verzweiflung versank, landete Corvus, sein Rabe, auf seiner Schulter und rettete ihn aus seiner inneren Lähmung. Der Vogel sah ihn prüfend von der Seite an, denn er fühlte die Nervosität seines Meisters.

Normalerweise saß er von Anfang an auf Adams linker Schulter, bevor er die Bühne betrat, aber heute war alles anders. Es schien, als hätte das Tier geahnt, dass an diesem Abend etwas Besonderes geschehen würde. Corvus schlug aufgeregt mit den Schwingen und schüttelte das schwarz-weiße Gefieder – er war kein gewöhnlicher Rabe, er war ein Schildrabe, der, typisch für diese Vogelart, eine weiße Brust hatte. Für Adam war er mehr als ein Haustier, er war sein ganz persönlicher Schutzgeist und wichtigster Wegbegleiter. Deswegen hatte er seine Rockband „Corvus" auch nach ihm benannt. Der Rabe krächzte nervös, denn er spürte sie ebenfalls – die Frau, auf die sein Meister sein Leben lang gewartet hatte. Adam fühlte mit aller Intensität ihre aufregende Nähe und vor allem ihre Seele – seine Seelenhälfte …

Es wurde Zeit, diese Frau endlich zu sich zu holen … und das Konzert zu beginnen, das nur Mittel zum Zweck war, um sie ausfindig zu machen. Nur für das geübte Auge des Raben sichtbar, gab Adam dem Vogel ein vertrautes Zeichen.
Sein gefiederter Freund stieß sich daraufhin kraftvoll von der Schulter ab und erhob sich majestätisch in die Lüfte.

„Adam! Corvus! Corvus!", brüllten die Massen aufgeregt. Für tausende Fans war das Auffliegen des Schildraben der Startschuss für das fiebrig herbeigesehnte Musikevent. Adam nickte seinen Musikern auffordernd zu, die hinter ihm Position bezogen hatten und anfingen, die ersten Akkorde auf ihren Instrumenten zu spielen – das Publikum wurde sofort in den Bann der schottischen Rockklänge gezogen.

Adam Corbet war Bandleader und Sänger der Rockband „Corvus", und nur seiner Stimme war es zu verdanken, dass ihre Songs wochenlang auf Platz eins der Hitlisten standen.

Radiosender und Fernsehanstalten boten Unsummen, um Adam mit seinen Bandmitgliedern in ihr Programm zu holen: Peter, sein engster Freund, Co-Sänger und Gitarrist, Matthew, der am Schlagzeug sein Revier hatte, und Christian, der Allrounder der Band, was die Instrumente betraf. Adam hatte jedoch immer nur ein Ziel verfolgt - berühmt zu werden, um sie, die eine, zu finden! Sein Ruhm sollte einzig und allein dazu dienen, die Suche nach ihr, seiner wahren Liebe, zu erleichtern. Nach jahrelanger, harter Arbeit hatte er es endlich geschafft, den Durchbruch in der Musikbranche zu erlangen, um hier auf der Bühne zu stehen.

Er blickte seinem fliegenden Freund erwartungsvoll hinterher, nahm gedankenverloren das Mikrofon aus der Jeans und konzentrierte sich auf den Vogel und seinen ersten Song.

Corvus schwebte langsam über der bunten, kreischenden und tanzenden Menge hinweg und hielt Ausschau nach langen, schwarz glänzenden Haaren und außergewöhnlich hellgrün schimmernden Augen, die sich aus einem früheren Leben in Adams Gedächtnis und in seine Seele wie ein loderndes Tattoo eingebrannt hatten. Immer enger zog der Rabe seine Kreise, mental mit seinem Meister verbunden, der die andere Hälfte seiner Seele spüren konnte und durch die Augen des Vogels nach ihr suchte. Adam war wie in Trance. Zwar sang er routiniert eine seiner Balladen, die die Fans in Entzückung versetzte, jedoch galt seine ganze Aufmerksamkeit dem dunklen Tier. Er konzentrierte sein ganzes Sein auf die Szenerie, die er durch die Augen des Raben sehen konnte: Das Bild einer Menschenmasse, die eng gedrängt, wie ein einziger Leib wogte und ihn daran hinderte, sie zu finden …

Es war genau wie damals!

Ein Bild, das Adam über die Jahrhunderte geprägt hatte, schob sich wieder vor sein inneres Auge. So oft schon hatte er dieses besondere Bild aus der düsteren Einsamkeit seiner Seele heraufbeschworen und Hoffnung und Mut daraus geschöpft. Er brauchte diese Erinnerung, um weitermachen zu können, um nicht der Verzweiflung zu verfallen. Damals, vor ein wenig mehr als dreihundert Jahren, stand er in Schottland hoch oben auf einem abgewetzten Seil, das zwischen einem Kirchturm und einem Rathaus gespannt war und im Wind bedrohlich hin- und herschwankte. Über ihm zogen dunkle Wolken hinweg, ein Sturm braute sich zusammen, und unter ihm drängte sich eine Volksmenge, die mit offenen Mündern und aufgerissenen Augen zu ihm hinaufstarrte. Er, der junge Gaukler in seiner bunten Kleidung, konnte die Spannung, die Furcht und das Verlangen nach dem Schaurig-Schönen in den Blicken der Menschen unter sich fühlen. Junge Frauen mit roten Haaren, langen Röcken und karierten Tüchern um ihren Hälsen himmelten ihn an und gestandene Männer, um deren Hüften Kilts flatterten, zollten ihm Respekt für seinen Todesmut. Adam war zu jener Zeit ein Seiltänzer. Ein Mann, der sein Leben aufs Spiel setzte, um die zu unterhalten, die für wenige Augenblicke ihrem täglichen harten Dasein entfliehen und eine Weile vergessen wollten, was sie nach dem Jahrmarkt wieder erwartete. So wie er.

Er brauchte den Abgrund unter sich, um seine allumfassende Trauer für einen kurzen Moment zu verdrängen, um den Schmerz einfach mal hinter sich zu lassen. Ihm war es egal, ob er fiel oder nicht, es wäre ihm sogar recht gewesen, wäre es einfach passiert. Zu diesem Zeitpunkt wusste er noch nicht, was ihn wirklich erwartet hätte, wäre er gefallen.

Das fand er erst sehr viel später heraus …

Adam hatte dieses Leben damals gewählt, weil der stetige Tanz am Abgrund sein Innerstes widerspiegelte und als praktischen Nebeneffekt, er so in der Welt herumkam und seine Suche vorantreiben konnte: die ewige Suche nach dem verlorenen Teil seiner Seele. Corvus hatte seinen Meister damals vom anderen Ende des Seils beobachtet und dort in stoischer Ruhe auf ihn gewartet.
Im Augenwinkel hatte Adam plötzlich eine Bewegung in der Menschenmenge wahrgenommen, die seine Aufmerksamkeit erregte und seinen Puls beschleunigte. Ein Gefühl, als würden tausend Schmetterlinge auf einmal in seinem Bauch in die Höhe flattern, hatte ihn durchströmt. Dort unten musste seine zweite Seelenhälfte sein! Er spürte sie sofort!
Mitten auf dem Seil blieb er stehen und sah hinab in die vielen Gesichter … und da – er entdeckte sie! Das Erste, was ihm an ihr auffiel, waren ihre seidigen schwarzen Haare, die sich aus dem stumpfen roten Einerlei der anderen ungewaschenen und zerzausten Mähnen abhoben. Das Mädchen schritt zügig durch die Menge, aber es umgab sie dabei eine derart zauberhafte Anmut, dass er ihr wie hypnotisiert mit den Augen folgen musste.

Corvus krächzte sein heiseres „Ar Ar", und das Mädchen war daraufhin stehen geblieben und hatte zu dem Seiltänzer hochgesehen. Ihre faszinierenden grünen Augen verfingen sich in denen von Adam. Er hielt ihren Blick mit seinem fest und versuchte, sie mit seinen Gedanken zu beeinflussen:

Bleib! Warte auf mich!

Für einen Moment schien sie seinem Flehen tatsächlich zu folgen, aber dann hatte sie verwirrt geblinzelt und so ihre Verbindung wieder gelöst. Sie war einfach weitergehastet, ohne ihn noch einmal anzusehen.
Das hatte ihn zutiefst getroffen!

Nicht nur, weil es bis dahin noch keinem Menschen je gelungen war, sich aus der massiven Umklammerung seines hypnotischen Blickes zu befreien, sondern vor allem, weil es sie offenbar vollkommen kaltgelassen hatte, ihn zu sehen. Wie konnte das nur sein? Sie war doch ein Teil von ihm und er von ihr! Nicht einmal seine Gabe hatte ihm weitergeholfen.

Adam war damals völlig verstört gewesen!

Das Schicksal hatte ihm als Ausgleich für seinen seelischen Mangel die Macht gegeben, anderen Menschen durch seinen hypnotisierenden Blick seinen Willen aufzwingen zu können. Aber bei ihr schien diese Gabe völlig versagt zu haben. Voller Panik hatte er daraufhin seinem Raben befohlen:

„Corvus, folge ihr! Sie ist es, die ich suche!“

Der Rabe hatte sich sofort von seinem Sitzplatz gestürzt und die unzähligen farblosen Gesichter auf der Suche nach den auffallend hellgrünen Augen überflogen. Aber er hatte das Mädchen nicht wiederfinden können. Sie war weg, spurlos verschwunden. Adam konnte sie auch nicht mehr spüren. Der kostbare Augenblick des Glücks war verstrichen.

Er war wieder allein. Trauer und Trostlosigkeit, die schon seit hunderten von Jahren seine Seele gefangen hielten, hatten gesiegt und ihn in das Dunkel zurückgedrängt. Am liebsten hätte er sich vom Seil gestürzt …

Doch er hatte es nicht getan – die Hoffnung hatte ihn immer weitergetrieben, auch wenn sie ihm mehr Schmerz als Freude gebracht hatte. Das Schicksal ließ ihn nicht gehen – gewünscht hätte er es sich ja mehrmals, diese Welt verlassen zu können … einfach aufzugeben …

An diesem Abend würde er aber alles anders machen, er würde dieses Mädchen nicht einfach so ziehen lassen wie damals! Adam blinzelte und hörte, wie Peter, Matthew und Christian ihren Instrumenten rockige Klänge entlockten. Er fand jäh in die Gegenwart zurück. Heute musste er sie finden und, was noch wichtiger war, er musste sie festhalten! Corvus flog knapp über den Köpfen der staunenden Masse hinweg und steuerte auf eine Gruppe Mädchen zu, die fasziniert und verängstigt zugleich auf den sich nähernden Raben hinaufsah. Adam sah durch Corvus' Augen plötzlich sein wahres Ziel. Sein Augenmerk galt einzig dem schwarzhaarigen Mädchen, das hinter den Teenies stand. Corvus hatte sie gefunden! Sie war es … eindeutig! Nicht wie vor dreihundert Jahren mit langem Kleid und kariertem Plaid, sondern mit dunklem Shirt und ausgewaschener Jeans.

Adam war am Ziel!

Er konnte nicht fassen, dass sie tatsächlich wieder in sein Leben getreten war! Euphorisch lächelte er, als sich der Rabe ohne zu zögern auf ihrer schmalen Schulter niederließ. Die Mädchen um sie herum kreischten, wichen ihr aus und bildeten einen Kreis. Sie jedoch blieb ruhig stehen, keine abwehrende Geste oder ein Zurückzucken waren erkennbar.
Sie zeigte keine Angst oder Panik. Kühl blickte sie das Tier an, das auf ihrer Schulter gelandet war. Ihre Augen bohrten sich in die des Vogels. Adam bekam einen Stich ins Herz bei der Intensität ihres Blickes. Doch leider war es kein Ausdruck der Liebe oder des Erkennens, eher schien es so, als ob sie genervt wäre, im Mittelpunkt zu stehen und der Sitzplatz für einen Raben zu sein.

Kira verzog keine Miene, obwohl sich die Krallen des Vogels schmerzhaft durch ihr dünnes Shirt bohrten.
Sie kannte diese Rabenart mit der weißen Brust und dem hellen Band, das das sonst pechschwarze Gefieder um den Hals des Vogels umschloss. Dieser wunderschöne Rabe war ein Corvus Alba, ein Schildrabe. Nur in ihrer geliebten Heimat, im heißen Afrika, flogen diese Tiere umher. Hier, im kühlen Europa und gar so weit nördlich, hatte sie noch nie einen seiner Art gesehen … außer vor dreihundert Jahren in Schottland.
Damals hatte sie eine ähnlich verstörende Begegnung gehabt, die sie bis heute nicht losgelassen hatte.
Es kam ihr wie ein Déjà-vu vor, hier in der Menschenmenge zu stehen und diesen Sänger zu sehen, der dem Akrobaten von damals so unglaublich ähnlich sah. Es war sehr verwirrend für sie, dass sie überhaupt auf dieses Konzert gegangen war, denn normalerweise hielt sie nichts von Menschenmassen.
Und doch stand sie hier - ganz außerhalb der Norm und ihrer Komfortzone.

Der Sänger auf der Bühne, oder besser, der, den sie vor so langer Zeit gesehen hatte, war ihr bis heute immer wieder in ihren Träumen erschienen. Immer wieder hatte sie davon geträumt, wie er hoch oben auf einem Seil stehend ihren Blick mit seinen Augen gefesselt hatte. Sie war damals wie gelähmt stehen geblieben und hatte sich sogar eingebildet, seine Stimme in ihrem Kopf zu hören: *Bleib! Warte auf mich!* hatte die Stimme sie eindringlich gebeten. Kira hatte all ihre Willenskraft aufbringen müssen, um sich aus diesem Bann wieder zu lösen. Überraschung und Trauer erfassten damals die Augen des Mannes mit den feinen, aber sehr männlichen Gesichtszügen.

Und auch heute bemerkte sie denselben Gesichtsausdruck bei diesem Sänger.

Irritiert, aber gleichzeitig auch neugierig, legte sie ihren Kopf schief, weil sie seine Reaktion nicht verstand, denn er sah so unendlich traurig drein.

Als sie ihn vor ein paar Monaten das erste Mal auf einem der unzähligen Konzertplakate gesehen hatte, die in der ganzen Stadt verteilt gewesen waren, hatte sie die Neugier gepackt. Die Melancholie in seinem Blick hatte sie vom ersten Moment an fasziniert - und dann diese Ähnlichkeit mit dem Gaukler von damals. Sein Aussehen war außergewöhnlich, denn er sah wie eine dieser griechischen Götterskulpturen aus, die man in Museen und Schlossgärten bewundern konnte.
Er hatte blondes Haar, das ihm eine Spur zu lang auf die Schultern fiel, und himmelblaue Augen, die sich geradezu in die Seele hineinzufressen schienen und die auf ausgeprägten Wangenknochen unter dunklen Augenbrauen ruhten. Eine schmale, gerade Nase und ein kantiges Kinn prägten das ebenmäßige Gesicht. Sein Dreitagebart gab ihm ein ruchloses, fast gefährliches Aussehen - er war ein sehr ungewöhnlicher, charismatischer Mann.
Kira wusste, dass sie ihr außertourliches Verhalten in ernste Schwierigkeiten bringen konnte, aber es war wie ein Zwang gewesen, der sie auf das Konzert geführt hatte. Ihr Verstand hatte dieses Mal keine Chance gegen ihr Herz gehabt - das verunsicherte sie sehr!

Der Rabe auf ihrer Schulter festigte seinen Griff noch stärker, als wollte er sie festhalten und ihr jede Möglichkeit nehmen, ohne ihn zu verschwinden. Ein leises Fauchen drang aus Kiras Kehle. Der Vogel stellte sein Gefieder auf und beäugte sie misstrauisch von der Seite, seinen eroberten Posten verließ er jedoch nicht. Die Fans um sie herum hielten Abstand und beobachteten die beiden neugierig.

Es schien fast so, als könnten sie spüren, dass sich ein fremdartiges Geschöpf unter ihnen befand - aber es war nicht wirklich greifbar für sie, was da vor sich ging. Kira fiel ihnen jetzt nur auf, weil der Rabe sie als seinen Sitzplatz auserkoren hatte. Wahrscheinlich waren noch mindestens hundert andere ihrer Art in diesem Stadion, verborgen in der Masse Menschen, unscheinbar und deshalb akzeptiert.

Wieder knurrte Kira den Raben leise an. Der legte den Kopf schief und richtete seine schwarzen Perlenaugen auf ihr Gesicht. Ein himmelblaues Leuchten blitzte plötzlich in dem tiefen Schwarz der Vogelaugen auf. Verwundert blinzelte Kira, denn das war etwas, was nur sie konnte - ihre Augenfarbe verändern.

Adam hatte noch nie so viel Glück und Seligkeit verspürt.

Ein Gefühl des Nach-Hause-Kommens erfasste sein Herz.
Er war diesem Mädchen durch seinen Schutzgeist Corvus so nah wie möglich gekommen. Durch die Augen des Raben konnte er sogar die zarten Grübchen in ihren Wangen sehen. Ihre Augen waren magisch grün mit vereinzelten goldenen Sprenkeln, bogenförmig zogen sich feine Brauen über ihre tiefschwarz bewimperten Augen, und schneeweiße Zähne blitzten zwischen ihren roten Lippen auf. Wie gern hätte Adam ihren Duft in sich aufgesogen und ihre Wärme gespürt, aber leider war ihm nur der Blick durch Corvus vergönnt.

Aber allein das war schon überwältigend! Doch als er ihren abschätzigen, kühlen Blick sah, hatte er das Gefühl, als würde sich sein Herz schmerzhaft zusammenziehen. Es verletzte ihn, dass sie anscheinend seine Gefühle nicht teilte.

Adam hatte die Bühne Matthew, seinem Schlagzeuger, überlassen, damit er sich ganz und gar auf das Mädchen konzentrieren konnte.
Unter rauschendem Beifall beendete Matthew seine rockige Solonummer, und Adam zog seine hölzerne Flöte aus dem Gürtel. Dieses Instrument begleitete ihn genau wie Corvus seit seiner Kindheit. Die Massen jubelten begeistert, denn sein mystisches Flötenspiel war ein Markenzeichen der Band.
Adam verzichtete heute auf sein übliches Showprogramm und spielte nicht die schwermütigen Songs, die üblicherweise die weiblichen Fans in Tränen ausbrechen ließen. Obwohl er sehr niedergeschlagen war, weil ihn sein Seelenzwilling einfach nicht erkannte, wollte er sich das nicht anmerken lassen.

An diesem Abend erklangen herzergreifende, leidenschaftliche und zarte Melodien in der Konzerthalle - Melodien, die aus einer anderen Welt zu kommen schienen und die von der wahren Liebe erzählten.
Ein Raunen ging durch die Menschenmasse.
Feuerzeuge leuchteten hier und da auf und schwebten wie Glühwürmchen über den ergriffenen Gesichtern der Fans. Adams Blick war auf die Silhouette der einzigen Frau gerichtet, die ihn interessierte. Vorsichtig hob er seinen Arm in ihre Richtung und lockte sie leicht mit den Fingern, als hätte er Angst, sie zu verschrecken.

Kira sah den Sänger überrascht an.
Meinte er wirklich sie? Oder wollte er nur seinen Raben wieder zu sich rufen? Aber sein Blick war derart intensiv auf sie gerichtet, dass es klar war, dass er tatsächlich sie meinte. Sollte sie seiner Aufforderung, auf die Bühne zu kommen, Folge leisten? Sie sah den Bandleader zweifelnd und verunsichert an.

Plötzlich hatte sie wieder diese Stimme im Kopf - nein, es war mehr ein Gefühl oder sogar die Gewissheit, dass sie zu ihm gehörte. Aber wie konnte das möglich sein? Verunsicherung und Misstrauen erfassten ihre Seele, aber gleichzeitig auch Vertrauen und Sicherheit. Was war bloß los mit ihr?

Noch nie hatte sie so widersprüchliche Gefühle empfunden.

Sie musste zu ihm gehen, sie konnte gar nicht anders! Wie von einem Sog mitgerissen, der von ihm ausging und dem sie sich nicht widersetzen konnte, ging sie durch die Menschenmenge, die bereitwillig den Weg zur Bühne freigab, auf Adam zu.

Es gab nur noch sie beide - verbunden mit ihren Augen.

Sie bewegte sich geschmeidig durch die Halle und wirkte dabei auf die umstehenden Menschen wie ein Raubtier, das sich seiner Kraft und Eleganz bewusst war. Vor ihr teilte sich die Menge mit einem Raunen. Das Mädchen schien nichts mehr wahrzunehmen außer den Bandleader auf der Bühne, der sie fasziniert fixierte und auf sie wartete.

Selbstbewusst hielt sie den Kopf erhoben und zeigte keinerlei Unterwürfigkeit oder gar Ehrfurcht. Sie tat es augenscheinlich aus Neugier, nicht aufgrund einer Besessenheit, wie sie manche der weiblichen Fans Adam gegenüber zeigten.
Vor der Bühne blieb sie stehen und musterte den Sänger unverhohlen, der auf sie herunterlächelte. Adam gab seiner Band ein Zeichen, und die wusste sogleich, was nun folgen sollte - ein langes Instrumentalstück, das dramatisch und mitreißend genug war, um die Fans in Ekstase zu versetzen. Ein Song über raue Zeiten, verwegene Landschaften und leidenschaftliche Menschen. Jetzt hatte er Zeit für Kira.

Sie sahen sich einfach nur an … völlig fasziniert blickte Adam noch immer auf sie herunter, während sie ihn fragend ansah. Keiner von beiden achtete auf die Fans, die inzwischen die ganze Halle rockten, oder auf die Band, die alles aus ihren Instrumenten herausholte.

War er es wirklich – der Gaukler von damals? Aber wie konnte er heute noch leben? Nach dreihundert Jahren. Er war kein Gestaltwandler wie sie, dessen war sie sich gewiss. Keines der üblichen Merkmale deutete darauf hin. Er war einfach zu menschlich.
Seine Augen waren himmelblau, nicht schwarzbraun, grün, hellbraun oder fast gelb. Außerdem war er mit einem Meter neunzig sehr groß, sein Körperbau war muskulös, athletisch, aber nicht stämmig, und ein Amulett trug der Fremde ebenfalls nicht. Spontan fasste sie sich an ihr Halsband, das ihr seit Jahrhunderten unentbehrlich war. Er war ganz gewiss kein Metamorph. Aber was war er dann? Bestimmt war er nur ein Nachfahre des Seiltänzers und sah diesem zum Verwechseln ähnlich. Aber was war mit dem Raben? Den hatte sie damals ebenfalls gesehen. Neugierde beherrschte ihre Seele und schwächte ihre übliche Vorsicht. Vielleicht sollte sie es wagen? Dieser Bandleader hatte keine bösen Absichten, das konnte sie deutlich spüren. Kiras Sensibilität und Instinktsicherheit gegenüber den Gemütszuständen der Menschen waren ein Vorteil ihrer Art. Ihr sechster Sinn und ihre Feinfühligkeit hatten ihr bis jetzt immer gute Dienste geleistet, und diese Gabe sagte ihr jetzt, dass dieser Mann da oben glücklich, ja, geradezu euphorisch war, sie zu sehen, trotz seiner seltsamen, tiefen Melancholie. Kira gab sich einen Ruck und sprang geschmeidig auf die Bühne. Diese Höhe konnte von einem Menschen aus dem Stand eigentlich gar nicht überwunden werden, aber sie hatte dieses Hindernis mit Leichtigkeit und Eleganz bewältigt.

So wie es sich für eine Raubkatze gehörte.
Denn Kira hatte eine Pantherseele, die ihr die Macht verlieh, sich in dieses Raubtier zu verwandeln.
Nun stand sie dem geheimnisvollen Sänger gegenüber und atmete seinen frischen, männlichen Duft ein … und versank in seinem liebevollen Blick, mit dem er sie bedachte. Die Welt schien sich nur noch um sie und ihn zu drehen, und nur sie beide ruhten fest und sicher im Rausch der Zeit. Das kam so überraschend für Kira und war so überwältigend, dass sie völlig vergaß, dass sie stets auf der Hut sein und immer alles im Blick haben musste.

„Wo warst du nur die ganzen Jahre?", flüsterte er ihr zärtlich zu. Seine Stimme klang warm und schmeichelnd.
Am liebsten hätte sie geschnurrt, aber das wäre wohl zu viel Preisgabe ihrer Gefühle gewesen. Sie war sehr verwirrt … sie empfand eine irritierende Mischung aus tiefem Vertrauen zu diesem Fremden und Emotionen, die sie bisher nicht gekannt hatte. War das etwa Liebe?
Das konnte nicht sein! Schließlich wusste er nicht, wer, oder besser, was sie war. Genauso wenig wie sie seine Seele kannte.
Aber stimmte das wirklich?
Sie wollte ihn kennenlernen, um diese starke, geheimnisvolle Anziehungskraft zu verstehen, die zwischen ihnen herrschte. Denn nur was man verstand, konnte man bekämpfen!
Und gegen diese verstörende Anziehungskraft musste sie sich wehren, dessen war sie sich absolut sicher! Sie war nicht dazu geschaffen, mit einem Menschen befreundet zu sein … eine Beziehung oder Liebschaft lag außerhalb aller Möglichkeiten, denn sie war eine Feloidea, ein katzenartiger Metamorph, wissbegierig und raffiniert … und gefährlich!
Ihre zweite Natur als Raubkatze war nun einmal gefährlich … sehr gefährlich!

≈∞≈

Adam versank in Glückseligkeit. Es war wie ein Rausch!

Er konnte kaum atmen, so schnell pumpte sein Herz das Blut durch seine Adern … flammende Hitze breitete sich in seinem Körper aus. So fühlte sich also Glück an. Sein Lächeln vertiefte sich in seinem Gesicht und er schien von innen her zu leuchten. ‚Glück, Glück, Glück', hämmerte sein Puls.

„Ich habe dich gefunden! Nach so langer Zeit endlich gefunden!" Das Mädchen mit den grünen Augen schaute ihn schweigend an und hielt dabei ihren Kopf leicht schräg. Er konnte ihren Gesichtsausdruck nicht deuten, was ihn sehr verunsicherte. Warum sagte sie nichts? Sie sah so aus, als lauschte sie nur seiner Stimme, nicht aber seinen Worten. Plötzlich lächelte sie und die süßen Grübchen vertieften sich in ihren Wangen.

„Du hast mich gesucht?" Ihre samtweiche Stimme überzog seine Haut mit einem Prickeln.

„Ja, weißt du das denn nicht?" Ungläubig suchte er in ihren Augen nach einer Lüge, aber kein Erkennen oder Verstehen war darin zu entdecken. Sie wusste es wirklich nicht. Wurde ihr denn die Geschichte nicht erzählt, weitergegeben, wie es seit Generationen üblich war? Lief sie ahnungslos umher, ganz allein mit ihrer halben Seele, nicht wissend, warum sie sich so zerrissen und einsam fühlte? Oder spürten die Gestaltwandler diese Verzweiflung gar nicht? Hatten diese Last wirklich nur die Meia Saiwalos, die halben Seelen, zu tragen, die in einem menschlichen Körper gefangen waren? Der Trommelwirbel der Band riss die beiden aus ihrem Traumzustand.

Die Fans grölten und pfiffen. Sie wollten noch andere Songs hören, schließlich waren sie auf einem Konzert und hatten gutes Geld dafür bezahlt. Die Mädchen in der ersten Reihe kreischten und schrien und musterten Kira mit bösen Blicken. Sollte die Schwarzhaarige es etwa geschafft haben, ihren Adam, ihren Gott, zu einem Menschen zu erwecken? Wenn die das konnte, vielleicht gab es dann auch für sie noch Hoffnung. Voller Enthusiasmus, Unverständnis und Wut versuchten nun auch sie, die Aufmerksamkeit des Sängers auf sich zu ziehen und von dem Mädchen auf der Bühne abzulenken.
Sie kreischten und zappelten wie wild in der ersten Reihe.
Aber ihr Idol beachtete sie nicht. Er hatte nur Augen für die Schwarzhaarige.

„Du bleibst doch? Bitte!", fragte Adam das Mädchen mit flehendem Unterton. „Ich will nicht, dass du wieder spurlos verschwindest wie damals …"

„Wie damals?", fragte sie verwirrt, und ein seltsamer Ausdruck huschte über ihr schönes Gesicht, doch dann gab sie sachlich zurück: „Wir werden sehen. Ich verspreche nichts! Was ist mit deinem Schildraben?" Etwas gereizt zeigte sie auf den Schildraben, der sich noch immer auf ihrer zarten Schulter festklammerte. „Er scheint festgewachsen zu sein." Fragend hob sie ihre feinen Augenbrauen und wartete auf eine Antwort.

„Er wird dortbleiben! Nur für alle Fälle", grinste Adam provozierend, denn er würde es ihr sicher nicht leicht machen. Nein, das konnte sie total vergessen, ihn mit dieser lapidaren Aussage einfach stehenzulassen, und womöglich würde sie wieder für alle Zeiten verschwinden. „Du kannst mit ihm zusammen am Bühneneingang warten, weiter weg würde er dich nicht gehen lassen!"

Sie verzog unwillig das Gesicht, wandte sich ab und schritt zum Bühneneingang. Er war sehr erstaunt, dass das Mädchen Corvus als Schildraben identifiziert hatte. Die Mehrzahl der Menschen glaubte, eine riesengroße Elster vor sich zu haben, und Adam klärte sie nie über ihren Irrtum auf. Warum auch?

Während des restlichen Konzerts sah er immer wieder zum Bühneneingang, um sich zu vergewissern, dass sie noch da war. Dort stand sie … sein Leben, seine andere Seelenhälfte. Er wusste noch nicht einmal ihren Namen, aber er wusste, dass sie sein Lebensglück war. Unwissend und leidenschaftslos, aber interessiert, das hatte er erkannt, als er in ihre grünen Augen gesehen hatte. Aber das würde er ändern, denn auch sie brauchte ihn, das war ihr nur noch nicht bewusst.

Corvus fühlte sich sichtlich wohl auf ihrer Schulter. Er hatte sich bequem niedergelassen, sein Gefieder aufgeplustert und die Lider halb geschlossen. Adam hatte den Eindruck, dass er nach und nach näher an ihr Haar gerutscht war. Er grinste die beiden an, und das Mädchen lächelte sogar zaghaft zurück.

Adam sang das letzte Lied der geforderten Zugabe, eine sanfte Liebesballade, und ließ das wunderschöne Gesicht seines Seelenzwillings dabei keine Sekunde aus den Augen. Sie schien zwar geschmeichelt zu sein, war aber gleichzeitig auch sehr misstrauisch. Ihre Mimik sprach Bände. Vorsicht und Zweifel dominierten ihre Gesichtszüge. Als Adam die Ballade beendet hatte, begleiteten tosender Beifall, Pfiffe und „Adam"-Rufe seinen Abgang. Er verabschiedete sich zwar mit der üblichen Dankesrede, aber es war ihm lästig, denn er wollte so schnell wie möglich runter von der Bühne, um sich endlich seinem Mädchen widmen zu können. Gleich nach seinem letzten Wort, lief er eilig und mit beschwingt federnden Schritten auf sie zu.

Übermütig fasste er sie bei der Hand und zog sie mit sich. Sie ließ es geschehen, was aber nur an ihrer Überraschung lag. Corvus hatte seine Pflicht erfüllt, stieß sich von ihrer Schulter ab und flog Richtung Ausgang.

Die Band sah Adam überrascht hinterher - erstens, weil er einfach so dieses Mädchen mitnahm, was völlig untypisch für ihn war, und zweitens, weil die Jungs es gewohnt waren, dass er mit ihnen anschließend den erfolgreichen Auftritt feierte.

Als Adam die Treppe mit ihr hinunterlief, fragte sie: „Wohin gehen wir jetzt?"

„Zu meinem Wohnwagen, damit wir ungestört reden können. Hier laufen viel zu viele Leute herum", gab er selig lächelnd zur Antwort. Er bemerkte ihre Skepsis und schob noch hinterher: „Keine Sorge, der steht nicht so weit weg, gleich hinter dem Gebäude in einem abgeschirmten Bereich."

„Darüber mache ich mir keine Sorgen ...", antwortete sie kryptisch.
Das verwirrte ihn zwar, aber er war viel zu aufgeregt, als dass er sich noch weitere Gedanken darüber machen wollte. Endlich, als sie den letzten Gang hinter sich gelassen hatten und er die schwere Eisentür aufwuchtete, waren sie im Freien. Kühle frische Luft schlug ihnen entgegen. Eine schmale Wiesenfläche trennte Adam noch von seinem Wohnwagen, der an der gegenüberliegenden Hauswand stand.

„Da ist es, mein Gefährt!"

„Nettes Teil, total Vintage", entgegnete sie und schaute sich den uralten, aber sehr gepflegten Wohnwagen interessiert an.

Belustigt fragte er: „Das hast du nicht erwartet, dass ich in so etwas wohne, oder?“

„Nein, tatsächlich nicht, ich dachte eher an etwas … Moderneres“, gab sie zu. Adam nickte wissend. Die wenigen Menschen, die seinen Wohnwagen kannten, waren erstaunt darüber, dass er nicht mehr Wert auf modernen Komfort legte, aber für ihn war sein uriges Gefährt eine unerlässliche Rückzugsmöglichkeit aus dem Trubel. Es war so etwas wie eine Heimat – und vor allem konnte er damit unerkannt durch die Städte reisen, denn sein Wohnwagen hatte getönte Scheiben und nichts deutete auf seine Band hin, keine Aufschrift oder dergleichen. Er war gern alleine. Die anderen Bandmitglieder akzeptierten das und zwangen ihm nie ihre Gesellschaft auf. Die drei Musiker wohnten in den Hotels der jeweiligen Stadt, in die sie ihre Tour gerade führte.

Adam schloss die Seitentür seines Fahrzeugs auf und lud Kira mit einer stummen Geste in sein Reich ein. Als sie eingetreten war, lehnte er sich lässig gegen die Wohnwagentür und genoss das Gefühl der Zweisamkeit, das ihn durchflutete wie ein warmer, prickelnder Strom.

Völlig fasziniert von ihr, beobachtete er sie, wie sie sich umsah. Das Mädchen setzte ihren langsamen Inspektionsgang durch seine Domäne fort. Der großzügige Raum war in weißen und beigen Farben gehalten. So hatte er sich einen hellen Gegenpol zu der Düsternis in seinem Inneren geschaffen.
Keinem Menschen vor ihr hatte er je solche Einblicke gewährt. Interessiert beäugte sie jedes Detail. In einer Ecke lehnte eine alte Gitarre an der Wand, über dem großen Bett prangte das Familienwappen der Corbets, ein Rabe auf weißem Grund. Daneben hingen zwei Schwerter.

„Was sind das für Waffen?“, erklang ihre heisere Stimme, und ein Schauer jagte ihm über den Rücken.

„Das sind japanische Schwerter, Waffen der Samurai.“
Er zeigte auf ein etwa siebzig Zentimeter langes glänzendes Schwert, dessen Griff mit roten Seidenbändern umwickelt war. „Das ist ein Katana, das Langschwert der japanischen Krieger. Ich benutze es gern zweihändig, wenn ich es allein führe. Zu ihm gehört dieses zweite Schwert.“ Adam berührte ehrfürchtig die Waffe, die unter dem Langschwert hing und nur dreißig Zentimeter kurz war. „Es ist ein Wakizashi, ein Kurzschwert, das im Gürtel getragen wird. Die beiden bilden ein Paar. Erfahrene Krieger können beide gleichzeitig benutzen.“

„Und? Bist du ein erfahrener Krieger?“

Adam grinste stolz. „Ich denke, ja. Ich benutze sie beide, wenn es nötig sein sollte.“

„Woher hast du deine Kenntnisse?“, hakte sie nach und strich sacht über den samtigen Griff des Schwertes.

„Ich habe einige Jahre bei einem Samurailehrer gelebt. Sein Name war Takeda.“

„Interessant. Hast du bei ihm noch andere Sachen gelernt, außer mit Schwertern zu kämpfen?“
Adam fühlte sich mit einem Mal nicht mehr sonderlich wohl. Er war es definitiv nicht gewohnt, so viele Einzelheiten aus seinem Leben preiszugeben, vor allem über Dinge zu sprechen, die seines Erachtens nicht wichtig waren, nicht so existenziell wichtig, wie das, was sich zwischen ihnen beiden gerade abspielte.

Am liebsten wäre er gleich auf den Punkt gekommen und hätte mit ihr über ihr gemeinsames Schicksal gesprochen, aber er wusste, dass er sich gedulden musste, um sie nicht zu verschrecken, auch wenn es ihn viel Geduld kostete. Sie wusste nichts über die wahren Hintergründe ihrer Begegnung, das hatte er vorhin mehr als deutlich gesehen und gespürt. Er musste ehrlich zu ihr sein und nicht überstürzt handeln, um ihr volles Vertrauen zu gewinnen. Aber es war sehr schwer für ihn, nur Small Talk mit ihr zu reden – trotzdem beschloss er, sich erst einmal in die Gegebenheiten zu fügen.

„Nun ja, ich habe viele Jahre bei Takeda gelebt, und er hat mir sein Wissen über den Schwertkampf, übers Bogenschießen, Jiu-Jitsu ... und ein paar Lebensweisheiten weitergegeben", murmelte er freudlos. „Aber jetzt genug von mir! Du weißt jetzt schon so einiges von mir und ich kenne nicht einmal deinen Namen. Also, wie heißt du?"

Das Mädchen drehte sich um und tat so, als hätte sie seine Frage nicht einmal vernommen – sie inspizierte weiter den Wohnraum, ohne zu antworten. Die Vogelstange im hinteren Bereich des Wagens und der aufgeklappte Laptop auf dem Tisch waren jetzt von Interesse für sie. In den Regalen an den Wänden stapelten sich unzählige Bücher und CDs, die sie sich genauestens ansah.
Nachdem sie ihre Neugier gestillt hatte, ließ sie sich lässig in einen der Sessel fallen, lehnte sich entspannt zurück und schlug ihre schlanken Beine übereinander. Scheinbar war sie zu dem Ergebnis gelangt, dass Adam ihres Vertrauens würdig war und keine Gefahr für sie bedeutete.
Zufrieden lächelte er in sich hinein – er würde also weiterhin ihre Gesellschaft genießen dürfen. Ihr Gesichtsausdruck zeigte ihm, dass sie sich wohlfühlte und sogar glücklich wirkte.

Was sie aber sichtlich auch verwirrte … sie wusste den Grund wirklich nicht, warum sie bei ihm war.

„Wieso warst du so viele Jahre bei Takeda?“, fragte sie schließlich, anstatt ihren Namen zu verraten.

„Ist das jetzt wichtig?“, entgegnete er ungeduldig und rauer als beabsichtigt. Die junge Frau fixierte ihn lauernd mit ihren grünen Augen, die zu glühen schienen. Ihr gefiel sein Ton nicht, das merkte Adam sofort. Er hätte sich ohrfeigen können für seine ewige Ungeduld. „Entschuldige“, ruderte er schnell zurück. „Ich rede nicht gerne über mich – fangen wir einfach von vorne an: Mein Name ist Adam. Adam Corbet. Aber das weißt du ja schon. Und das ist Corvus.“ Er zeigte auf den schwarz-weißen Vogel, der sich auf seiner geliebten Stange räkelte. Unsicher sah Adam Kira von der Seite an, aber sie nahm seine Entschuldigung scheinbar einfach so hin.

„Ja“, gab sie schlicht von sich. „In meiner Heimat gibt es viele von diesen Vögeln, also südlich davon.“

„In deiner Heimat?“

„Ja, Afrika … und mein Name ist Kira. Wieso warst du denn nun bei diesem Takeda?“, stellte sie sich endlich vor, aber trotzdem ließ sie nicht locker. Adam ließ sich ihren Namen auf der Zunge zergehen.

„Kira“, flüsterte er ehrfürchtig. „Woher genau kommst du aus Afrika?“, fragte er etwas lauter und schob noch schnell eine Antwort auf ihre Frage nach: „Und was das andere betrifft: Es war wohl so etwas wie ein Selbstfindungstrip bei Takeda.“ Mehr wollte er jetzt nicht dazu sagen. Sie war viel wichtiger …

„Ich komme aus Ägypten, genauer aus Zagazig, der Ort liegt im Nildelta. Ich bin schon ein paar Jährchen nicht mehr dort gewesen."

Jährchen, dachte Adam schmunzelnd, *sicherlich Jahrzehnte!*

„Was gibt es da zu grinsen?", wollte sie misstrauisch wissen.

„Willst du wirklich wissen, warum ich lache?"

„Ja, würde ich sonst fragen?"

„Nun, ich glaube, dass deine sogenannten ‚Jährchen' eine größere Zeitspanne umfassen, als Menschen wohl vermuten würden.".

Kira kniff ihre schönen Augen zusammen. „‚Menschen wohl vermuten würden'?", wiederholte sie gereizt. „Du sagst das so, als wärest du kein Mensch."

„Genauso wenig, wie du einer bist!"
Adam starrte sie provozierend an.

„Ach so! So etwas höre ich mir nicht an, klar?", schnappte sie und schnellte aus dem Sessel hoch, um sich mit einer einzigen Bewegung zur Tür zu drehen. Corvus schreckte auf und schlug aufgebracht mit den Flügeln. „Ar Ar."

„Du hast recht, mein Freund. Ich sollte nicht mit der Tür ins Haus fallen", gestand sich Adam leise ein und nickte nervös. Er wollte Kira, die bereits die Klinke in der Hand hielt, am liebsten festhalten, aber er hielt sich zurück, denn das wäre jetzt eine sehr schlechte Idee gewesen.

„Entschuldige bitte. Ich weiß, ich sollte vorsichtiger dabei vorgehen, dich kennenzulernen. Aber versteh doch, ich habe so lange auf dich gewartet! Damals, als ich dich in Schottland gesehen habe, wusste ich es sofort … da fällt es mir wirklich schwer, so lange um den heißen Brei herumreden zu müssen. Entschuldige nochmals."

≈∞≈

Kira horchte auf - schon wieder so eine rätselhafte Andeutung. Sie rang mit sich. Dieser Typ war ihr suspekt. Einerseits fühlte sie sich von ihm angezogen und fand es sehr interessant, mit ihm zu reden, doch andererseits schreckte sie diese ungeduldige und fordernde Art ab, die er an den Tag legte. Aber leider gewann erneut ihre Wissbegierde gegen ihre widersprüchlichen Gefühle - sie ließ die Türklinke los und setzte sich wieder in das weiche Polster des Sessels.

„Gut, dann lass uns Klartext reden! Du sprichst, und ich höre zu. Danach werde ich eine Entscheidung treffen", stellte sie ungerührt fest und bedachte ihn mit einem intensiven Blick.

„Eine Entscheidung treffen? Diese Entscheidung ist dir längst abgenommen worden!", entgegnete Adam sarkastisch.

„Ach ja? Das glaube ich kaum! Ich bin mein eigener Herr! Niemand schreibt mir irgendetwas vor!", gab sie äußerst energisch zurück. „Du machst ständig konfuse Andeutungen. Ich kann mich nicht entsinnen, dass wir beide uns schon jemals über den Weg gelaufen sind."

Das hatte gesessen!
Adam schwieg und sah sie schockiert an.
Das hatte er nicht erwartet.

Kira musste ein böses Fauchen unterdrücken, sie spürte die enorme Wut, die in ihr hochkochte.
Sie musste sich zusammenreißen, sonst würde das Tier in ihr hervorbrechen und wer weiß was anstellen.

„1. Mai 1669 ist der Tag, der unsere Leben verbindet", sagte er leise und verzog bitter seinen Mund. „Wir sind uns in Schottland begegnet, während ich als Seiltänzer durch die Lande zog."
Unheilvolle Stille herrschte jetzt im Wohnwagen.
Man hätte eine Nadel fallen lassen können, und die wäre wie ein Donnerschlag in Kiras Ohren gewesen. Sie hatte ihre Augen weit aufgerissen, und ihre Lippen waren etwas geöffnet - sie schluckte schwer, immer wieder, und brachte doch kein Wort hervor.

„Ich denke, ich habe ins Schwarze getroffen." Adam hielt fragend den Kopf leicht gesenkt und wartete auf eine Reaktion von ihr. Doch sie starrte ihn nur entsetzt an. „Ich weiß, dass das unglaublich ist und du es erstmal sacken lassen musst. Lass dir Zeit, ich habe dafür sehr viele Jahre gebraucht", meinte er mitfühlend und fügte vorsichtig hinzu: „Ich für meinen Teil habe Hunger. Möchtest du auch etwas?" Er wollte wieder Normalität in diese verworrene Situation bringen.

„Steak. Steak, wenn du hast?", räusperte sich Kira etwas überrumpelt und sah ihn verdattert an. *Adam hat recht,* dachte sie. Sie musste erst einmal ihre Gedanken ordnen.

Wie war das alles möglich?
Er war ein Mensch und sie eine Gestaltwandlerin.
Sie war eine Feloidea, ein Katzenwandler, ein Panther.
Wie sollten ihre beiden Schicksale miteinander verwoben sein?

Sie zerbrach sich den Kopf, kam aber auf keine plausibel klingende Antwort. Es herrschte absolutes Chaos in ihren Gedanken und ihr blieb nichts anderes übrig, als ihm nur zuzusehen, während er das Essen zubereitete. Er leerte seinen Kühlschrank und zog Pfannen und Schüsseln aus einem Schrank. „Wie möchtest du dein Fleisch?"

Sie war überrascht, dass er danach fragte.
Normalerweise setzten Männer voraus, dass Frauen ihr Fleisch gut durchgebraten haben wollten. Aber wenn sich schon die Chance bot: „Bitte ungewürzt und nur minimal angebraten."

„Also roh und blutig", stellte er unumwunden fest.

„Ja, … wenn du es so sagen willst …", stammelte Kira verwundert darüber, dass er so direkt war und ihre Vorlieben ohne einen blöden Kommentar hinnahm.

„Ich verstehe schon, warum du es blutig willst. Ich wundere mich überhaupt nicht, keine Sorge", sagte er beiläufig. Kira sah auf und bemerkte, dass er sie beobachtete. Sein Blick war ihr unangenehm.

„Warum solltest du dich wundern?"

„Nun ja, dass so eine zarte Frau wie du blutiges Fleisch mag. Ich weiß, dass du ein Metamorph bist – eine Feloidea."

Adam hatte diesen Satz beiläufig, als würde er über das Wetter plaudern, zu der Wand hinter seinem Herd gesagt.

Er wagte nicht, sich umzudrehen und sie anzusehen.

Sein Körper war angespannt wie eine Stahlfeder, während er auf ihre Reaktion wartete. Es herrschte unheilvolle Stille, dann stieß sie hörbar die angehaltene Luft aus ihren Lungen und fragte lauernd: „Was soll das sein, ein Metamorph?"

Er ließ resigniert den Kopf hängen. Sie vertraute ihm einfach nicht. Es würde schwerer werden als gedacht. Aber was hatte er denn auch erwartet? Sie hatte jahrhundertelang ihr Wesen verleugnet und niemals den Menschen ihr wahres Ich gezeigt. Immer musste sie sich anpassen und sich unauffällig unter den Menschen bewegen. Nur in der Finsternis der Nacht lebte sie irgendwo in der Wildnis ihre wahre Natur aus, so malte er es sich zumindest aus.

„Okay, ich erkläre es dir."
Er spielte ihr Spiel mit. Was blieb ihm auch sonst übrig?
Ab jetzt würde er geduldig sein und würde von nun an alles richtig machen. Sein und ihr Glück hing davon ab, sie zu überzeugen und ihr Vertrauen und ihre Liebe zu gewinnen.

Er legte das blutige Fleisch auf einen Teller und verzierte den Rand mit gebratenem Speck. Sich selbst hatte er ein Spiegelei auf Schinkentoast gemacht und dazu einen Salat. Mit den Tellern und Besteck trat er an den Tisch und stellte das Geschirr darauf ab. Dann setzte er sich ihr gegenüber und begann, wortlos zu essen. Einen kurzen Augenblick beobachtete Kira ihren Tischnachbarn, dann begann sie, ebenfalls zu essen. Adam registrierte ihre Bemühungen, sich zu beherrschen und vorsichtig über das saftige Fleisch herzumachen. Aber in den Momenten, in denen sie sich unbeobachtet wähnte, schlang sie ihre Bissen gierig hinunter. Adam lächelte. Sie versuchte noch immer, ihn zu täuschen. Er war kurz davor, ihr das zu sagen, aber er ließ es sein – nicht, dass sie wieder abhauen wollte.

Nachdem er seinen Teller geleert hatte, lehnte er sich zurück und räusperte sich. „Hast du schon einmal von Atlantis gehört?"

„Atlantis, natürlich! Die Insel, die untergegangen ist, weil die Menschen hochmütig und raffgierig geworden waren bei all dem Reichtum, den sie angehäuft hatten. Aber was hat das mit diesen Metamorphen zu tun?"

„Du wirst schon sehen, was das mit den Gestaltwandlern zu tun hat, also hör zu: Atlantis gab es wirklich. Es hieß damals jedoch anders. Zu Atlantis ist es geworden, weil viele hunderte Generationen die Geschichte weitergegeben haben und der wahre Name verloren ging. Ursprünglich nannte sich die Insel Atla Antissa. Ich erzähle dir die Geschichte, so wie sie mir an meinem fünfzehnten Geburtstag erzählt worden ist."

Kira lehnte sich nach vorne, um kein Wort zu verpassen. Obwohl sie ihm noch immer vormachen wollte, sie wäre ein ganz normales Mädchen, interessierte sie die Metamorphen- und Atlantisstory brennend. Ob sie wahr war oder eben nicht, würde Kira selbst später entscheiden. Leichtgläubig war sie jedenfalls nicht. Vor allem war sie erpicht darauf, zu erfahren, woher er wissen konnte, was eine Feloidea war und wie er sie überhaupt identifizieren konnte.

Würde sie erst dieses Geheimnis kennen, das er ihr offenbar so bereitwillig preisgab, würde sie ihn wahrscheinlich töten, denn niemand außerhalb der Gestaltwandlergilden durfte von ihrer Existenz wissen.
Was würde das sonst für Kreise nach sich ziehen, was für Gefahren?

Sie würde ihn aushorchen, wer noch davon wusste, und dann würde sie alle Mitwisser aufspüren. So zuwider es ihr auch war, gezwungen zu sein, so handeln zu müssen.

Unglücklicherweise würde diese Begegnung nicht bei einer flüchtigen Bekanntschaft bleiben, so wie sie anfangs gedacht hatte - nein, leider musste sie das Problem, Adam, aus der Welt schaffen, denn das verlangte ihr Gildenkodex.

Wäre sie doch nie auf dieses Konzert gegangen!

Trauer schlich sich in ihr Herz.
Sie hatte einen Fehler begangen, denn sie mochte diesen jungen Mann sehr - irgendwie, zwar für sie unbegreiflich, warum, aber es war so.

Er hatte ja gar keine Ahnung, in welche Gefahr er sich gebracht hatte mit seinem Wissen …

≈∞≈ Das Elend der Meia Saiwalos ≈∞≈

„Einst lebte auf der Insel namens Atla Antissa, draußen im Atlantik, das Volk der Saiwalos, das im Gegensatz zu den Atlantern friedlich und nicht der Gier und Habsucht verfallen war“, begann er ohne Umschweife.

Adam hatte Kiras innerlichen Kampf nicht wahrgenommen und bemerkte nur ihr Interesse an seiner Geschichte, die so viele Meia Saiwalos als Ursprung ihres Unglücks teilten.

„Es waren glückliche Menschen, nicht, weil sie Gold und Edelsteine besaßen wie die Atlanter, nein, ihr Reichtum war die allumfassende Liebe. Denn diese Menschen teilten sich eine Seele und einen Körper.“

Kira machte große Augen und unterbrach ihn: „Echt? Das habe ich ja noch nie gehört …“

Adam sah ihr deutlich an, dass sie sich wohl fragte, was er hier gerade für merkwürdige Dinge erzählte.

„Ich hoffe, du wirst mich verstehen …“, antwortete er verunsichert. Wie sollte er ihr begreiflich machen können, dass das alles unglaublich wichtig für sie beide war? Er musste weitererzählen, trotz einer leisen Hoffnungslosigkeit, die in ihm aufkam. So musste sich damals seine Mutter auch gefühlt haben, als sie ihm diese unglaubliche Story erzählt hatte und er sie mehr als einmal dafür ausgelacht hatte.
Aber diese Dringlichkeit, die er jetzt verspürte, zerriss ihn fast. Eilig nahm er den Faden wieder auf.

„Die Atlanter und auch die Saiwalos erhielten einen göttlichen Funken von den Göttern, damit sie sich behaupten konnten auf hoher See, abgeschottet vom Rest der Welt und dem Festland. Die Atlanter nutzten diese Gabe, um als riesige Seemacht viele Teile Europas, einige Inseln und sogar Ägypten zu erobern. Sie waren mächtig, stolz und hochmütig, doch ihr größter Fehler war, dass sie die Götter verhöhnten. Sie zeigten keinerlei Dankbarkeit für das kostbare Geschenk der Götter. Die Saiwalos dagegen waren friedlich und bescheiden, aber eine gewisse Ignoranz stahl sich in ihre Gemüter. Auch sie wurden bestraft für die Taten ihrer Landsleute, weil sie nie versucht hatten, sie aufzuhalten oder sie von ihrer Gier abzubringen. Sie ließen es einfach geschehen, denn sie waren ja vollkommen und waren sich selbst genug. Eines Tages, die Götter hatten das Volk von Atlantis mehrmals gewarnt, aber keine Veränderung war eingetreten, waren sie so erzürnt über den Hochmut der Atlanter und die Gleichgültigkeit der Saiwalos, dass sie einen schrecklichen Sturm schickten. Die Bestrafungen der Atlanter waren einerseits ihre verheerende Niederlage gegen ihre Feinde und der Verlust ihrer göttlichen Macht und andererseits der Verlust ihres Hab und Guts. Die Saiwalos traf ein anderes Schicksal. Als das gesamte Volk zusammen am Strand ein Fest feierte, schickten die Götter Blitze zu ihnen hinab, die die Körper der Saiwalos trafen, ihre Seelen spalteten und die gebrochenen Seelen aus den Körpern hinauskatapultierten."

Adam stockte, nahm eine Wasserflasche und trank mit großen Zügen daraus. Seine Kehle fühlte sich staubtrocken an.

Kira beobachtete ihn dabei mit einem undefinierbaren Blick. Sie sagte nichts dazu, aber Adam sah ihr an, dass sie das alles nur für ein Märchen hielt, das ihr die Zeit vertrieb.

„Möchtest du auch etwas trinken?“, fragte er und hielt ihr eine ungeöffnete Flasche entgegen. Sie schüttelte den Kopf, und er erzählte weiter: „Die abgetrennten Seelenhälften fanden den Weg nicht mehr zurück zu ihrem anderen Teil, denn der Sturm riss sie unbarmherzig mit sich fort. Sie schwebten schutzlos und einsam durch die Lüfte, bis der Sturmwind sie an irgendwelche Kontinente, tausende Kilometer weiter weg, getragen hatte. Die Einsamkeit trieb sie dazu, die dort lebenden Tiere als Wirt einzunehmen. Die schutzlosen Seelen erkannten vor allem in den Raubtieren ihre Chance, wieder in einem Körper wohnen zu können, der stark war und sich verteidigen konnte. Sie wählten die Bären, Wölfe und Großkatzen. Selten suchte eine Seele ein sanftes Tier aus. In den Raubtieren fanden sie eine mutige Tierseele, an die sie sich klammern konnten, und setzten somit ihrer Einsamkeit ein Ende.“ Adam sah sie eindringlich an und wartete auf ihre Reaktion.

„Du denkst also, dass man so zu einem Gestaltwandler wird?“, fragte Kira ungläubig und lachte herablassend. Sie schüttelte vehement den Kopf. „So ein Blödsinn!“

Er konnte aus ihrer Stimmlage mehr als deutlich heraushören, dass sie es wohl besser wusste. Sie hatte sich verraten, ohne es zu wissen. „Ach, meinst du …?“, fragte er daher betont ruhig und beobachtete sie genau.

„So eine komische Theorie habe ich ja noch nie gehört über Metamorphe … und man hört darüber so einiges“, antwortete sie immer noch in demselben Tonfall. Adams Chance war gekommen, und er ergriff sie sofort: „Hm, dafür, dass du dich angeblich nicht auskennst mit Metamorphen, scheinst du aber ziemlich gut Bescheid zu wissen – nach deiner Reaktion zu urteilen“, stellte er trocken fest.

Ihre Gesichtszüge gefroren augenblicklich, als sie ihren Fehler erkannte.

„Kira, ich bitte dich, mach mir nichts vor! Ich weiß es, also lass die Spielchen!“

Sie durchbohrte ihn mit ihrem Blick und schien fieberhaft nachzudenken, wie sie aus dieser verfahrenen Situation wieder herauskommen konnte.
Doch je länger sie schwieg, umso unwahrscheinlicher wurde es, etwas Vernünftiges dagegensetzen zu können. Schließlich gab sie nach: „Okay, ja, du hast gewonnen, aber das ist nichts Gutes – zumindest nicht für dich ...“

Adam musste grinsen bei ihrem ernsten Blick und erwiderte:
„Glaub mir, das ist mir jetzt auch schon egal!“

„Trotzdem“, erwiderte sie vehement, „deine Story hinkt, würde ich behaupten. Ich hatte eine Mutter und einen Vater. Ich bin nicht herumgeschwebt und an irgendwelchen Ufern angekommen, daran würde ich mich ja wohl erinnern.“
Sie lachte sarkastisch.

„Nein, sie hinkt nicht!“, erwiderte er geduldig. „Ich erzähle dir nachher, warum. Vorher muss ich dir noch erklären, was eine Meia Saiwalo ist ... wer ich bin.“

Sie zuckte gleichgültig mit den Schultern und machte eine Geste, die ihn aufforderte, dass er fortfahren sollte.

„Okay, also ...“ Adam ging über dieses zur Schau gestellte Desinteresse hinweg, denn er kaufte ihr diese aufgesetzte Nummer sowieso nicht ab.

„Die Seelen, die in den menschlichen Körpern der Meia Saiwalos zurückgeblieben waren, kämpften ums Überleben auf der untergehenden Insel. Der Sturm wütete dort und die Erde bebte. Sie wurde überspült von einer riesigen Welle und versank schließlich im Meer. Diejenigen, die es schafften, sich in ein fremdes Land zu retten, waren dort unendlich einsam und bekümmert, auch wenn sie in Gruppen strandeten. Sie fühlten sich zerrissen und elend. Halbe Seelen sind zur Trauer und Dunkelheit verdammt, und so begannen sie, überall nach ihrer zweiten Hälfte zu suchen, denn ohne sie war kein lebenswertes Dasein mehr möglich. Der Seele im Tierkörper erging es dabei nicht so beklagenswert, weil sie die Tierseele hatte, an die sie sich klammern konnte, und so vergaß sie mit der Zeit ihre zweite Seelenhälfte. Aber die zurückgebliebene Hälfte in dem menschlichen Körper konnte kein Glück mehr finden. Das Einzige, was ihr noch Hoffnung gab, war der göttliche Funke, der ihr geblieben war, denn er schenkte ihr Zeit und Unsterblichkeit. Ein kostbares Geschenk, wenn man Jahrhunderte damit verbringen muss, seinen Zwilling zu suchen. Die Metamorphe und die Meias, die danach geboren wurden, wurden zwar erwachsen, aber dann blieb die Zeit für sie stehen. Sie alterten nicht und konnten auch nicht sterben, zumindest nicht durch ihre eigene Hand. Als ich das begriffen hatte, dass ich nicht älter werde, habe ich mich auf die Suche nach dir gemacht, so wie hunderte von anderen Saiwalos euch auch suchen. Und manche von uns haben sicher bereits ihren anderen Teil gefunden. Es muss also noch mehr Metamorphe geben, die mit ihren Menschen zusammenleben. Hast du das nie gesehen? Vielleicht sogar bei deinen Eltern?“

Kira sah ihn nachdenklich an.

Es verging eine Weile, bis sie antwortete:

„Ich weiß es nicht, ich habe keine Eltern mehr. Ich bin mit ungefähr sechs Jahren zu meiner Tante gekommen und bei ihr aufgewachsen. Meine Mutter war auch eine Feloidea, daran kann ich mich noch erinnern, und mein Vater …? Von ihm wurde nie gesprochen. Ich kannte ihn nicht." Sie runzelte die Stirn. „Du meinst, mein Vater war eine Meia Saiwalo?"

„Nein, dein Vater muss definitiv ein Mensch gewesen sein. Nur Menschen und Metamorphe können einen Metamorph zeugen. Aber deine Mutter hätte dich nie verlassen. Das tun Metamorphe mit ihren Kindern nicht - nicht, bevor sie das Erwachsenenalter erreicht haben. Da du aber bei deiner Tante aufgewachsen bist, denke ich, deine Mutter hat nie ihre Meia getroffen. Sie wäre dann bei dir geblieben, mit oder ohne Meia. So besteht nur die Wahrscheinlichkeit, dass sie und ihre Meia einen gewaltsamen Tod gestorben sind, bei dem sie geköpft oder verbrannt wurden. Denn passiert so etwas, sterben beide Seelen zum gleichen Zeitpunkt, egal in welchen Ländern sie sich gerade befinden - wenn ihre Seelenhälfte irgendwo auf der Welt zu Tode kommt, sterben sie in derselben Sekunde", erklärte Adam. Kira fixierte ihn schweigend.

Erst Corvus schaffte es, sie aus ihrer Erstarrung zu reißen, als er sein heiseres „Ar Ar Ar" ertönen ließ. Sie blinzelte und blickte auf ihre Hände, die sie fest verschlungen in ihrem Schoß hielt. Dann hob sie ihren Kopf und fragte rau: „Glaubst du etwa tatsächlich an solch einen Unsinn?"

„Daran muss ich nicht glauben, ich weiß es! Oder willst du leugnen, dass du am 1. Mai 1669 geboren wurdest? Es ist auch mein Geburtstag. Du trägst die andere Hälfte meiner Seele in dir - oder wenn du so willst, ich trage die Hälfte deiner Seele in mir", stieß er wütend hervor.

Wie lange wollte sie dieses Spiel noch fortsetzen?
Sie musste sie doch auch spüren, die Vollkommenheit, seit sie zusammen waren.

„Kannst du deine verrückte Theorie beweisen?", fragte sie herausfordernd.

„Beweisen?"
Adam warf die Arme in die Höhe – eine Geste des Aufgebens. Was sollte er ihr denn noch sagen? Warum wollte sie nicht endlich verstehen, dass sie zusammengehörten wie Yin und Yang? Doch plötzlich fiel ihm etwas ein: „Schau mich an!"
Er fixierte sie mit den Augen und sagte ihr mental dieselben Worte, die er damals als Gaukler in Schottland zu ihr gesagt hatte: *Bleib! Warte auf mich!*

Sie starrte ihn an, Erkenntnis huschte über ihr Gesicht, und plötzlich zischte sie wütend: „Warum hast du das nicht gleich getan? Dann hätte ich mir all meine Gedanken und Grübeleien sparen können und du dir deine Geschichte!"

„Du glaubst mir also endlich? Ich wollte, dass du verstehst …"

„Ja, jetzt verstehe ich es … irgendwie, aber … es ist schwer. Ja, das wurde mir damals gesagt, ich dachte, ich hätte es mir eingebildet. Ich habe es … dich … nie vergessen können", gab sie offen zu und sah auf den Boden, als schämte sie sich.
Adam schluckte schwer. Sie hatte ja keine Ahnung, was dieses Geständnis für ihn bedeutete …

„Was mich interessieren würde", sprach sie weiter, „woher hast du dieses Wissen? Und wer ist noch eingeweiht?"

„Meine Mutter hat es mir, zumindest einen Teil davon, erzählt, bevor sie spurlos verschwand. Ich schätze, ein paar wenige Meia Saiwalos und noch weniger von eurer Art kennen die Wahrheit. Ihr scheint nichts darüber zu wissen, außer die allgegenwärtige Geschichte über Atlantis und so. Was für eine Katze bist du eigentlich?“, wechselte er plötzlich das Thema.

Sie überlegte kurz, ob sie es ihm tatsächlich sagen sollte.

„Ein Panther“, gab sie dann stolz preis. „Ich verwandle mich in ihn, wenn die Tierseele Oberhand gewinnt oder ich es ihr gestatte.“

„Ein Panther“, murmelte er ergriffen. Endlich wusste er, in welchem Tier seine andere Hälfte beheimatet war.

„Was ich mich frage“, begann sie zögernd, „woher wusstest du überhaupt, dass ich eine Feloidea bin?“

Er lächelte verschmitzt: „Na ja, Seiltänzer verkehrten damals gern mit Zigeunern. Die alte Griseldis hat es mir weisgesagt, und sie hat noch so einiges erzählt über die Meia Saiwalos, was meine Mutter nicht wusste.“
Wenn Adam seine Augen schloss, konnte er sogar noch heute Griseldis’ schnarrende Stimme hören und ihr Gesicht sehen, aber auch sie war schon längst tot. Das war etwas, was er sehr bedauerte, denn all jene, die er gekannt hatte, waren lange schon aus seinem Leben verschwunden. Manchmal sehnte er sich in diese alten Zeiten zurück, zu Menschen, die ihm und seiner Familie nahegestanden hatten.

„Wie kommt es eigentlich, dass du hier in Schweden lebst?“, unterbrach er seine aufkommende Melancholie.

„Ich habe mir dieses Land ausgesucht, weil die Wildnis unberührt und wunderschön ist. Die Berge und Seen haben mich magisch angezogen. Ich liebe es, meiner Pantherseele nachzugeben und nachts durch die Wälder zu streifen. Alle Zwänge und Grenzen, die sich die Menschen selbst auferlegen, sind dann für mich hinfällig. Ich kann meiner Natur nachgeben und einfach ich selbst sein."

Das klang in Adams Ohren wie eine Rechtfertigung.
Er verstand nicht ganz, warum sie diese Worte so aufgewühlt hervorbrachte.

„Du musst dich nicht rechtfertigen. Es war einfach nur Neugier, dass ich dich gefragt habe", versuchte er, sie zu beruhigen.

„Ja, schon gut." Sie winkte ab. „Ich habe mir schon so oft anhören müssen, dass wir nicht so leichtsinnig sein sollen und uns an die Gesellschaft anpassen müssen. Dass wir unsere Wildheit deckeln und unsere Tierseele unterdrücken sollen, aber damit missachten wir unsere Instinkte! Auf keinen Fall auffallen … ich habe es so satt! Ich will frei sein! Was habe ich denn sonst? Jeden Tag eingesperrt in diesen tristen Hörsälen an der Uni mit hunderten von Menschen. Der Lärm überall, die Gerüche, die fremden Menschen und diese Isolation … all das stumpft meine feine Wahrnehmung ab und stresst mich total. Ich verliere mich unter den normalen Menschen."

Bitterkeit huschte über ihr wunderschönes Gesicht mit den hohen Wangenknochen. Sie hielt die Augen geschlossen und ihre Mundwinkel zogen sich nach unten.
Adam hockte sich vor ihren Sessel und umschloss ihre weichen Hände mit den seinen. Überrascht sah sie auf … diese Nähe hatte sie nicht erwartet.

Er wollte ihr das Gefühl vermitteln, dass er diese Isolation vertreiben konnte und er für sie da war.

„Einsamkeit kenne ich auch - nur zu gut. Mein ganzes Leben habe ich mich total allein gefühlt. Auch wenn meine Freunde immer um mich herum waren, konnte niemand dieses nagende Gefühl in mir ausmerzen. Bisher gab es keinen einzigen Menschen, der mir wirklich nahe war. Ich bin es so leid! Aber diese Einsamkeit wird es jetzt nicht mehr geben, weil ich dich endlich gefunden habe. Fühlst du dich in meiner Gegenwart immer noch so allein?", flüsterte er.

„Nein", gab sie zögerlich zu. „Aber da liegt ja das Problem." Schnell zog sie ihre Hände aus den seinen. Es schien sie nervös zu machen, von ihm angefasst zu werden, denn sie sah ihn verunsichert und fast ängstlich an.

„Was für ein Problem?"
Verwundert zog er die Augenbrauen hoch.

„Wie, denkst du eigentlich, soll es mit uns weitergehen? Wir Gestaltwandler haben uns in dieser Welt eingerichtet. Es gibt Städte, in denen hunderte, wenn nicht gar tausende von uns unter euch ahnungslosen Menschen leben. Wir bilden dort geheime Gemeinschaften. Wie kann ich da so jemanden wie dich mithineinziehen? Du kennst nicht unsere Regeln, unsere Lebensweisen oder Gemüter. Du würdest in unseren Reihen untergehen und sicherlich nicht lange überleben. Du gehörst nicht in meine Welt!", gab sie abweisend zurück.

„Dann erkläre mir deine Welt!", erwiderte er aufgebracht. „Du kannst mich nicht einfach abweisen, bloß, weil du Angst hast. Ich gehöre in deine Welt! Nichts anderes lasse ich gelten!"

„Dann ist das dein Problem! Ich gehe jetzt! Ich will und werde dir darüber nichts mehr sagen. Sonst weiß ich nicht, was …" Kira brach abrupt ab, schwang sich energisch aus dem Sessel und rauschte an ihm vorbei.

„Warte!"

Panik ergriff Adam, und er packte sie am Arm, doch ehe er begriff, was passierte, spürte er auch schon einen brennenden Schmerz in seinem Gesicht. Heißes Blut rann an seiner Wange herab. Mit geweiteten Augen sah er auf und blickte in Kiras fremdartig glühende Augen. Ihre Hand, die sie erhoben hielt, war mit spitzen langen Krallen versehen. Sie knurrte drohend, und er ließ sie erschrocken los. Ihr schönes Antlitz hatte sich in eine gefährliche Maske verwandelt. Die Tierseele zwang sich auf ihre Gesichtszüge und entstellte sie in furchterregender Weise.

„Lass mich!", fauchte sie böse. Ihre Pupillen weiteten sich unnatürlich groß, und Adam befürchtete, dass sie ihn gleich anspringen würde. Sie drehte sich abrupt um und ging. Als sie aus der Tür hinaus war und diese laut zufiel, hatte er das Gefühl, als verließe ihn all seine Kraft. Entkräftet ließ er sich in den Sessel fallen und starrte auf den Platz gegenüber – dort, wo sie kurz zuvor gesessen hatte.
Adam hatte das Gefühl, als zerreiße es sein Herz … dass seine Wange brannte wie Feuer und das Blut auf sein Shirt tropfte, interessierte ihn nicht. Diesen Schmerz spürte er kaum, denn eine schier unerträgliche Trauer übermannte ihn. Er verdeckte die Augen mit der Hand und starrte auf den Boden. Kira war geflüchtet, und er hatte nichts dagegen tun können … was war er nur für ein Versager! Er hatte wieder alles falsch gemacht, er hatte sie eingeengt und überrumpelt.

Wie ein Raubtier in einem viel zu kleinen Käfig schoss es ihm durch den Kopf.

Fühlte sie sich so?
Eingesperrt in ihrem viel zu engen Leben?
So wie er?

Oder bildete er sich das alles nur ein, weil er es gerne so hätte, dass auch sie nicht ohne ihn leben konnte? Diesen Gedanken wollte er lieber nicht weiterverfolgen.

Aber sie musste doch auch unglücklich sein ohne ihn!

Für einen kurzen Moment hatte er vorhin geglaubt, auch ihre Sehnsucht gesehen zu haben. Und zugegeben hatte sie es ja auch – indirekt! Sie wusste bloß nicht, was ihr immer gefehlt hatte, obwohl er ihr alles erzählt hatte. Aber sie glaubte nichts von alldem.

Er würde das ändern.
Er würde sie glücklich machen, ob sie wollte oder nicht.

≈∞≈ Katzenwut ≈∞≈

Kira stürmte aus dem Wohnwagen und versuchte mit aller Macht, ihre Wut, Verwirrung und Verzweiflung zu unterdrücken. Ihre Gefühle übermannten sie in heißen Wellen. Die sanften Berührungen von Adam und dieses läppische Händchenhalten hatten ihr den Rest gegeben. Ihre Tierseele drohte, jeden Moment hervorzubrechen. Sie musste so weit wie möglich weg von all diesen Menschen hier auf den Straßen der Stadt und vor allem weg von Adam. Sie hatte ihn verletzt. Es fühlte sich für sie so an, als hätte sie sich selbst verletzt. Aber sie hatte nicht anders gekonnt! Adam hatte sie durchschaut, und das hatte ihr mehr Angst eingejagt, als sie sagen konnte. Er war so überzeugt davon, dass sie zusammengehörten.
Sie konnte nicht fassen, wieso er sich dessen so sicher war.

Und dann waren da ihre widersprüchlichen Gefühle – Gefühle, von denen sie sich verraten fühlte. Sie war ein übernatürliches Wesen. Sie sollte nicht von Gefühlen zu einem Menschen geleitet werden. Niemals!

Kopflos rannte sie durch die verwinkelten Gassen. Sie rempelte irgendwelche Leute an, die ihr schimpfend hinterherriefen, aber sie musste weg, weit weg! Doch ihr war bewusst, dass sie es nicht rechtzeitig in die Wildnis schaffen würde – sie war mitten in der Stadt! Ihr aufgewühltes Inneres begünstigte das Durchbrechen der Pantherseele noch. Ihre letzte Chance war eine finstere Gasse, an der sie in letzter Sekunde vorbeikam. Sie flüchtete tief hinein und stützte sich schwer atmend an einer rauen Steinwand ab. Keuchend rutschte sie an ihr hinab und zerkratzte sich dabei die Arme. Aber das alles war ihr egal. Sie konnte sich nicht mehr kontrollieren.

Sie versuchte es, aber es war nicht möglich. Die Hitze in ihrem Inneren fraß sich durch ihren gesamten Körper, und sie spürte, wie sich die Wandlung unausweichlich anbahnte. Plötzlich hörte sie Stimmen in ihrer Nähe.

„Oh nein, bitte nicht jetzt!“, stöhnte sie, aber es war zu spät, schon schlenderten zwei Teenager um die Ecke, und sie fühlte, wie sie die Kontrolle über ihren Geist verlor. Ihre Fangzähne stießen hervor, und sie bleckte die Zähne. Sie wand sich auf alle viere und starrte den zwei Jungs leise knurrend entgegen.

Erschrocken zuckten die beiden zurück, als sie etwas entdeckten, das wenige Meter vor ihnen im Dunkeln mit leuchtenden Augen zu ihnen herüberstarrte und knurrte. Ein schwarzes Monster mit seltsamen Fetzen an seinem Körper schlich aus dem finsteren Schatten. Sie konnten es nicht richtig erkennen, denn das dämmrige Licht von der Hauptstraße fiel kaum bis zu ihnen herüber. Aber als es drohend auf sie zustob, abrupt stehen blieb und mit der Pranke versuchte, nach ihnen zu schlagen, liefen sie schreiend davon. Das Wesen verfolgte sie zwar nicht, aber später, in den frühen Morgenstunden, würden noch mehr solcher Geschichten in der Stadt kursieren von einem schwarzen Ungeheuer, das in der Nacht sein Unwesen getrieben hatte. Überall heulten Sirenen, und Menschen liefen voller Panik in die Häuser. Bald war die Stadt wie ausgestorben, denn die Nachricht, dass ein gefährliches Untier unterwegs war, verbreitete sich wie ein Lauffeuer.

Adam kam fast um vor Sorge und Angst um Kira.
Er lief durch die menschenleeren Straßen, in der Hoffnung, sie zu finden. Dass sie inzwischen ein wilder Panther war, der ihm gefährlich werden konnte, blendete er aus.

Dutzende Polizeiwagen rasten an ihm vorbei.
Er verzweifelte bei der Vorstellung, dass sie ganz allein war und die Menschen nach ihr suchten, um sie einzufangen, oder noch schlimmer, sie … daran durfte er nicht denken! Sie musste unvorstellbare Angst haben … genauso wie er um sie.

Kira lief voller Panik durch die Straßen, denn ihre Tierseele kannte diesen Ort nicht. Verwirrt suchte sich der Panther einen Weg aus dem Labyrinth von Häusern, Straßen und Gassen. Kira konnte die Pantherseele nicht beruhigen, denn der Zugriff auf das wilde Tier war ihr verwehrt durch ihre aufgewühlten Gefühle. Sie hatte sich noch nie so sehr nach Schutz gesehnt wie in dieser Nacht. Irgendwann roch sie endlich die frische Kühle der Wildnis und flüchtete in die vertraute Finsternis.
Endlich!
Jetzt musste sie an nichts mehr denken, einfach nur noch ihren Instinkten folgen und laufen, weit weglaufen. Auch ihre starke Tierseele beruhigte sich tief im Wald wieder, und sie sich mit ihr. Als der Morgen dämmerte, verkroch sie sich unter einem Felsvorsprung und schlief erschöpft ein.

Sie fühlte sich elend, als sie erwachte. Ihr erster Gedanke galt Adam. Sie bereute zutiefst, ihm gefolgt zu sein, ihn an sich herangelassen zu haben und ihm Dinge über sich erzählt zu haben, die sie noch nie jemandem anvertraut hatte.
Sie verachtete sich selbst dafür, dass er ihr so nahekam und dass sie ihn nicht einfach hatte „entsorgen“ können.
Sie war geflüchtet, obwohl es leicht gewesen wäre, ihn in seinem Wohnwagen, der abgeschottet von allem war, zu überwältigen und ihn zu töten und bis zum nächsten Morgen zu warten, bis sie sich zurückverwandelt hätte. Niemand hätte sie gestört, das hatte er ihr ja so naiv und bereitwillig erzählt.

Aber sie hatte es nicht gekonnt.
Am meisten verachtete sie sich dafür, dass sie ihm wehgetan hatte, bloß weil er sie durchschaut hatte und sie nicht anders konnte, als ihn ehrlich und wahrhaftig zu lieben. Ihr Herz hatte ihr einen Stich versetzt, als sie seinen fassungslosen Blick gesehen hatte und seine unendlich traurigen Augen, als sie ihm die Wunde zugefügt hatte. Was für eine Schande für so einen stolzen Panther wie sie …

Sie hatte sich auf ein Spiel eingelassen, dessen Regeln sie nicht verstand und dessen Intensität sie unterschätzt hatte. Diesen Anteil ihrer Tierseele hätte sie am liebsten verflucht, denn die verdammte Neugier hatte sie so weit getrieben. Sie zerbrach sich den Kopf darüber, was sie alles falsch gemacht hatte, und versuchte, ihr schlechtes Gewissen wegzudenken, aber immer wieder schlich sich dieses beschämende Gefühl in ihr Herz zurück. Mit aller Gewalt unterdrückte sie die verzehrende Sehnsucht, zu Adam zurückzukehren und ihn um Verzeihung zu bitten. Erst nach einer geraumen Zeit, in der sie unter dem Felsvorsprung gelegen hatte, entschied sie sich endlich dazu, hervorzukriechen, auch wenn sie am liebsten für alle Ewigkeit dort liegen geblieben wäre.

Ihre Kleidung hing in Fetzen an ihr herunter, aber darüber brauchte sie sich keine Gedanken zu machen, denn in ihrer Halskette verbarg sich ein zartes Kleid, das sie für Notfälle wie diesen hervorkramen konnte. Sie zog es sich schnell über, nachdem sie die zerfetzten Sachen achtlos in den Wald geworfen hatte.

Ein paar quälende Tage lief sie unruhig und viel zu oft in Panthergestalt in den Wäldern umher und umging die Stadt so gut es ging.

Nur leider zog es sie immer wieder zurück in diese Stadt. Kiras Pantherseele war nicht komplett unabhängig von ihr, sondern tief mit ihr verwoben.

Irgendwann hielt sie es nicht mehr aus und entschloss sich dazu, zumindest einmal nachzusehen, ob Adam mit seinen Jungs überhaupt noch dort war.

Vielleicht hatte sie „Glück" und er war schon abgereist.

Es kostete sie viel Überwindung, endlich um die Ecke zu biegen und sich Gewissheit zu verschaffen. War er noch da, müsste sie sich bei ihm entschuldigen, was schlimmer gewesen wäre, als die Tatsache, wenn er nicht mehr da war, so glaubte sie zumindest. Es würde sie zwar tief in ihrer Seele treffen, aber es wäre auf jeden Fall besser so. Sie versuchte, sich selbst davon zu überzeugen, dass es das einzig Vernünftige war, ihn nie wiederzusehen.

Als sie endlich wagte, um die Ecke zu gehen, entspannte sich ihr Körper zwar, aber ihre Seele war mit einem Mal tieftraurig, als sie sah, dass er tatsächlich weg war.

Er war weg … es stand kein alter Wohnwagen mehr auf der Rasenfläche an der Steinwand.

Adam war einfach abgereist.

Statt der erhofften Erleichterung spürte Kira eine abgrundtiefe Leere in sich. Jetzt war sie wieder allein. Das hatte sie noch nie so schmerzlich empfunden wie in diesem Moment.

≈∞≈ Die Offenbarung ≈∞≈

Adam hatte eine grauenhafte Zeit hinter sich. Die vergangenen Stunden waren die schlimmsten seines Lebens gewesen. Seine Nerven waren gespannt wie Drahtseile und er reagierte auf jedes noch so kleine Geräusch, das vielleicht von einer geschmeidigen Katzenfrau hervorgerufen wurde. So wie jetzt, als es leise an die Tür klopfte und seine verzweifelte Einsamkeit endlich unterbrochen wurde, in die er verfallen war. „Herein!“, sagte er hoffnungsvoll und sprang von seinem Sessel auf. Die Tür öffnete sich, und Peter trat ein. Was für eine Enttäuschung! Schnell hob Adam eine Hand und verdeckte seine zerkratzte Gesichtshälfte, denn auf nervige Fragen konnte er verzichten.

„Hi, Alter! Mann, was ziehst du denn für ein Gesicht? Ich wollte fragen, wann und wohin wir morgen fahren. Du hast doch die Tourdaten hier irgendwo.“ Adam sah den Gitarristen finster an. Als der Adams Gesichtsausdruck bemerkte, trat er erschrocken einen Schritt zurück und hob entschuldigend die Hände. „Sorry, aber du hattest ‚Herein‘ gesagt“, rechtfertigte sich Peter vorwurfsvoll und zuckte verständnislos mit seinen Schultern.

Adam presste geräuschvoll die angehaltene Luft aus den Lungen, schüttelte resigniert den Kopf und ließ sich wieder in den Sessel fallen. Blonde Strähnen fielen ihm in die Stirn und bedeckten ein Auge. Genervt strich er die Haare zurück und versuchte, krampfhaft zu grinsen.

„Sorry! Ich habe jemand anderen erwartet!“

Er starrte mit zusammengepressten Lippen aus dem Fenster.

„Ah, die kleine Schwarzhaarige von gestern Abend. Die war ein echtes Zuckerstückchen! Da hätte ich auch nicht ‚Nein' gesagt", grinste Peter verschwörerisch und pfiff gespielt anzüglich durch die Zähne.

Adam zog wütend die Brauen zusammen und starrte seinem schlaksigen Bandkollegen drohend in die Augen. Das würde er büßen! Peters Blick wurde mit einem Mal ganz fern, und urplötzlich gab er sich selbst eine schallende Ohrfeige.
Corvus krächzte, und es klang äußerst vorwurfsvoll.

„Jaja! Ist schon gut! Ich sollte meine Gabe nicht für so etwas missbrauchen. Aber ich ertrage es nicht, andere Männer so von ihr reden zu hören, selbst er ist keine Ausnahme", knurrte er leise dem Schildraben zu. Adam musterte Peter zufrieden und musste sich ein Grinsen verkneifen. Ein Schütteln durchzog Peters Körper, und er sah aus, als erwachte er aus einem bösen Traum.

„Au, was war denn das? Meine Wange brennt wie die Hölle!" Verdutzt rieb er sich über das Gesicht und sah seinen Bandleader verwirrt an, der am anderen Ende des Raumes gemütlich im Sessel saß und scheinbar gelangweilt seinen Kopf mit der Hand auf die Lehne stützte.

„Ja, ich seh's auch, die ist ja feuerrot", heuchelte Adam mitfühlend. „Vielleicht hat dich etwas gestochen", meinte er unschuldig.
Der Gitarrist runzelte skeptisch die Stirn, so ganz glaubte er das nicht, aber er konnte sich keinen Reim darauf machen, was es sonst hätte sein können. Dann zuckte er mit den Schultern, und seine Gesichtszüge hellten sich auf, denn ihm war wieder eingefallen, was er fragen wollte.

„Wohin geht's denn nun morgen?“

„Ich weiß nicht. Unsere fest gebuchte Tour haben wir fürs Erste geschafft. Wir können jetzt drei Monate auftreten, wo uns die Lust und Laune hinführen.“

„Wohin wir wollen? Das ist ja geil! Sowas hat's ja noch nie gegeben.“ Überrascht riss er seine braunen Augen auf.

„Na ja, die Klausel habe ich einbauen lassen. Wir müssen natürlich vorher in den jeweiligen Städten anfragen, ob wir erwünscht sind. Aber im Großen und Ganzen ...“, antwortete Adam angestrengt. Das Gespräch mit seinem Freund kostete ihn viel zu viel Energie. Das war immer so, wenn er reden musste, obwohl er nicht wollte.

„He, sag mal“, unterbrach ihn Peter plötzlich, „was hältst du denn deine Hand da immer so komisch im Gesicht?“

Verdammt! „Nichts, nichts!“, erwiderte Adam so neutral wie möglich und winkte mit der anderen Hand ab.

„Blödsinn! Du kannst mir nix erzählen, Mann! Zeig her!“ Noch bevor Adam reagieren konnte, stand er neben ihm und zog ihm die Hand weg. Verblüfft sah Peter seinen Kumpel an, als er die Wunde entblößte.

„Ja, sauber, sag ich!“, prustete er los. „Was hast du denn heute Nacht gemacht? Die Kleine hat dich anscheinend ganz schön hergenommen, was?“ Peter lachte hämisch und zog ihn weiter auf: „Sieht aber nicht so toll aus. Solltest deinem wilden Kätzchen vielleicht sagen, dass sie nächstes Mal lieber deinen Rücken bearbeiten soll!“

Adam hatte das starke Bedürfnis, seinem Freund noch eine weitere saftige Gedanken-Ohrfeige zu verpassen, aber Corvus flatterte in weiser Voraussicht auf Adams Schulter und beäugte ihn misstrauisch. Schlauer Vogel!

„Es ist kompliziert", wich Adam seinem Freund aus. Was sollte er ihm schon sagen? Peter würde das alles nie verstehen, wahrscheinlich würde er die Männer mit den weißen Mänteln anrufen …

„Entspann dich! Ich sage es keinem, den Jungs auch nicht. Dann bleiben wir noch ein wenig hier und proben. Was hältst du davon?", fragte er versöhnlich.

Das war gar nicht mal so eine schlechte Idee, fand Adam. Sein Gemüt hellte sich etwas auf. Ja, er wusste schon, warum nur Peter sein Vertrauen genoss.

Doch dann legte sein Freund nach: „Dann kannst du noch ein wenig auf deine scharfe Katze warten!" Adam fixierte ihn wieder. „Schon gut, ich verzieh mich, bevor du mir an die Gurgel springst!" Und schon war er aus der Tür hinaus.

Adam dachte über Peter nach. Es hatte fast den Anschein, als ahnte er unbewusst, was wirklich vor sich ging, was ihn und Kira betraf. Es war schon sehr seltsam, dass er sie als „Katze" bezeichnete und damit, ohne es zu wissen, absolut richtig lag.

Ein paar wenige Tage ging der Vorschlag von Peter sogar gut, aber irgendwann ließen seine Bandmitglieder Adam keine Ruhe mehr. Sie zogen ihn ständig mit der schwarzhaarigen Schönheit auf. Vor allem wollten sie in eine andere Stadt weiterziehen, denn es wurde ihnen hier schon zu langweilig.

Adam konnte zwar verstehen, dass sie neugierig waren und ihn mit Fragen löcherten, warum er unbedingt hierbleiben wollte, denn so etwas wie auf dem Konzert oder diese ewige Warterei, hatte er bisher noch nie getan. Adams inneres Leid hielt ihn aber so sehr gefangen, dass er keine Lust hatte, sich seinen Freunden anzuvertrauen. Stattdessen hielt er sie noch weiter hin. „Lasst uns noch ein wenig proben! Schaut euch die Stadt an. Sucht euch ein paar nette Girls."

Er würde niemals zugeben, dass er nur auf Kira wartete. Die anderen akzeptierten es schließlich mit den Worten: „Hat er sich endlich mal ein Groupie geangelt, dann lassen wir ihm halt noch ein wenig seinen Spaß! Ist auch mal was Neues, ne, Alter! Bevor sie kam, hast du ja immer alle Mädels geschasst."

Peter warf ihm allerdings mehr als einmal einen fragenden Blick zu, sagte aber nichts. Er vermutete anscheinend viel mehr hinter der Sache. Nicht umsonst war er Adams engster Freund, er war ein schlaues Kerlchen, auch wenn Adam das gerade jetzt nicht zugutekam, dass sein Kumpel ihn ganz offensichtlich durchschaute.

Oft sprachen die Jungs über ihren Bandleader und seine selbst auferlegte Einsamkeit, wenn sie glaubten, er hörte sie nicht - so wie heute, als er gerade an der angelehnten Tür des Proberaumes vorbeiging.

„Ich kapier nicht, warum Adam sich nicht wenigstens einmal ein Mädchen mit in seinen Wohnwagen nimmt. Er könnte doch jede haben!", wunderte sich Christian. Keiner von ihnen konnte verstehen, dass ihr Sänger die hübschesten und nettesten Mädchen so vehement ablehnte.

Aber Peter, Matthew und Christian zogen ihre Vorteile aus der verstockten Verhaltensweise ihres Bandkollegen.
Sie hatten ihren Spaß mit den Anhängseln ihrer Berühmtheit. Die Girls machten zwar nie einen Hehl daraus, eigentlich nur an Adam interessiert zu sein, und sie gaben ihrer Hoffnung stets Ausdruck, durch die Bandmitglieder an den Sänger heranzukommen zu wollen, aber den Jungs war das egal. Adam sagte stets „Nein" zu allen Flirtangeboten, aber dafür hatten sie ihr Vergnügen mit seinen Verehrerinnen. Es war ihnen klar, dass Adam nur mit den Fingern zu schnippen brauchte, und die verliebten Damen würden sich auf ihn stürzen.
Aber darüber wunderten sich seine Freunde schon lange nicht mehr, so wie er aussah und sich verhielt. Die Girls waren offensichtlich total hin und weg von der geheimnisvollen, melancholischen Aura, die ihn umgab. Seine Einsamkeit und Verlorenheit waren die Eigenschaften, die jedem Mädchen auffielen, das ihn sah. Es war fast wie ein Zwang bei den weiblichen Fans: Jede einzelne wollte ihn retten, ihm Trost und Zuneigung schenken und ihn aus seiner tiefen Traurigkeit reißen. Das hatten sich anscheinend Hunderte von Mädchen zum Ziel gesetzt. Aber Adam blieb unnahbar, desinteressiert, und ließ keine der ihm Verfallenen an sich heran. Er war der ewige Einzelgänger. Am liebsten nahm er mit der Gesellschaft seines gefiederten Freundes vorlieb.

Bis vor ein paar Tagen war das immer so gewesen, bis dieses Mädchen aufgetaucht war, das es tatsächlich geschafft hatte, das Interesse des Bandleaders zu wecken, wobei sie derart cool wirkte, als legte sie gar keinen Wert auf Adams Bewunderung. Peter, Matthew und Christian konnten sehr gut verstehen, dass er hierbleiben wollte, denn diese Frau war außergewöhnlich schön mit ihren schwarzen, hüftlangen Haaren, den feinen Gesichtszügen und den ungewöhnlichen Augen.

Sie war schlank, zart und auffallend athletisch. Auf den ersten Blick sah man, dass sie etwas ganz Besonderes war, aber auf eine eigenartige Weise wirkte sie auch gefährlich, was aber nur Peter wahrzunehmen schien. Die anderen waren einfach nur hingerissen von ihr. Irgendetwas stimmte aber ganz und gar nicht, war sich Peter sicher, denn Adam wirkte noch niedergeschlagener als sonst. Und er hatte die Kleine seit dem Konzert nicht wiedergesehen. Normalerweise müsste Adam sie ihnen doch vorstellen wollen, aber nichts dergleichen war bisher geschehen. Peter machte sich Gedanken über den elenden Zustand seines Freundes, sprach aber mit niemandem darüber. Die anderen beiden ließ er bewusst in dem Glauben, dass Adam nur einen heißen Flirt am Start hatte.
Am meisten beschäftigte ihn die Tatsache, dass Adam auch ihm nichts erzählte, obwohl er immer mal wieder fragte, ob alles in Ordnung wäre. Auf sein Nachfragen bekam er aber nur nichtssagende, ausweichende Antworten. Peter konnte sich keinen Reim darauf machen, warum die Bekanntschaft mit diesem Mädchen so aufwühlend für Adam war. Er kannte seinen Freund seit vielen Jahren – Adam hatte schon immer einen Hang zur Dramatik, aber so extrem neben der Spur hatte er ihn noch nie erlebt.

≈∞≈

Nach zwei Wochen, die Adam abgewartet hatte, musste er sich eingestehen, dass sie wohl nicht zurückkommen würde. Er konnte die Abreise nicht mehr länger hinauszögern.
Die Jungs saßen ihm im Nacken, und ihm gingen die plausiblen Ausreden aus. Also entschied er, zum nächsten Gig weiterzuziehen. Kira hatte ihn nicht gewollt … wie sollte er so weiterleben? Vielleicht half ihm das Wissen, dass sie da draußen irgendwo war, dass es sie gab. Auch wenn das nur ein minimaler Trost war. Aber was hatte er denn sonst?

Vielleicht war ihre Tierseele doch stärker als sein Anteil in ihr. Sie brauchte ihn nicht so sehr wie er sie.
Was sollte er dagegen ausrichten können?
Er hatte so sehr gehofft, sie überzeugen zu können.

„Hey, Adam! Kommst du jetzt endlich?“, rief Christian ungeduldig zu ihm herüber, als er immer noch unschlüssig vor seinem Wohnwagen stand und sich fragte, ob er tatsächlich losfahren sollte. „Jap!“, antwortete er knapp und stieg ein.

Die Wochen schleppten sich so dahin.
In verschiedenen Städten spielten er und die Jungs ein Konzert nach dem anderen. Dabei vergaß er Kira manchmal für einen Moment, außer bei seinem mystischen Flötenspiel, da kam diese verzehrende Sehnsucht wieder zurück.
Adam versank in Melancholie und Verzweiflung.
Niemand konnte ihn aufmuntern oder ablenken. Selbst Corvus schien schon ganz besorgt und nervös zu sein angesichts der Trauer, die seinen Meister quälte.

Und dann, eines Abends, nach einem unbedeutenden Auftritt, stand Kira bepackt mit einem dunklen Rucksack vor seinem Wohnwagen. Adam fühlte sich so, als hätte ihn der Blitz getroffen. All seine niederdrückenden Gefühle waren von einem Moment auf den anderen vergessen. Er konnte ihr nicht einmal böse sein, dass sie ihm diese wochenlange Qual angetan hatte. Er war überglücklich, sie zu sehen.

„Hey“, begrüßte er sie knapp, denn ganz so leicht wollte er es ihr trotzdem nicht machen. Seine Erleichterung über ihr plötzliches Auftauchen ließ er sich nicht anmerken.

„Hey“, antwortete sie leise.

Dann herrschte bedrückende Stille. Adam hatte nicht vor, ihr die Sache zu vereinfachen, von ihm würde erst einmal nichts kommen.

„Hör zu“, begann sie und schielte auf seine Wange, die schon fast verheilt war. „Du hattest recht“, gab sie leise zu. Adam zog eine Augenbraue hoch, als verstünde er nicht, was sie meinte. „Ich meine, das mit der Angst und so ... ich weiß nicht, was ich davon halten soll. Ich weiß nur, dass es mir leidtut, was ich mit deinem Gesicht angestellt habe und ...“

„Das mit meinem Gesicht ist mir völlig egal!“, unterbrach er sie barsch. Sie redete wieder nur um den heißen Brei herum. Das nervte ihn! „Wenn du nur deswegen gekommen bist, dann kannst du gleich wieder ver...“

Das war zwar nur so ein Gerede, aber es zeigte die gewünschte Wirkung, denn sie zuckte erschrocken zusammen und fiel ihm sofort ins Wort: „Was? Nein, so war das nicht gemeint. Ich ... ähm, Adam, du hattest mit allem recht. Ich bin geflüchtet, weil ich damit nicht umgehen konnte – und wahrscheinlich noch immer nicht kann. Ja, irgendwie ängstigt mich das Ganze mit dir. Ich kenne solche Gefühle nicht. Es ist schwierig für mich, all das zu akzeptieren. Ich fühle mich so unsicher, und meine Pantherseele kann mir das erste Mal in meinem Leben nicht helfen ... deine Geschichte klingt so unglaublich für mich.“

Adam sagte eine Weile nichts und sah sie einfach nur an. Schüchtern erwiderte sie seinen Blick. Unwillkürlich musste er lächeln, denn sie sah sehr süß aus, wie sie ihn mit ihren großen reumütigen Katzenaugen ansah.

„Ich bin einfach froh, dass du wieder da bist“, antwortete er schließlich.

Für einen Moment spiegelte sich Verwirrung in ihrem Blick, aber dann bemerkte er eine sichtbare Erleichterung an ihrer Körperhaltung.
Sie entspannte sich sichtlich und schüttelte leicht den Kopf, als sie sagte: „Du bist wirklich ein seltsamer Kerl. So jemanden wie dich habe ich noch nie getroffen."

Adam lachte. „Kein Wunder, ich bin dein Seelenzwilling! Es gibt davon nur einen einzigen auf dieser Welt! Also konntest du bisher niemanden treffen, der so ist wie ich. Verstanden, Schönheit?"

„Ja, okay, ich hab's jetzt kapiert", lachte sie erleichtert.

„Aber zur Strafe musst du mir noch ein wenig mehr von dir erzählen, mein Kätzchen!", forderte er sie fies grinsend heraus, öffnete schwungvoll seine Wohnwagentür und lud sie mit einer ausladenden Geste ein, einzutreten.

„Ja, mein Gott!" Gespielt genervt verschränkte sie die Arme und folgte seiner Aufforderung.

Als Adam Corvus auf seiner Stange abgeladen hatte, wandte er sich ihr zu. „Wo waren wir letztes Mal stehengeblieben? Ach ja, deine Gilde. Erzähl mir darüber etwas!" Er ließ sich in seinen Sessel fallen und sah sie erwartungsvoll an.

„Ja, okay, wie du willst", gab sie nach, stellte ihren dunklen Rucksack ab und setzte sich. „Meine Welt ist aufgeteilt in drei verschiedene Herrschergebiete, sag ich jetzt mal so – Zagazig, Irkutsk und Fairbanks. In der Stadt Zagazig sind die Feloidea beheimatet, in Irkutsk leben die Ursidae, die Bären, und in Fairbanks haben sich die Canoidea, die Wölfe, niedergelassen.

Alle fünfzig Jahre kommen Delegationen aus diesen und anderen Städten zusammen, um unser heimliches Leben zu organisieren, in dem die erste Regel lautet, dass die Menschen nicht wissen dürfen, dass wir Gestaltwandler existieren."

„Klar, du gehörst zu den Mythen und Legenden, die sie sich die Menschen erzählen, um sich zu gruseln. Gestaltwandler sind faszinierende Wesen und beliebt unter den Fantasy-Story-Fans. Über das Leben der Meia Saiwalos gibt's gar nichts zu berichten. Kaum jemand kennt uns", sagte er bedrückt.

„Das stimmt. Nicht einmal wir wissen, dass ihr existiert … und da kommst du plötzlich in mein Leben spaziert und stellst alles auf den Kopf - und willst, dass ich mit dir zusammen bin, obwohl wir uns erst zweimal begegnet sind. Das erste Mal haben wir nicht einmal miteinander gesprochen." Kira lächelte ungläubig und war während ihrer Erzählung aufgeregt aufgestanden und wie ein gefangenes Tier im Wohnwagen hin- und hergewandert. Ununterbrochen drehte sie dabei ihr Amulett zwischen den Fingern hin und her. Endlich blieb sie am Fenster stehen und starrte hinaus in die Nacht. Adam hätte sie am liebsten umarmt, um sie endlich zu spüren, festzuhalten, zu küssen …

„Ich weiß nicht, was ich nun tun soll", murmelte sie und wandte sich ihm zu, nahm aber gleichzeitig ihren unruhigen Streifzug durch den Wohnwagen wieder auf. „Du glaubst so felsenfest an diese Sache …", stellte sie in den Raum, beendete ihren Satz aber nicht.

Stattdessen fragte sie: „Du glaubst also tatsächlich, dass viele Gestaltwandler mit Meia Saiwalos zusammenleben und das verheimlichen?"

„Wenn du keinen weiteren Seelensucher kennst, aber mit vielen Metamorphen in Kontakt stehst, muss es wohl so sein. Ich kenne eure Gesetze nicht. Aber wenn sie so hart sind, dass ihr eure Seelenhälfte verleugnen müsst, sollten sie geändert werden. Denn es ist nun einmal unser gemeinsames Schicksal, miteinander verbunden zu sein."

„Aber ich weiß nicht mal, ob solche Beziehungen existieren. Wie könnte ich mit dir zusammen sein? Ich werde zu einem Raubtier, wenn ich die Kontrolle verliere, was in deiner Gegenwart offensichtlich sehr schnell passiert. Ich habe dich verletzt, und das war nur ein kleiner Kratzer … ich könnte viel Schlimmeres anrichten. Die Beziehungen, die ich vorher hatte, waren risikoarm. Weder Mensch noch Metamorph haben mich jemals sonderlich gereizt. Ich hatte bisher keine tiefen Gefühle, deshalb ist auch nichts passiert." Kiras Wangen überzog eine leichte Röte.
Adam verstand, was sie meinte, denn er spürte die starke Anziehungskraft, die zwischen ihnen herrschte, viel mehr als sie. Diese intensive Liebe konnte nicht nur platonisch bestehen … diese tiefe Zuneigung würde auch körperliche Liebe nach sich ziehen – unausweichlich …

„Kennst du Metamorphe, die altern?", fragte er, um von diesem Thema abzulenken, denn er fühlte sich dabei extrem aufgewühlt. Angestrengt dachte sie nach.

„Ja, ein paar wenige. Bei den Konferenzen sind mir die schon mal aufgefallen. Ich habe mir jedoch nie etwas dabei gedacht."

„Diese Gestaltwandler müssen ihre Meia Saiwalos an ihrer Seite haben, denn nur gemeinsam können sie altern."

„Woher weißt du das?“ Sie blieb neben ihm stehen und lehnte sich an den Tisch an, der neben ihm stand.

„Griseldis“, entgegnete er knapp.

„Ach ja, die Zigeunerin! Hat sie sonst noch etwas darüber gesagt?“

„Ja, dass ein Zusammensein möglich ist, ohne dass du mich auffrisst“, scherzte Adam, und der Schalk blitzte aus seinen Augen hervor.

„Solange du auf Abstand bleibst und mich nicht unnötig reizt, kein Problem!“, gab sie zurück und grinste ihn an.

Wie sie da so frech auf ihn herabsah, konnte er nicht anders … er stand auf und stützte die Arme links und rechts neben ihr auf den Tisch, sodass sie gefangen war.

„Was tust du da?“, fragte sie verunsichert, aber er hatte nicht vor, zu antworten. Er wollte sie nur ansehen. Es kam ihm vor, als bliebe die Zeit stehen, während er in ihren schönen Augen versank, und dann beugte er sich langsam zu ihr hinunter. Im ersten Moment wich sie zurück, doch dann berührte er ihre Lippen sanft mit den seinen. Sie waren weich wie Seide. Mit einer Hand fuhr er ihren Rücken entlang, griff in ihr Genick und verstärkte den Druck auf ihre Lippen.
Er fühlte sich wie ein Verdurstender, der die süßeste Quelle seines Lebens gefunden hatte.

≈∞≈

Kira sah ihm an, was er vorhatte, als er so über sie gebeugt, ihr jede Fluchtmöglichkeit nahm.

Sie versuchte, diese Hitze zwischen ihnen zu durchbrechen, aber er hatte nicht mal mehr ihre Frage gehört. Er sah nur noch ihre Lippen … nicht einmal, dass sie zurückzuckte, schreckte ihn ab. Es war unglaublich, als er ihre Lippen berührte – Kira hatte das Gefühl, als explodierte etwas in ihrer Seele … so etwas Intensives hatte sie noch nie erlebt.

Doch sie spürte auch die Veränderung in ihrem Inneren sofort. Ihr wurde schwindelig, und ihr ganzer Körper kribbelte. Mit aller Willenskraft, die sie aufzubringen vermochte, stieß sie ihn von sich weg. Verwirrt sah er sie an. Es schien, als erwachte er aus einem Traum.

„Ich muss hier weg!“, keuchte sie, aber sie konnte die Türklinke nicht mehr erreichen, denn ihre Verwandlung in den Panther ging schneller vonstatten als jemals zuvor. Panisch blickte sie sich nach einer Fluchtmöglichkeit um. Ihre wilde Tierseele würde durchdrehen in diesem engen Wohnwagen, sie würde alles zerstören … und Adam zerfleischen.

Plötzlich hatte sie keine Kontrolle mehr über ihren Geist, und das Nächste, was sie sah, war ein viel zu enger Raum mit einem lebenden Wesen darin, von dem sie nicht wusste, ob es Feind oder Beute war. Ihre Pantherseele wusste nur, dass sie sich verteidigen musste und angreifen würde!

Ihre schönen Augen hatten sich zu gefährlichen hellgrünen Raubtieraugen verändert. Ihre leuchtende Iris beanspruchte das gesamte Auge, nur die Pupille stach schwarz daraus hervor. Kira atmete hastig ein und aus, um sich zu beruhigen und die Kontrolle über ihren Körper zu behalten, aber sie verwandelte sich unausweichlich.

Adam wusste nicht, ob er ihre Verwandlung beängstigend oder faszinierend finden sollte. Es hörte sich auf jeden Fall extrem schmerzvoll an, als sie sich von einer Frau in eine Tiergestalt verwandelte, die genauso schlank und athletisch wie ihr menschlicher Körper war. Sie war ein übernatürlich schönes Wesen, doch als sie ihn zähnefletschend fixierte, erkannte er, dass er einen Fehler begangen hatte, denn trotz dieser Schönheit stand ein gefährliches Raubtier vor ihm.

Knurrend duckte sich Kira und urplötzlich sprang sie ihn ohne Vorwarnung an. Adam reagierte blitzschnell und hielt den Arm vor seinen Hals, damit sie ihn nicht an der Kehle erwischte, doch er stürzte mit ihr um und krachte gegen die helle Wohnwagenwand. Laut scheppernd flogen all seine CDs vom Regal und zerschellten auf dem Boden.

Dieser Laut verwirrte den Panther, denn er stob erschrocken davon und sprang auf die Küchenzeile. Corvus flatterte wild im Wohnwagen umher, was die Raubkatze noch mehr in Rage versetzte. Sie schlug nach dem Vogel und war damit abgelenkt.

Adam nutzte geistesgegenwärtig die Chance, rollte sich zur Seite, packte das Seil, das zwischen seinen Schwertern hing, und befestigte es am Tischbein, bevor der Panther erneut auf ihn zuschoss. Seine scharfen Krallen bohrten sich tief in Adams Rücken. Er schlug nach dem Tier, denn es versuchte, ihn in den Hals zu beißen. Die Raubkatze knallte gegen die Tür und blieb eine Zehntelsekunde zu lange dort liegen.
Adam stürzte sich auf sie und versuchte, ihr das Seil wie eine Schlinge umzulegen. Sie wehrte sich erbittert, aber er schaffte es, und als sie zu flüchten versuchte, hielt er sie mit der Leine fest. Es kostete ihn all seine Kraft, sie zu halten – ihre Stärke war unglaublich!

Sie schlug fauchend mit den Pranken nach ihm, wich aber immer mehr zurück. Adam brüllte sie an, und als er merkte, dass sie nachgab, band er das Seil so knapp wie möglich an dem festgeschweißten Tischbein fest. Als er das geschafft hatte, sprang er zurück und sah prüfend auf seine provisorische Leine hinab. „Das müsste halten", murmelte er. Kira presste sich böse fauchend in ein Eck hinter seinen Sessel. Sie hatte die Ohren angelegt, schien aber nicht mehr angreifen zu wollen.

„Gut so, du Wildkatze", sagte Adam beschwichtigend und sah sich erschöpft um. Es herrschte Chaos im Wohnwagen, überall lagen seine Sachen zerstreut herum. Tiefe Kratzspuren zierten seine Möbel und seine Kleidung. Corvus' Federn lagen verteilt im Raum. Er selbst saß laut krächzend auf einem der Regale und beäugte den Panther misstrauisch.

„Ist schon gut, Corvus. Sie kann nichts mehr anrichten."

Er sah dem schwarzen Panther an, dass er sich fürchtete, und es tat ihm von Herzen leid, dass er Kira das antun musste, sie festzubinden. Instinktiv wusste er aber: Wenn er nicht nur sie, sondern auch ihre Tierseele für sich gewinnen wollte, musste er dem Panther die Freiheit zurückgeben.
Er vergewisserte sich, dass das Seil auch wirklich hielt, setzte sich hinter das Steuer und fuhr los. Zügig bog er mit seinem klobigen Gefährt auf die Schnellstraße ein, um die City rasch zu verlassen. Der Panther starrte währenddessen ängstlich auf die vorbeifliegenden, beleuchteten Wohnhäuser.
Trotz der späten Abendstunde waren die Straßen noch sehr belebt. Bald aber lagen die Lichter der Stadt hinter ihnen, und Adam fuhr weit genug davon entfernt in einen verwilderten, holprigen Waldweg hinein, um anzuhalten.

Er löste vorsichtig das Seil von dem Tischbein und sah immer wieder prüfend auf den Panther, der ihn leise knurrend beobachtete. Adam wollte ihm gerade die Schlinge vom Hals ziehen, als er, kaum dass er die Tür geöffnet hatte, blitzschnell samt Seil an ihm vorbeistürzte. Verblüfft sah er Kira nach, wie sie im Dickicht verschwand.

Seine Anspannung wich, auch wenn er sich um sie sorgte, weil sie noch das Seil um den Hals hatte und sich damit irgendwo verfangen konnte.

„Corvus", befahl er mit müder Stimme. „Folge ihr und pass auf sie auf!"

Widerwillig glitt der Vogel von seinem erhöhten Zufluchtsort herunter und folgte dem Befehl seines Meisters.

Adam schloss die Tür und ging ins Bad.
Seine Wunden sahen übel aus. Er stellte sich unter die Dusche und spülte das getrocknete und neu hervorquellende Blut ab. So gut es ging, säuberte und verband er die Wunden, bevor er völlig entkräftet in sein kleines Schlafzimmer ging und sich ins Bett fallen ließ.

Er würde auf diesem finsteren Waldweg übernachten und auf Kira warten.

≈∞≈ Anpassung ≈∞≈

Es war schon später Nachmittag. Die Sonne hing tief über der Stadt in der Ferne, die Dunkelheit kroch bereits durch die Bäume, und Kira war immer noch nicht wieder da. Ungeduldig lief Adam in seinem Wohnwagen auf und ab. Er spürte ein Brennen und Kribbeln in seinem Brustkorb, als beherbergte er darin einen Bienenschwarm.

„Wo bleibt sie nur, Corvus?", wandte er sich an den Raben, der in den frühen Morgenstunden wieder zurückgekommen war, denn irgendwann hatte er Kira in der Dunkelheit der Nacht verloren. „Sie wird doch nicht wieder ewig wegbleiben oder gar nicht mehr kommen? Das halte ich nicht aus!"

Adam ballte die Fäuste und schloss verzweifelt die Augen.
„Ar Ar Ar", krächzte der Rabe und flog auf die Schulter seines Meisters. Corvus rieb seinen Kopf an Adams Ohr. Es tat seine Wirkung, denn der junge Mann wurde augenblicklich ruhiger. Jetzt konnte er wieder einen klaren Gedanken fassen.

Unvermittelt schlug er sich gegen die Stirn: Warum war ihm das vorher nicht schon eingefallen? Er hätte Kira gar nicht freizulassen brauchen, er hätte sie mit seinen Gedanken beruhigen können – oder es zumindest versuchen können! Er hatte in dem ganzen Wahnsinn vollkommen vergessen, seine Gabe einzusetzen. Es würde schwierig werden, aber er konnte jetzt versuchen, sie zu rufen. Über weite Distanzen würde er zwar eine Menge an Kraft brauchen, aber das war ihm egal. Konzentriert starrte er aus der offenstehenden Wohnwagentür und ließ seinen Geist wandern.

Nach einer gefühlten Ewigkeit, die Sonne schickte ihre letzten Strahlen durch die Fenster, fiel ein Schatten durch die offene Wohnwagentür.

„Kira!“ Erfreut schnellte er aus seinem Sessel hoch und lief ihr entgegen. Sie wich zurück. Sie sah zerzaust aus, trug aber ein schickes Seidenkleid. Adam sah ihr an, dass sie sein Anblick und das Chaos, das im Wohnwagen herrschte, sehr quälten. „Keine Sorge“, versuchte er, sie zu beruhigen, „es ist nicht so schlimm, wie es aussieht.“

„Das ist eine Lüge!“, sagte sie schleppend. „Ich mag zwar meine Kontrolle verlieren, wenn das Tier in mir hervorkommt, aber deswegen bin ich trotzdem live dabei, wenn es etwas anrichtet. Es tut mir unendlich leid, ich weiß auch nicht, was da gestern passiert ist. Ich wollte schon nicht …“ Sie brach ab und sah ihn niedergeschlagen an.

„Nein, wirklich, mach dir keine Sorgen, das hier drin wird schon wieder, und meine Wunden heilen ziemlich schnell. Bitte quäl dich nicht so! Es war auch meine Schuld! Ich war wieder zu schnell bei der Sache. Komm herein und lass uns darüber reden, ja?“
Sie schüttelte vehement den Kopf und schlang die Arme um ihren Körper. „Lieber nicht! Es ist besser für dich, wenn ich mich fernhalte, wirklich!“

„Kira! Nein, ist es nicht! Hör endlich auf mit diesem Gejammere!“, antwortete er streng. Sie zuckte unwillkürlich zusammen – so hatte noch nie jemand mit ihr gesprochen. „Erklär mir deine Tierseele, damit ich lerne, besser mit ihr umzugehen, aber komm mir nicht wieder mit irgendwas wie ‚fernhalten‘ oder so einem Scheiß!“

Mit großen Augen sah sie ihn an. Sie zögerte, aber dann folgte sie seiner Aufforderung und stieg in den Wohnwagen.

Während er die Tür schloss, setzte sie sich. Er streifte sie mit einem Blick und fragte: „Hast du Hunger?"
Sie schüttelte den Kopf. Adam hatte eine Ahnung, dass sie wohl die ganze Nacht gejagt hatte. „Okay, dann klär mich auf über deine Pantherseele", forderte er sie auf und setzte sich ebenfalls.

„Ja, das schulde ich dir wohl. Als ich gerade erst volljährig geworden war, passierten mir diese Ausbrüche häufiger. Erst später lernte ich, die Tierseele zu beherrschen. Nur wenn ich es dem Panther erlaube oder wenn ich die Kontrolle verliere, sei es aus Zorn, Wut oder anderen starken Emotionen", sie brach ab, und ihr Blick huschte kurz zu ihm, „dann schafft es der Panther, Macht über mich zu erlangen, und ich verwandle mich. Bisher habe ich es immer geschafft, ihn irgendwie zu beruhigen bei Wut oder so, aber zurzeit kriege ich es gar nicht mehr auf die Reihe, ihn dazu zu bringen, mir die Kontrolle wieder zurückzugeben. Normalerweise kann ich viel klarer denken, wenn ich mich in die Katze verwandle, weil ich frei von den menschlichen Wirrungen bin."

„Tut es weh, wenn du dich in den Panther verwandelst?"

„Anfangs schon, aber mit der Zeit gewöhnt man sich daran, dann spürt man es kaum noch."

„Glaubst du, ich könnte deine wilde Katzenseele beruhigen, wenn ich mit meiner Gabe zu ihr spreche?", wollte er wissen.

„Keine Ahnung", gab sie wahrheitsgemäß zur Antwort.

„Das müsste man wohl testen, aber sicher nicht heute! Das mit gestern reicht mir eine Weile. Und ich hoffe, dass das nicht mehr so schnell passiert!“ Müde sah sie zu Boden.

„Wird es vorerst nicht, das verspreche ich dir“, lächelte Adam aufheiternd.

„Vorerst?“ Skeptisch zog sie die Augenbrauen hoch.

„Ja, vorerst! Ich halte mich vorerst zurück, versprochen!“ Sie erwiderte sein Lächeln zaghaft.

„‚Vorerst‘ hört sich gut an.“ Sie stand unvermittelt auf.

„Wo willst du hin?“ Adam sprang ebenfalls auf.

„Vorerst gehe ich in den Wald zurück und verwandle mich. Ich möchte noch einmal über alles nachdenken. Es war ganz schön heftig, was da alles über mich hereingebrochen ist. Mein Verstand funktioniert am besten, wenn ich einfach ich selbst sein kann, ohne starke Emotionen, die mir das Hirn vernebeln und den Panther verwirren.“ Sie machte eine kurze Pause und suchte verlegen seinen Blick. „Morgen werde ich wieder bei dir vorbeikommen, und dann sehen wir weiter - vorerst.“

Verständnisvoll nickte er und murmelte: „‚Vorerst‘ wird wohl unser Mantra.“
Mit einem letzten Blick auf ihn verließ sie den Wohnwagen. Adam sah ihr aus dem Fenster hinterher. Leichtfüßig lief sie zum Waldrand und zog sich dabei bereits das zarte Kleid über den Kopf, dann verschwand sie hinter dunklem Gestrüpp. Schemenhaft konnte er durch die Blätter sehen, wie sie sich bewegte.

Leider war das fahle Mondlicht nicht hell genug, um etwas anderes als eine schwarze Silhouette erkennen zu können. Er sah, wie sich das Schattenbild niederbeugte und dann auf dem Boden streckte, aber auf einmal war es aus seinem Blickfeld verschwunden. Angestrengt starrte er auf den Waldrand, als plötzlich ein krachender Laut auf dem Wohnwagendach zu hören war und der Wagen heftig schwankte. Ein tapsendes Geräusch bewegte sich über ihm in Richtung Frontscheibe. Gereiztes Fauchen drang ihm durch Mark und Bein, und es erschien eine breite schwarze Tatze mit gebogenen Krallen auf der Scheibe, eine zweite folgte. Der Panther linste von oben herab in das Innere des Wagens und blieb dann an Adams Gesicht hängen. Er hatte das Gefühl, dass die Raubkatze ihn dieses Mal erkannte. Eine Reihe strahlend weißer dolchartiger Zähne schimmerte im Mondlicht, als er fauchte.
Das Einzige, was Adam an Kira jetzt auffiel, war ihr Amulett, das an dem Tier wie ein Sender wirkte, so als würde es zu einer Forschungsstudie gehören.

„Ganz schön schlau, meine Süße", flüsterte der überwältigte Mann in der Dunkelheit. Er wagte nicht, laut zu sprechen. In seiner Faszination hoffte er, das schöne Tier noch stundenlang betrachten zu können. Diesen Gefallen wollte ihm Kira aber augenscheinlich nicht tun. Unvermittelt sprang sie vom Wagen herab und verschwand mit großen Sprüngen in der Finsternis des Waldes. Adam wartete noch einen Augenblick und ging dann in sein Schlafzimmer, um die erste Nacht seines langen Lebens endlich einmal ohne Sorgen und Zweifel einschlafen zu können. Das Grinsen in seinem Gesicht schien sich regelrecht eingebrannt zu haben.

Bis morgen, ich werde auf dich warten, meine Schöne, dachte er so intensiv, dass sie es bestimmt in ihrem Kopf hören konnte.

Als er am nächsten Morgen erwachte, war sie schon da. Sie trug ein schwarzes Shirt, einen Minirock und dazu hohe Stiefel. Ihr Haar war zu einem geflochtenen Zopf zusammengebunden und fiel schwer über ihren schmalen Rücken. „Hallo Adam", lächelte sie warmherzig, und ihre grünen Augen strahlten hell aus ihrem leicht gebräunten Gesicht. Prickelnde Gänsehaut überzog seinen Körper bei ihrem Anblick.

„Wo ist denn dein Kleid von gestern geblieben?"

„Hier drin." Sie deutete auf ihr Amulett. „Ich habe mich mal schnell zu dir hereingeschlichen und mich umgezogen. Du hattest ja noch meinen Rucksack", erklärte sie. Wenn sie so lächelte, schmolz sein Herz dahin.

„Wollen wir etwas zusammen unternehmen?", schlug er überschwänglich vor. „Dabei können wir uns unterhalten und so."

„An was hattest du denn gedacht?"

„Ich weiß auch nicht. Vielleicht den Zoo?"

„Keine so gute Idee …", lächelte sie kläglich. „Ich sehe Kreaturen, die eingesperrt sind, nicht gern in dieser Lage. Ich bekomme dann immer so ein mulmiges Gefühl. Außerdem spielen sämtliche Tiere bei meiner Anwesenheit total verrückt. Du hättest die Zeiten erleben sollen, in denen die einzigen Fortbewegungsmittel von Pferden gezogen wurden. Ich hatte keine Chance, auch nur einen Gaul für mich zu begeistern. Wenn ich mich so einem Tier auf zehn Meter genähert habe, ist es total ausgerastet. Das waren schlimme Jahre für mich. Jede Strecke musste ich zu Fuß zurücklegen. Ich könnte heute noch Herrn Benz dafür knutschen, dass er das Auto erfunden hat", plauderte sie gut gelaunt.

Von ihrer Schwermut, die gestern wie ein Schatten auf ihr gelegen hatte, war nichts mehr zu erkennen.
„Stimmt, was du über den Zoo sagst – daran habe ich gar nicht gedacht, sorry. Sag mal, wieso bist du heute eigentlich so gut drauf?“, fragte er verwundert.

„Ich habe mich noch nie so wohl in meiner Haut gefühlt. Das muss an dir liegen“, gab sie unumwunden zu. Adams Herz raste, und er strahlte glücklich.

„Was hältst du von einem Besuch in der Bildergalerie der Uni? Dort soll zurzeit eine Ausstellung mit historischen Gemälden stattfinden, habe ich irgendwo gelesen.“

„Warum nicht? Das ist immer so, als ob man in einem Familienalbum blättert, wenn man die Bilder vergangener Jahrhunderte ansieht“, entgegnete sie freudig. „Aber erst einmal brauche ich einen starken Kaffee!“

≈∞≈

Kira beobachtete ihn, wie er den Frühstückstisch für sie beide deckte und die Kaffeemaschine bediente. Ein warmes Gefühl von Geborgenheit und Zuneigung überkam sie bei diesem Anblick. Noch nie hatte sie derart zarte Empfindungen für jemanden verspürt …
Nach einem ausgelassenen Frühstück, bei dem sie sich locker und entspannt über ihre Erlebnisse aus ihren bisherigen Leben unterhielten, sprang Adam übermütig hinter das Steuer seines Wohnwagens und fuhr schwungvoll rückwärts von dem unebenen Waldweg auf die asphaltierte Straße. Kurz darauf standen sie gemeinsam auf der Treppe vor der Galerie auf dem Campus. Corvus verschwand als kleiner Punkt hinter den Bäumen des Parks in Richtung Wohnwagenstellplatz.

Für einen Moment blickten sie dem Vogel nach, dann stieg Adam mit Kira die Eingangstreppe zur Galerie hinauf.

„Findet er immer wieder zurück, wenn du ihn freilässt?“

„Natürlich, er hat einen unschlagbaren Orientierungssinn und würde nie einfach abhauen“, lächelte er mit verklärtem Blick.

„Woher weißt du das?“

„Ich kann sehen, wo er ist.“

„Sehen?“ Erstaunt blieb sie stehen.

„Ja, ich kann mit meinen telepathischen Fähigkeiten auch in den Kopf des Raben eindringen und durch seine Augen alles sehen.“

„Das mit den telepathischen Fähigkeiten …?“

„Ja?“

„Das scheint gut zu funktionieren, oder? Du kannst also den Menschen deinen Willen aufzwingen?“

Adam spannte sich an und zog unwillig die Brauen zusammen.

„So würde ich es zwar nicht ausdrücken, aber im Großen und Ganzen hast du damit recht. Aber ich versichere dir, ich habe noch nie jemandem damit Schaden zugefügt, außer …“ Er stockte und lachte, als ihm etwas einfiel.

„Außer?“, fragte sie nach.

„Ach, nichts! Etwas mit Peter … darf ich?“, fragte er und hielt ihr seine Hand auffordernd hin.

„Ich weiß nicht …“, zögerte sie.

Er forderte sie erneut auf und betonte: „Das habe ich aber schon einmal gemacht, erinnerst du dich? Gleich nach dem Konzert. Da hat es dir nichts ausgemacht."

„Okay", gab sie nach.
Als er ihre Hand umschloss, durchströmte sie ein Gefühl von vollkommener Zufriedenheit.

„Was genau studierst du eigentlich? Du hast mal eine Universität erwähnt?", fragte er, als sie händchenhaltend durch die Gänge schlenderten.

„Biologie. Spezialgebiet Raubkatzen", kicherte sie. „Ich fand das irgendwie lustig."

Er schmunzelte. „Ja, es ist sicher interessant, die Thesen zu hören und zu wissen, wie die Wirklichkeit aussieht."

Mit vertraut verflochtenen Fingern traten sie vor das erste golden gerahmte Gemälde. Kira musterte ihn von der Seite, während er in das Bild vertieft zu sein schien. Sie musste bei seinem Anblick ein wohliges Schnurren unterdrücken.
Adam war wirklich außerordentlich gut aussehend und sehr männlich. Ganz klar, dass alle Girls verrückt nach ihm waren. Vorhin, als sie zur Uni gegangen waren, hatte ihn eine Horde Groupies umzingelt, und er musste Autogramme verteilen. Böse Blicke trafen dabei auf Kira, die verstohlen die Fans beobachtet hatte. Wenn die wüssten, wie sicher sie sich dieses begehrten Mannes sein konnte! Sie brauchte eigentlich keine Eifersucht oder Angst zu haben, aber trotzdem hatte sie ein leises Gefühl von nagender Eifersucht empfunden, als Adam ein anderes Mädchen anlächelte und die wie Eis in der Sonne dahingeschmolzen war.

Aber aus tiefstem Herzen wusste Kira, dass er ihr verfallen war, so wie auch sie ihm verfallen war. Sie seufzte wohlig und Adam blickte sie fragend an. „Was hast du?“

„Ach, nichts. Ich bewundere nur das Bild.“
Sie nickte kurz zu dem riesigen Gemälde, auf dem ein junges Paar aus dem 18. Jahrhundert dargestellt war. Das Paar stand vertraut nebeneinander und lächelte den Maler glücklich an. „Ich fand die Mode damals schrecklich.“ Kira zog ihre Nase kraus und schob ihre Unterlippe beinahe trotzig nach vorn.

„Warum?“

„Dieses furchtbare Einschnüren ewig! Man konnte nicht atmen. Es war wie ein viel zu enger Käfig. Und wenn ich mich verwandeln wollte, war das ein riesiger Aufwand. Erst hundert Teile ausziehen, später das ganze Spiel andersherum. Glaub mir, allein war das Ankleiden fast unmöglich. Ich bin deshalb nur noch nachts im Unterhemd und mit Mantel darüber hinaus“, erinnerte sie sich und schmunzelte.

„Du musst dich zum Verwandeln immer erst entkleiden?“ Neugierig schaute er ihr intensiv in die Augen.

„Müssen nicht, aber es ist wirklich sinnvoll, sonst würde die Kleidung zerreißen oder verdrecken, und hinterher hast du irgendwann nur noch Lumpen.“

Adam schwieg und schluckte hörbar.
Errötend ließ er seinen Blick zum nächsten Gemälde wandern. Kira hatte die Rotfärbung seiner Wangen bemerkt und ahnte seine Gedanken - er hatte sie sich wohl nackt vorgestellt. Sie musste sich ein Lächeln verkneifen und starrte auf ihre Füße.

Es war schwer, einem Außenstehenden wie ihm alles zu erklären. Für Gestaltwandler war es selbstverständlich, sich vor ihrer Verwandlung zu entkleiden. Es sei denn, sie kam ungeplant. Für Adam hatte der Gedanke, sich zu entkleiden, eine vollkommen andere Bedeutung. Daran musste sie sich erst gewöhnen.

„Aber du hattest gestern nicht alles abgelegt. Dein Amulett leuchtete auf deinem schwarzen Fell“, forschte er weiter.

„Ja, das ist richtig.“ Sie griff sich spontan an ihr Halsband und drehte gedankenverloren das flache Kästchen, das daran befestigt war, zwischen ihren Fingern hin und her. Sein Blick konzentrierte sich auf das Schmuckstück.

„Darf ich?“

„Natürlich.“
Unsicherheit lag in ihrem Blick, aber sie vertraute ihm.

Interessiert betrachtete er es. „Es ist wie eine Kassette, zwar winzig, aber innen hohl, oder?“

„Ja. Außen ist das Symbol von Bastet, der Katzengöttin der alten Ägypter, eingraviert. Sie wird als die Göttin der Liebe, der Stärke und des Guten bezeichnet. Ganz im Vertrauen: Ich fühle mich mit dieser Betitelung geschmeichelt, denn sie war meine Vorfahrin. Damals konnte man sich noch dazu bekennen, ein Gestaltwandler zu sein. Das waren bestimmt schöne Zeiten“, lächelte sie verträumt.

„Und, was weiter?“ Verwirrt blinzelte sie ihn an.
Adam nickte ungestüm auf ihren Halsschmuck.

„Ach ja, das Kästchen – es ist innen hohl. Darin ist ein hauchdünnes Kleid versteckt, das ich im Notfall anziehen kann, wenn ich einmal in die Verlegenheit geraten sollte, meine abgelegte Garderobe nicht zu erreichen. Außerdem ist das Amulett magisch."

„Magisch? Interessant. Inwiefern?"

„Jeder Metamorph trägt eines dieser kostbaren Amulette mit Gravuren, die ganz auf seine Persönlichkeit zugeschnitten sind. Nur mit der Segnung des Amuletts ist es möglich, uns zurückzuverwandeln. Geht das Amulett verloren, müssen wir Tiere bleiben, bis wir wieder ein neues gesegnetes Amulett bekommen."

Fasziniert blickte er sie an. „Das wusste ich nicht."

„Dieses Detail lässt eure Geschichte über Atlantis aus." Kira kaute auf ihrer Unterlippe. „Warum das so ist, weiß ich auch nicht." Adam betrachtete versonnen das Bild der Katzengöttin und drehte dann den Anhänger um, der eine helle Rückseite hatte. „Ich habe es hinten weiß angepinselt. Finde ich sehr praktisch", erklärte sie schelmisch.

„Ja, ich erinnere mich. Gestern, als Panther, hast du die helle Seite nach außen getragen. Ich habe im ersten Moment wirklich geglaubt, du wärest mit einem Sender versehen."

„Genau diesen Zweck soll es erfüllen. Auf ein Tier mit einem Forschungssender wird nicht scharf geschossen. Hoffe ich zumindest", lachte das Mädchen.

„Ich sehe, du hast dich gut angepasst."

„Es bleibt einem ja nichts anderes übrig."

„Du sagst es." Die beiden grinsten sich an.

„Ich genieße es total, dich endlich bei mir zu haben – einen Menschen, dem ich vertrauen kann", meinte er dann plötzlich wieder sehr ernst.

„Hm", erwiderte sie abwesend, oder zumindest tat sie so, als würde sie sich nicht davon beeindrucken lassen. Nach einer Weile sagte sie: „Schon verrückt, dass ich dich jetzt auch schon irgendwie ..." Abrupt brach sie ab und sah erschrocken über sich selbst auf den alten Boden. Adam, der bereits das nächste Gemälde studierte, stutzte, als sie den Satz so prompt abbrach.

„Und? Dass du mich was?" Kira blickte verschämt in die andere Richtung. Dieses betonte Wegsehen erregte noch mehr seine Aufmerksamkeit. „Und? Was?", fragte er eindringlicher.

„Ist doch egal!"
„Oh nein, scheinbar ist es nicht egal, wenn du so vehement darauf bestehst, dass es egal ist!" Er ließ nicht locker. Zärtlich umfasste er ihre Schultern und drehte sie so, dass er in ihr Gesicht blicken konnte. „Und?", fragte er sanft.

„Es klingt sicher irgendwie blöd, auf jeden Fall absolut übereilt, aber du bist in nur wenigen Tagen ... irgendwie ... der wichtigste Mensch in meinem armseligen Dasein geworden. Und ich wusste bis dahin nicht einmal, dass mein Leben ... bedeutungslos war. Ist das nicht völlig verrückt?"
Sie schüttelte den Kopf und lachte verschämt.

„Nein, das ist überhaupt nicht verrückt. Ich glaube, das, was du eben sagen wolltest, war, ‚ich liebe dich', oder? Kira, ich liebe dich auch! Mag es übereilt sein oder nicht."

„Völlig übereilt, ja. Lassen wir das mal so ..."

Sie schüttelte wieder den Kopf und wunderte sich über sich selbst, dass sie sich freute, weil er von Liebe sprach.

„Setzen wir uns." Er wies auf die Lederhocker, die in der Mitte des Galerieraumes standen. Sie folgte ihm und ließ sich neben ihm auf dem kalten Leder nieder. Gerade als er etwas sagen wollte, strömte eine Horde Mädchen, sich schubsend, kichernd und drängend, zur Tür herein. Sie blieben stehen und sahen sich suchend im Raum um.

„Bist du sicher, dass es Adam war?"

„Ja, ganz sicher! Und dieses arrogante, schwarzhaarige Weib war auch dabei. Die, die auf dem Foto mit drauf war."

„Da sind sie!", flüsterte eines der Girls so laut und aufgeregt, dass es auch der Rest der Meute hörte. Sie zeigte wenig stilvoll auf das vertraut zusammensitzende Paar.

Adam stöhnte qualvoll auf, und Kira zog angespannt ihre Brauen zusammen und knurrte leise. Alle Augen im Raum waren auf die beiden gerichtet. Diese Art der Aufmerksamkeit war ihnen sehr unangenehm. Adam schloss die Augen und konzentrierte sich auf die Mädchen: *Niemand ist hier! Geht weiter! Vergesst uns!*
Seine Gedanken strömten in die Köpfe der Anwesenden im Raum. Mit starren Blicken und wie ferngesteuerte Marionetten machten sich plötzlich alle auf, den Raum wieder zu verlassen. Als endlich das letzte Mädchen draußen war, atmete Adam tief durch. Schweißperlen hafteten auf seiner Oberlippe, und seine Körperspannung ließ sichtlich nach.

„Strengt dich diese Sache sehr an?" Kira klang besorgt.

„Nein, eigentlich nicht. Aber wenn es so viele Personen sind, ist es schon etwas ermüdend, oder wenn es weite Distanzen sind, die ich überwinden muss."

Kiras Blick wanderte zur Tür. „Aber es hat funktioniert. Hast du auch gehört, worüber sie gesprochen haben, als sie den Raum betraten?"

„Nein, worüber?"

„Sie haben ein Foto erwähnt, auf dem wir beide abgebildet sein sollen. Das ist gar nicht gut!"
Ihre heisere Stimme überschlug sich vor Anspannung.

Adam erwiderte beruhigend: „Sicher ist es nur ein Foto in einer dieser Illustrierten. Es waren viele Fotografen auf meinem Konzert anwesend. Aber was ist dein Problem damit?"

„Wir Gestaltwandler erkennen einander. Du weißt schon, Aussehen, Körperproportionen, das Amulett ...", versuchte sie, zu verdeutlichen. „Es wird überhaupt nicht gern gesehen, wenn sich unsereins mit Menschen einlässt. Und erst recht nicht, wenn dieser Mensch so in der Öffentlichkeit steht, wie du es tust - und viel Tratsch umgeht. Wir müssen unerkannt bleiben! Niemand weiß, dass es uns gibt."

„Außer die Meia Saiwalos", entgegnete er trocken.

„Ja, wenn du es sagst. Aber viele von den Gestaltwandlern haben diese Geschichte noch nie in ihrem Leben gehört. Ich denke sogar, diese Sage wird nur unter euch weitergegeben, um euch Hoffnung zu vermitteln und um euch eure Existenz zu erklären. Ich habe diese Trauer nie bewusst verspürt, die dich gefangen hält. Das Tier in mir hat viel davon absorbiert."

„Du meinst also, du bist jetzt in Gefahr?"

„Gefahr ist vielleicht ein zu großes Wort in dieser Situation, aber Schwierigkeiten bekomme ich sicherlich." Besorgt sah sie zur Seite, denn nicht nur sie würde Probleme bekommen, auch Adam würde bestraft werden.

Er seufzte angespannt und sagte: „Wir müssen unbedingt andere Metamorphe finden, die mit ihren Meias verbunden sind, um Antworten zu finden. Wer will schon ewig zwanzig sein? Dreihundertfünfzig Jahre davon reichen. Irgendwann will ich auch mal älter werden. Und vor allem lieben - mit allem, was dazu gehört!"

„Andere Metamorphe? Die zu finden, wäre dann wohl meine Aufgabe." Kira sah ihn an und fuhr mit der Zunge vor Aufregung über ihre vollen Lippen.

Fasziniert starrte er auf diese sinnliche Geste.
Sie bemerkte es und sagte lächelnd: „Alle fünfzig Jahre treffen wir Metamorphe uns in einer der drei Hauptstädte unserer Art. Dieses Jahr ist es wieder so weit. Unser Ziel ist Fairbanks, die Hauptstadt der Wölfe. Ich gehöre zur Delegation der Feloidea und werde als Gesandte dort sein und andere Gestaltwandler treffen. Perfektes Timing, würde ich sagen."

„Und du wirst dich umhören?"

„Ja, natürlich! Es gibt auch Metamorphe, die keine Teenager mehr sind. Sie sind gealtert. Ich habe mir bis heute nie wirklich Gedanken darüber gemacht", gab Kira zu.

„Ist das nicht zu gefährlich, die direkt darauf anzusprechen?

Glaubst du, diese Gestaltwandler werden einfach zugeben, dass sie mit einer Meia Saiwalo zusammenleben, wenn es doch verboten ist?"

„Nein, sicher nicht, aber das wird mit Sicherheit spannend, es herauszufinden. Die liebe Neugier ist leider nicht eine meiner besten Eigenschaften." Herausfordernd sah sie ihn an, als erwartete sie, dass er ihr widersprach, was er aber nicht tat.

„Nun, mein Schatz", meinte er schelmisch - ihm gefiel ihr Blick. „Die Idee mit der Konferenz ist hervorragend. Wann beginnt sie?"

„In vier Tagen, deswegen hatte ich auch meinen Rucksack bei dir dabei. Eigentlich hätte das alles etwas anders laufen sollen … aber ja … ich fliege morgen nach Fairbanks."

„Du kleines mieses Kätzchen, du wolltest wieder einfach so abhauen, oder wie?", zog er sie auf und bedachte sie mit einem ungläubigen Blick. Sie zuckte nur unschuldig lächelnd mit den Schultern und schwieg. „Gut, dass es anders gekommen ist. Ich werde dir folgen, ob du willst oder nicht! Mich wirst du so schnell nicht mehr los, klar? Meine Band und ich können inzwischen ein paar Gigs ausmachen. Ich hoffe, in Fairbanks steht man auf schottischen Folkrock! Die Jungs werden wohl eher fliegen, vielleicht können wir noch einen Flug für morgen erwischen. Ich habe noch etwas zu deichseln", überlegte er und dachte an seinen Schildraben. „Ich denke, es ist nicht sinnvoll, Corvus mit in eine Passagierkabine zu nehmen. Als Gepäck möchte ich ihn nicht aufgeben."

„Eigentlich …", begann sie.
„Nix ‚eigentlich'!", unterbrach er sie.

„Ich werde da sein, wenn auch nicht bei der Konferenz, aber zumindest in deiner Nähe. Keine Widerrede, okay?“ Er sah sie gespielt streng an, aber trotzdem bemerkte Kira, dass er es todernst meinte. Er würde sich nicht abkanzeln lassen. Sie hatte ihm ihr Ziel aus Versehen mitgeteilt, sonst hätte sie ihn tatsächlich einfach sitzengelassen. Da hatte er recht gehabt …

„Gut, dann bringst du mich morgen zum Flughafen, zwar graust es mir schon vor dem Eingesperrtsein, aber was soll's!“

Adam starrte sie verblüfft an.
„Was? Eingesperrt? Wieso eingesperrt?“

„So spart man viel Geld, und wenn's hart auf hart kommt, auch viele Erklärungen“, rechtfertigte sie sich. „Diesmal wird es sogar leichter.“

„Inwiefern? Du sprichst in Rätseln.“

„Du kannst mich problemlos als ‚Kätzchen‘ am Flughafen als Transportgut aufgeben. Die Papiere sind alle schon fertig!“, grinste sie ihn an und küsste ihn keck auf die Wange.

Skeptisch runzelte er die Stirn. „Ich weiß nicht …“

„Ach, komm schon. So bin ich schon tausendmal gereist. Null Risiko, glaub es mir“, versuchte sie, ihn zu überzeugen.

„Na gut, wenn du meinst.“ Er klang immer noch unsicher, aber was blieb ihm anderes übrig?

≈∞≈ Im Käfig gefangen ≈∞≈

Adam sah sich äußerst interessiert in Kiras karger Studentenbude um. Es war hier wenig Persönliches untergebracht. Unter dem Fenster stand ein alter Schreibtisch, der definitiv schon bessere Zeiten gesehen hatte. Darauf lag ein aufgeklappter Laptop, aus dem Musik erklang. Adam horchte auf - es war seine Musik! Sie hörte seine Songs! Er fühlte sich geschmeichelt. Ob sie schon diese Musik bevorzugt hatte, ehe sie ihn kannte? Als hätte sie seine Gedanken gelesen, drehte sie die Lautstärke etwas weiter auf und grinste: „Cooler Sound! Ich fand ihn schon toll, bevor ich den Sänger persönlich kannte."
Ihr schiefes Grinsen mit den geliebten Grübchen zauberte ein Lächeln in sein Gesicht. Sein Blick wanderte weiter durch den winzigen Raum. Poster von Panthern, Wölfen und Bären und eines von seiner Band schmückten wild durcheinander geklebt die Wände. Man sah den Postern an, dass sie schon oft von den Wänden genommen und wieder aufgehängt worden waren, so zerknittert wie sie waren.

„Du hast ein Poster von meiner Band?"

„Ja! Ich musste es einfach kaufen. Es war wie ein Zwang! Ich fand den Sänger einfach unwiderstehlich ...", erklärte Kira unbeteiligt, als würde sie vom Wetter reden, während sie ihre Klamotten aus dem klapprigen Schrank räumte.
Sein Blick schweifte über das Futonbett, den schmalen Sessel und blieb an dem riesigen Käfig hängen, der in der Mitte des Raumes stand. Kira öffnete den doppelten Boden des Käfigs und legte ihre Sachen und den Rucksack hinein.

Sie musste sich ziemlich anstrengen, ihr „Reisegepäck“ zusammenzupressen, damit sich der Deckel schließen ließ.
„Den Ersatzschlüssel für meine Käfigtür habe ich in der Jackentasche“, erklärte sie ihm.

„Aha“, nickte er und schluckte. Er fühlte sich bei dem Gedanken, Kira in diesem Kasten einzusperren, gar nicht wohl. Sein Gesichtsausdruck sprach Bände.

„Keine Angst, das klappt schon! Hat es die letzten Jahre immer.“ Selbstsicher stemmte sie die Hände in ihre schlanke Hüfte und grinste. Sie wirkte trotz dieser Pose so verletzlich, so zart, als sie so vor ihm stand – er würde sich nie an ihr sattsehen können. Er wollte sie berühren, sie in seine Arme nehmen und sie spüren. Dieser Wunsch war so fordernd, dass er all seine Vorsicht mal wieder über Bord warf und es einfach tat. Er wollte sie für immer festhalten!

≈∞≈

Kira war wieder völlig überrumpelt von der plötzlichen Nähe. Sie hatte das nicht kommen sehen und konnte sich nicht darauf vorbereiten. Sie war ihm so nah an seiner Brust, dass sie sein Herz laut und schnell schlagen hörte. Für einen Moment hielt sie still, doch dann fing sie an, zu zittern.

„Du solltest keine Angst haben. Ich werde mich nicht einfach auffressen lassen, jetzt, da ich dich endlich gefunden habe. Ich weiß, wie ich mich verteidigen kann“, beschwor er sie. Er drückte sie beschützend fester an sich und streichelte zärtlich ihren Rücken. „Wie wollen wir jetzt vorgehen? Ich sehne mich so sehr nach dir“, flüsterte er. Sein warmer Atem strich sanft über ihren Hals, und sie gab sich vollkommen dem wohligen Glücksgefühl hin.

Einen Augenblick genoss sie seine zärtliche Umarmung und seinen männlichen Duft, der ihn umhüllte. Für einen kurzen Moment dachte Kira, sie könnte ihre Gefühle tatsächlich kontrollieren und auch die Tierseele ... doch auf einen Schlag wurde sie eines Besseren belehrt!

≈∞≈

Plötzlich stieß sie ihn kraftvoll von sich weg! Gefährliche Raubtieraugen funkelten ihn an, und ihre Fingernägel hatten tiefe Kratzspuren auf seinen Oberarmen hinterlassen.

„Verdammt, Adam! Das geht so nicht! Ich verliere die Kontrolle, wenn du mir so nahe bist!“ Das Grün ihrer Iris leuchtete hell auf, und ihre Pupillen zogen sich zusammen. Wut und Verzweiflung klangen aus ihrer Stimme. Sie wandte ihm den Rücken zu, um sich zu fassen.

„Vielleicht könnte man das ja umgehen mit meiner Gabe und so ...“, murmelte er verunsichert.

„Denkst du das wirklich? Du kennst meine ungezähmte Tierseele nicht, sie ist nicht leicht zu bändigen“, erwiderte sie aufgebracht. Trotzdem glimmte eine zarte Hoffnung in ihr auf. „Aber ... vielleicht könnten wir es versuchen, wenn ich im Käfig bin, da drin kann ich nichts anrichten!“

Hektische Flecken breiteten sich auf ihren Wangen aus, und sie begann, sich zu entkleiden. Nur noch die Unterwäsche am Körper, schloss sie die Gittertür und sah zwischen den matt glänzenden Stäben hindurch zu Adam, der unsicher ihren Blick erwiderte, es aber trotzdem nicht lassen konnte, ihren Körper zu mustern. Er beobachtete, wie sich zuerst ihre Augen veränderten.

Dann begann sie, sich zu strecken, und ihre Haut veränderte die Struktur. Ein schmatzendes Geräusch, als ob jemand einen zähen Brei umrührte, ertönte. Knochen schienen zu brechen, Fell entstand, Krallen drückten sich aus den entstehenden Pfoten, und der Unterkiefer schob sich nach vorne.
Die Verwandlung dauerte nur wenige Sekunden, und ein schwarz glänzender Panther schüttelte sich so heftig, dass der zerrissene Slip und der zerfetzte BH davonflogen.
Dann drängte sich das herrliche Tier von innen an die Gitterstäbe. Unruhig lief es in dem schmalen Raum auf und ab und rieb dabei das Fell an den kühlen Metallstäben. Im Sonnenlicht, das durch das Fenster fiel, konnte Adam die typischen Rosetten des Leoparden im dunklen Fell der Katze erkennen. Kira sah wunderschön aus mit dem seidigen Fell, den flammend grünen Augen und den strahlend weißen Raubtierzähnen. Adam kniete sich vor die Käfigtür und war so auf Augenhöhe mit der Raubkatze. Neugierig blieb sie vor ihm stehen und setzte sich dann.

Hey, meine Süße! Kira, ich bin es. Ich weiß, dass du mir nichts tun wirst, konzentrierte er seine Gedanken auf das Tier.

Zaghaft, um die Katze nicht zu erschrecken, fasste er in den Käfig und berührte sanft ihr Fell. Das Tier erstarrte, ließ ihn aber gewähren. In seinen Gedanken erklärte er dem Panther, was er als Nächstes tun würde. Er versuchte, es sich bildlich vorzustellen, um ihm zu zeigen, was in ihm vorging. Zärtlich kraulte Adam ihn hinter dem linken Ohr, und er begann, wohlig zu schnurren.
Jetzt wurde Adam mutiger und streichelte Kiras Kopf und ihren Rücken. Sie streckte und räkelte sich unter dieser Berührung. Adam wollte noch mehr testen, doch durch die Stäbe gestaltete es sich schwierig, sie zu streicheln.

Er wusste, würde er etwas falsch machen, würde der Panther wieder auf ihn losgehen, aber dieses Mal würde er es nicht so weit kommen lassen. Seine Theorie mit seiner Gabe hatte sich bestätigt, musste aber seiner Meinung nach, noch weit mehr ausgereizt werden. Also drehte er den Schlüssel um, den Kira kurz zuvor ins Schloss geschoben hatte, bevor sie sich verwandelt hatte. Vorsichtig öffnete er die Käfigtür und zog langsam die Hand zurück. Dann wartete er auf ihre weitere Reaktion. Geschmeidig erhob sich die Großkatze neugierig und bewegte sich elegant, aber zögerlich aus dem Käfig. Die Schwanzspitze zuckte aufgeregt hin und her, und die Ohren drehten sich, um jedes noch so kleine Geräusch im Raum aufzufangen. Adam beobachtete wie erstarrt jede Regung des schwarzen Wesens, das sich auf sanften Sohlen auf ihn zubewegte. Die hellen Augen leuchteten in dem dunklen Katzengesicht und blickten ihn hypnotisierend an.

Langsam hob er die Hand und ging auf Kira zu. Misstrauisch zuckte das Tier zurück, als sich die bewegungslose Statue plötzlich doch bewegte, aber Adam ließ sich nicht beirren und redete beruhigend in Gedanken auf die Katze ein.

Als sie nach einer Weile, in der sie ihm ausgewichen war, endlich stehen blieb und ihm so die Erlaubnis gab, sie wieder zu berühren, begann er erneut, sie zu streicheln. Sie ließ sich vor ihm nieder und zeigte ihm auf diese Weise, dass sie ihm nun vertraute. Adam wurde von einem unbeschreiblichen Glücksgefühl durchströmt. Er hatte es gewusst – er konnte das Vertrauen des Tieres erlangen!

Kira schnurrte und rieb ihren Kopf an seiner Brust, nachdem er sich neben sie gekniet hatte. Adam küsste sie auf die Nase. Rasch huschte ihre raue Zunge wie ein Reibeisen über sein Gesicht, und er lachte leise.

„So, jetzt gehe ich schlafen, und du kannst dich hinlegen, wo immer du willst. Ich vertraue dir vollkommen. In den Käfig werde ich dich auf alle Fälle nicht mehr einsperren", teilte er ihr mit. Dann stand er gemächlich auf und legte sich auf das Bett. Er beobachtete die Katze bei ihrem Streifzug durch den Raum.

Nach ein paar Minuten aber, legte sie sich in den Käfig und schlief sofort ein. Adam hätte sie am liebsten auf dem leeren Platz neben sich auf dem Bett übernachten lassen, aber er wusste, dass Zwang die schlechteste Variante der Zuneigung war. Inzwischen war ihm mehr als klar, dass Kira eine sehr selbstbewusste und eigenwillige Frau war, die sich nichts sagen ließ.

Nach einer kurzen Nacht fuhr er mit ihrem Käfig früh am Morgen zum Flughafen. An der Gepäckaufgabe sah er ihr ein letztes Mal tief in die Augen, als er sich vor den Käfig kniete und die Gitterstäbe mit beiden Händen umklammerte. Der grauhaarige alte Mann an der Gepäckaufgabe war perplex.

„Ey, Mann, ganz schön mutig! So ein Kätzchen kann einem ganz schnell den Arm abbeißen. Hat dir das denn noch niemand gesagt?" Dann lachte der Alte heiser und kratzte sich an seiner Brust. Der Kautabak, den er ununterbrochen in seinem Mund hin und her wälzte, hatte seine Zähne im Laufe der Zeit braun verfärbt. Adam warf ihm einen genervten Blick zu, um sich dann gleich wieder Kira zuzuwenden.

„Wir sehen uns in ein paar Tagen! Meine Jungs sind auch im Flugzeug, also bist du nicht alleine. Ich zähle die Sekunden bis zu unserem Wiedersehen", flüsterte er dem Panther zu, der wie ein kleiner Motor schnurrte.

Gleich darauf wurde der Käfig auf einem Gabelstapler abtransportiert, und Adam sah Kira besorgt nach, bis sie aus seinem Blickfeld verschwunden war.

Ihr Käfig klemmte zwischen unzähligen Kisten und Koffern im Transportraum des Flugzeuges. Hier unten war es sehr kühl, aber ihr dichtes Fell schützte sie vor der Kälte. Sie machte es sich so gut es ging bequem und ließ ihre Gedanken wandern.

Letzte Nacht war sie im Käfig erwacht, weil sie in ihrem Menschenkörper gefroren hatte. Sie hatte sich im Schlaf zurückverwandelt, während Adam tief und fest auf dem Bett schlief. Leise hatte sie sich angezogen und sich in den Sessel neben seinem Bett gekuschelt. Von dort aus konnte sie ihn beim Schlafen beobachten. In der Dunkelheit kam ihr zugute, dass sie nachts sechsmal besser sah als ein Mensch.
So konnte sie sich jedes kleine Detail seines entspannten Gesichtes einprägen. Er lächelte sogar im Schlaf, sein Haar hatte sich unordentlich in seine Stirn geschoben, und sie fand ihn unglaublich süß, wie er da so lag. Sein Oberkörper war nackt und bestand nur aus Muskelpartien, aber nicht so übertrieben, wie es bei Bodybuildern üblich war, nein, es war ein durchtrainierter, sehniger und sehr männlicher Körper – und der gehörte jetzt ihr ganz alleine! Glücklich hatte sie sich in den Sessel zurückgezogen und Adam keine Sekunde aus den Augen gelassen. Schlafen konnte sie noch genug im Flieger. Sie hatte die Zeit lieber genutzt, um sein Bild zu verinnerlichen, sodass sie es jederzeit vor ihrem inneren Auge abrufen konnte.

Ein Geräusch riss Kira plötzlich aus ihren Träumereien – irgendwo bewegte sich noch ein Tier in einem Käfig.

Sie sog die Luft ein, um zu ergründen, welches Geschöpf noch in dieses Flugzeug geladen worden war. Vielleicht ein anderer Metamorph, der auch diese Transportmöglichkeit nutzte? Es roch nach Wolf und ein klein wenig nach Mensch. Also hatte sie recht.
Ob sie den anderen Gestaltwandler kannte? Nun, in ein paar Stunden würde sie ihn auf jeden Fall treffen. Eine Weile herrschte noch geschäftige Unruhe in dem Gepäckraum, bis alle Kisten und auch zwei weitere Käfige dazugestellt worden waren. Kira konnte die Unterhaltung des Personals mithören.

„Was ist denn mit dem Zoo in Fairbanks los? Die haben wohl eine Spende bekommen. Jetzt haben wir schon vier Käfige mit Raubtieren an Bord."

„Warum nicht? Ein Wolfsrudel kann immer noch drei Wölfe vertragen – und so ein Panther ist schon ein edles Tier. Der wird die Besucher sicher begeistern", hörte Kira die Männer sagen, als sie bereits die Türen des Frachtraumes schlossen.

Sie waren also zu viert, wenn sie davon ausging, dass die anderen Tiere ebenfalls Metamorphe waren. Die Wölfe hatten das Gespräch sicher auch mitgehört und wussten jetzt über sie Bescheid. Sie alle würden sich dann irgendwann sehen. Nach der vergangenen durchwachten Nacht fiel Kira sogleich in einen tiefen Schlaf.
Plötzlich spürte sie ein Reißen am Hals, das sie aus dem Schlaf riss. Alarmiert schoss sie in die Höhe! Ihr Amulett lag vor ihr auf dem Käfigboden. Eine Hand mit einem blitzenden Messer verschwand aus dem Käfig, dafür griff eine andere nach der Kette.
Kira reagierte schnell und stürzte sich auf die Riesenhand, die augenscheinlich ihren Talisman an sich nehmen wollte.

Ein Schmerzensschrei erklang, als sie dem Mann kräftig in die Hand biss und mit ihrer Pranke den behaarten Arm aufriss.

„Verdammtes Vieh!“, schrie er. Kira bekam einen mächtigen Schlag mit der Faust in ihr Gesicht und flog in die Käfigecke. Nach dem Aufprall gegen die Gitterstäbe dröhnte ihr Schädel schmerzhaft. Die blutende Hand griff sich ihr Halsband und verschwand damit aus dem Gefahrenbereich. Schlammbraune Augen starrten sie nun aus sicherer Entfernung an. Die Gestalt roch nach Mensch. Er kam wieder etwas näher und ging in die Hocke. Sie sah dem ungepflegten Mann direkt in die Augen und fauchte wütend.

„Na, na! Wir werden euch nichts tun, dir und deinen Wolfsfreunden. Jetzt werdet ihr erst einmal umdisponiert, um unsere Gastfreundschaft genießen zu dürfen.“ Der miese Kerl schaute auf seine verletzte Hand und grinste Kira spöttisch an. „Bis dann, mein Schatz. Ich denke, du bist ein Rasseweib als Mensch, so wie du als Katze aussiehst und dein Temperament erst, oh Mann!“ Er leckte sich mit der Zunge über seine dicken Lippen und lachte obszön.

„Komm schon, Gregori! Was soll das Geflirte mit der Katze? Wir haben noch andere Aufgaben zu erledigen! Ursus hasst Verzögerungen“, rief eine ärgerliche, tiefe Stimme aus einem anderen Teil des Frachtraumes. Dieser Gregori ließ einen letzten Blick über Kira wandern. „Mach's gut, Süße.“
Dann drehte er sich um und verschwand zwischen dem hochgestapelten Gepäck.

„Hast du ihr Halsband?“, fragte eine andere Stimme rau.
„Na klar, war gar kein Problem“, gab Gregori großspurig zurück.

„Gut, die anderen Ketten haben wir auch. Dann zurück in die Passagierkabinen, bevor uns jemand vermisst."

Kira hatte vier verschiedene Stimmen ausmachen können, dann war erst einmal Ruhe – bis die Wölfe heulten.
Ihr Wehklagen musste bis hinauf zu den Menschen hörbar sein. Die Wölfe konnten sich wenigstens austauschen, sie nicht.

Kira hatte Angst!
Angst, Adam nie wiederzusehen.
Und Angst um ihr Leben!

Sie versuchte, sich zu erinnern, worüber die Kerle gesprochen hatten. Sie hatten Ursus erwähnt – Ursus Maritimus war einer der Obersten der Ursidae. Ein riesiger, überheblicher Eisbär, der nicht gerade für seine Gutmütigkeit und Freundlichkeit bekannt war.

Aber was hatte der mit der Sache zu tun?

Kira bettete den Kopf auf ihre Pranken und schloss bekümmert die Augen. Ihr Kopf hämmerte vor Schmerz, und ihre Gedanken kreisten nur um Adam, und sie wünschte sich, er könnte sie hören … und fühlen, wie sehr sie ihn brauchte … und vermisste.

≈∞≈ Versteckte Botschaft ≈∞≈

Alles hatte wie geplant geklappt. Kira war seit ungefähr drei Stunden auf dem Luftweg unterwegs nach Fairbanks, genauso wie die Jungs seiner Band. Adam fuhr mit seinem Wohnmobil zu einer Bekannten, eine Meia Saiwalo, die auch hier in Schweden lebte, um ihr Corvus für ein paar Tage anzuvertrauen. Er würde nicht lange zu ihr unterwegs sein, denn sie wohnte an der Grenze zu Finnland, und von dort würde er nach Alaska fliegen. Er konnte es kaum erwarten, wieder in Kiras Nähe zu gelangen.
Als er sein Autoradio anstellte, erklang ein Song von seiner neuesten CD. Versonnen hörte er dem Lied zu, aber mit einem Mal befiel ihn eine extreme innere Unruhe. Er konnte dieses starke Gefühl nicht zuordnen. Sein Herz begann urplötzlich, unkontrolliert und schnell zu schlagen. Unerklärlicherweise hatte er Angst, furchtbare Angst! Aber warum nur?
In seinem Kopf dröhnte es.
So konnte er unmöglich weiterfahren und hielt zitternd am Straßenrand an. Er musste hier raus! Adam riss die Autotür auf und stürzte hektisch nach draußen. Das Gefühl, als drückte eine schwere Last seinen Brustkorb zusammen, wurde immer stärker. Er stützte sich mit beiden Armen am Wohnwagen ab und senkte den Kopf, um nach Luft zu schnappen.

Adam! schallte es in seinen Gedanken wie ein Donnerschlag. Diese Angst, die er verspürte, konnte er nicht einordnen. Panik ergriff Besitz von seiner Seele und seinem Körper!
Er versuchte verzweifelt, sich zu beruhigen, denn so würde er nicht weiterfahren können, so verwirrt und orientierungslos, wie er sich gerade fühlte. Plötzlich summte sein Handy.

Er fühlte sich nicht in der Lage, jetzt mit jemandem zu telefonieren, aber er tastete trotzdem nach dem Telefon und meldete sich mit gepresster Stimme: „Ja?“

„Adam! Hier ist Peter. Wir sitzen fest!“, hörte er Peters gereizten Tonfall.

„Wieso? Was ist los?“, fragte er alarmiert.

„Die Maschine musste aus unerfindlichen Gründen im Nirgendwo notlanden. Kein Schwein weiß, wieso! Mann, geht mir das auf die Nerven! Wo steckst du gerade?“

„Ich bin irgendwo am Straßenrand - Pause machen“, log er. Plötzlich hörte er im Hintergrund beunruhigende Geräusche. „Was ist denn los bei euch? Was jault da so?“

„Du solltest hier am Flughafen sein! Hier geht es zu wie Hölle, lauter Viecher. Der reinste Zoo. Massenhaft Wölfe und Großkatzen in Käfigen. Die werden alle gerade in eine andere Maschine, einen Frachter, verladen. Irgend so eine reiche Schickimicki-Tussi wollte vorhin ihren Millionärsgatten doch wirklich überreden, einen von den Panthern zu kaufen, die da in der Halle herumstanden. Einer schöner als der andere. Krass, wirklich!“

Adam gefror das Blut in den Adern.
Konnte es sein, dass die Angst, die er verspürte, nicht seine eigene war? Hatte sich Kiras Angst auf ihn übertragen?
War er jetzt mit ihr unausweichlich verbunden? Verdammt, er war so weit weg! Er würde noch mindestens einen vollen Tag brauchen, ehe er bei ihr sein konnte. Was war mit ihr passiert? Welche Gefahr bedrohte sie?

„Was ist aus den Raubkatzen geworden? Wo sollen die jetzt hin?“, fragte er und versuchte, die Panik in seiner Stimme zu unterdrücken.

„Ich weiß es nicht genau … Die Maschine hat so ein Kauderwelsch draufstehen, scheint russisch zu sein oder so. Was die Tussi betrifft mit ihrem Pantherwahn - die Männer, die die Tiere verladen haben, sind nicht auf die Angebote des Millionärs eingegangen. Kein Wunder. Ich hielt es gleich für eine Schnapsidee. Was will so eine Kuh mit einer Raubkatze - obwohl, wenn ich es mir recht überlege …“

„Was?“, rief Adam ungehalten in sein Handy. Seine Hand zitterte.

„Die hatte einen Leopardenpelz an. Vielleicht wollte die noch einen Mantel in Schwarz“, kam die grübelnde Antwort des Musikers.

„Oh, nein …“, Adams Stimme brach ab.
„Adam, stimmt was nicht?“

„Doch, alles in Ordnung! Du sagst, die haben die Panther sicher an niemanden verkauft?“

„Nein, nicht soweit ich das beurteilen kann.“

„Ist dir an den Tieren ein Sender aufgefallen? Ein Halsband mit einem Sender?“

„Wieso willst du so etwas wissen? Hast du mit der Sache etwas zu tun? Waren die Kratzspuren in deinem Gesicht etwa die eines dieser Tiere?“, fragte Peter lauernd.

Er hatte gut kombiniert, aber Adam hatte andere Sorgen, als dass er diesen Scharfsinn jetzt anerkennen würde. „Nein, verdammt! Beantworte meine Frage!“, schrie er in sein Handy. Es herrschte Stille am anderen Ende. Adam betete, dass er seinen Freund nicht dazu gebracht hatte, einfach aufzulegen.

„Hm … nein! Keines der Tiere hatte ein Halsband um den Hals“, durchbrach Peters skeptische Stimme die Stille.

„Sicher?“, hakte Adam nach.

„Klar! Ich weiß das, weil ich mich einem Käfig genähert habe. Es ist lächerlich, aber …“, stockte Peter und lachte verwirrt.

„Was ist lächerlich? Erzähl schon!“

„Du wirst mich auslachen.“

„Nein! Ich werde nicht lachen. Rede endlich!“

„Es war, als ob mich eine der Raubkatzen wie hypnotisch angesehen hat. Ich bin dann vorsichtig auf sie zugegangen. Alle Tiere spielten verrückt in ihren Käfigen, nur dieser eine Panther nicht. Er ließ mich ganz nah heran und sah mir fest in die Augen. Es war verrückt … dieser Panther hat die ganze Zeit mit seinem Schwanz an die Gitterstäbe geschlagen. Ich könnte schwören, es war der Takt unseres Songs ‚I need you‘. Irre, ich nehm’s dir nicht übel, wenn du mir nicht glaubst. Ich glaube es ja selbst nicht. Eigentlich wollte ich es auch gar nicht erzählen. Ich hoffe, du hältst deine Klappe und quatschst es nicht den Jungs weiter. Die denken noch, ich bin ein Psycho oder sonst so ein Irrer.“ Adam schwieg betroffen.

„Hey Adam, bist du noch dran? Hältst du mich jetzt für bekloppt?", fragte Peter verunsichert.

„Nein! Ich werde es nicht weitererzählen. Versprochen! Danke, dass du mir vertraust und es mir erzählt hast. Das hilft mir weiter."

Wieder herrschte Stille am anderen Ende, doch dann sagte Peter: „Ist irgendwie komisch, aber dir kann man einfach nichts verschweigen, und hinterher fragt man sich immer, wieso hat man das jetzt erzählt?" Er lachte angestrengt in das Telefon.

Adam konnte sich sehr gut seinen verstörten Gesichtsausdruck vorstellen. „Also gut, Peter. Wir sehen uns! Viele Grüße an die anderen. Ciao!", beendete er das Gespräch eilig.

„Okay ...", erwiderte sein Freund überrumpelt.
Ein Klicken in der Leitung, und es herrschte unheilvolle Stille. Adam stieg wieder in seinen Wohnwagen ein und legte die Stirn auf das Lenkrad. Seine Knöchel traten weiß hervor, so fest umklammerte er den Lenker. Dieser Panther musste Kira gewesen sein! Sie hatte Peter erkannt und wollte durch ihn eine Nachricht an Adam weiterleiten. Jemand hatte den reisenden Metamorphen ihre kostbaren Amulette weggenommen, und dieser jemand wusste genau, was er tat. Die Gestaltwandler waren jetzt in ihren Tierkörpern gefangen. Wohin brachte man sie? Wer war dieser jemand, der hinter all dem steckte?
Peter hatte etwas von russischen Zeichen auf der Maschine gesagt. Adam zermarterte sich das Gehirn - er versuchte, die Informationen zu ordnen, um Kiras möglichen Aufenthaltsort herauszufinden. Sie hatte erzählt, dass irgendwo in Russland die Hauptstadt einer ihrer Metamorphengilden war. Könnte es sein, dass sie dahin verschleppt wurden?

Wie hieß die noch gleich? Irgendwas mit ‚I…‘. Hastig nahm er sein Handy wieder auf und suchte im Internet nach Städten in Russland. Irkutsk, das war es! Er musste schnellstmöglich nach Irkutsk! Das war seine einzige Hoffnung!

Aber was machte er mit den Jungs?
Er würde sie auch nach Irkutsk beordern – das musste sein … er konnte sie in Alaska nicht einfach hängenlassen. Er rief Peter noch einmal an und teilte ihm seinen Entschluss mit. Der fiel aus allen Wolken und beschwerte sich lautstark über Adams Willkür und legte wütend auf, aber das war ihm egal.
Es ging nur noch um Kira! Die Reifen quietschten, als er wieder auf die Straße bog. Er fuhr mit seinem Wohnmobil Kilometer um Kilometer Richtung Sibirien. Gut, dass er schon so nah an der finnischen Grenze war.

„Seid ihr in diesem Hotel, wie wir besprochen haben?“, fragte er Peter am Telefon, als er der aufgehenden Sonne zusah – er war den ganzen gestrigen Tag und die ganze Nacht durchgefahren und musste jetzt eine Pause machen. Das Umdisponieren der Flüge seiner Band war leichter gegangen, als er gedacht hatte, wie sein Freund berichtete.

„Jap, obwohl hier so einiges nicht mit rechten Dingen zugeht. Der Hotelier hat irgendetwas von einer Konferenz erzählt. Das Hotel soll fast ausgebucht sein, obwohl ich kaum jemandem in der Hotelhalle begegnet bin. Und der Mann an der Rezeption hat seinem Pagen ganz aufgeregt irgendetwas, von wegen gebuchten Zimmern und überhaupt niemand erscheint, erzählt. Mysteriös, das Ganze, echt! Irgendwie passieren momentan nur noch seltsame Dinge! Zuerst die Viecher am Flughafen – der gruselige Panther – du mit deinen urplötzlichen Ideen und nun ein Geisterhotel, super …“

Adam hatte angespannt gelauscht.
Er konnte sich auch keinen Reim auf die Erzählungen seines Freundes machen, was das ausgebuchte Hotel betraf. Die Konferenz der Metamorphe fand doch eigentlich in Fairbanks statt … Was lief da ab?

Er unterhielt sich noch kurz mit Peter, bevor er auflegte und sich schlafen legte. Nachdem er ein paar Stunden unruhig geschlafen hatte, setzte er sich wieder ans Steuer, obwohl er kaum die Augen offen halten konnte vor Erschöpfung.

Irgendwann, als er längst die Grenze zu Russland überquert hatte, hörte er im Radio einen Song von ihm. Also hatten die Radiosender in Russland auch schon seine Musik in ihr Repertoire aufgenommen. Zum Glück, denn das erleichterte die Sache ungemein. Es wäre sonst schwer gewesen, einen Gig in Sibirien für seine Band zu organisieren.

Peter, Matthew und Christian hatten trotz ihres Ärgers über ihren verplanten Bandleader bereits ihre Fühler ausgestreckt und ein paar Auftritte an Land gezogen, wie sie ihm telefonisch mitgeteilt hatten, während er noch auf diesen endlosen Straßen herumkutschierte.
Es war von Vorteil, dass die Band nun auf eigene Faust agierte. Adam hatte sich vehement gegen Knebelverträge gewehrt und schloss nur kurzfristige Vereinbarungen mit verschiedenen Labels ab.

Er fühlte sich auf der Fahrt nach Irkutsk wie geprügelt.

Ihm taten alle Knochen weh.
Und es laugte ihn aus, ständig vergebens zu versuchen, eine Verbindung zu Kira herzustellen.

So sehr er sich auch anstrengte, er bekam einfach kein Signal, kein Bild von ihr - nichts! Das machte ihn wahnsinnig!

Er schlief kaum, weil sich seine Gedanken um alle möglichen Katastrophen drehten, die er sich ausmalte, was mit ihr passiert sein könnte. Sie lebte - sonst würde es ihn auch schon nicht mehr geben, aber er hatte unsägliche Schmerzen.

Wieso nur war er nicht einfach in eine x-beliebige Maschine gestiegen und geflogen, statt sich über diese elenden einsamen Straßen zu quälen?

Aber dann hätte er Corvus … ach, verdammt, er machte sich furchtbare Vorwürfe! Tretmühlenartig hämmerten sich diese zermürbenden Gedanken in seinen Kopf.

Wie konnte er nur!

Er hatte Kira im Stich gelassen … seine Angst um sie nahm von Minute zu Minute zu. Er glaubte, diese Ungewissheit, was mit ihr geschehen sein könnte, keine Sekunde länger ertragen zu können.

≈∞≈ Die Entführer ≈∞≈

Die Laster rumpelten unsanft durch die Schlaglöcher und wirbelten Staub auf. Kira hatte völlig die Orientierung verloren, wo sie sich befand.

Um sich abzulenken, oder besser, um sich selbst zu beruhigen, hatte sie zwölf weitere Käfige in der fahlen Dunkelheit des Trucks gezählt. In allen jammerten und jaulten Feloidea und Canoidea. Von Ursidae aber keine Spur – vielleicht wurden die in anderen Trucks gefangen gehalten. Am Flughafen hatte Kira Angst gehabt, an Pelzhändler geraten zu sein. Einen Moment zumindest – ihr Verstand sagte ihr aber dann, dass normale Menschen nicht wissen konnten, dass sie ihre Amulette für die Rückverwandlung brauchten. Es mussten also Metamorphe dahinterstecken! Hoffnung war in ihr aufgekeimt, als sie Peter im Terminal gesehen hatte. Mit aller Willenskraft hatte sie es geschafft, seine Aufmerksamkeit zu erlangen.
Es war für sie äußerst anstrengend gewesen, das Raubtier in sich zu unterdrücken und den Tierkörper menschlich reagieren zu lassen. Ob er den Song erkannt hatte? Nun blieb nur die Hoffnung, dass er es Adam erzählte.

Die Lkws kamen zum Stehen.
Weit waren sie nicht kutschiert worden. Der Flughafen, an dem sie schließlich gelandet waren, war ganz in der Nähe gewesen. Sie waren nicht in die Stadt gefahren, sondern hatten einen Ort außerhalb aufgesucht. Der Rollladen des Lasters wurde laut ratternd hochgeschoben, und grelles Licht und frische Luft drangen in den Wagen. Kira war geblendet von der plötzlichen Helligkeit, sodass sie erstmal nichts erkennen konnte von ihrer Umgebung.

Männer lachten, und sie hörte das summende Geräusch eines Gabelstaplers, der quietschend seine Transportkufen unter einen Käfig schob. So wurden alle Tiere nach und nach abgeladen, und der Lkw leerte sich. Kira erspähte viel Beton, aber mehr sah sie nicht, denn als sie an die Reihe kam, wurden alte Stoffplanen über ihren Käfig geworfen. Die Kidnapper wollten offenbar sichergehen, dass die Tiere nicht gesehen werden konnten. Kira hörte ein Rauschen von tonnenweise fließendem Wasser, das durch die stinkenden Leinenplanen an ihr feines Gehör drang, und ein vertrauter Geruch strömte in ihre Nase – schwach nach Mensch und Bär.

Sie ahnte, wo sie sich befand …

Es war schließlich nicht ihr erster Besuch hier in der Hauptstadt der Bären – jetzt wusste sie, wer sich die Mühe machte, sie alle zu entführen! Zuerst dachte sie, Menschen wären es gewesen, doch was sollten die mit der Delegation anfangen? Außerdem – inwiefern würde sich das lohnen? Nur die Metamorphe hatten Verwendung für die Delegation. Sie mussten beim Wasserkraftwerk sein oder zumindest in seiner Nähe. Kira hörte das Surren des Staplers und spürte einen Ruck, bevor es in die Höhe ging. Dann schwankte der Käfig, sodass sie kaum die Balance halten konnte.

Das Rauschen des Wassers wurde gedämpfter, und die hellen Lichtstrahlen, die durch die winzigen Löcher des porösen Stoffes gefallen waren, verblassten. Sie befand sich im Inneren eines riesigen Gebäudekomplexes. Einige Minuten vergingen, während sie durch künstliches Licht erhellte Gänge fuhren. Dann erklang das Surren, und sie stand wieder auf festem Boden. Die Planen wurden weggerissen, und sie blickte in die schlammbraunen Augen des gleichen Menschen, der ihr das Halsband abgenommen hatte. Er war kein Metamorph!

Ein elender Metafan, ein Eingeweihter! Einer, der unbedingt so sein will wie wir, es aber niemals schaffen wird, dachte sie - wäre sie ein Mensch gewesen, hätte sie angewidert auf den Boden gespuckt. Dieses Pack waren Menschen, die alles daransetzten, so zu werden wie die Metamorphe. Sie taten alles dafür, selbst wenn sie nur als Handlanger dafür benutzt wurden und ihr Ziel nie erreichen würden. Aber anscheinend genügte es ihnen, überhaupt ein Teil der Gilde zu sein - wenn auch nur als Abschaum.

Kira sah ihr Halsband straff um seinen dicken Hals sitzen.
Er grinste sie hämisch an.

„Na, Süße, hast du mich vermisst? Bin schon gespannt, wann ich das Vergnügen haben werde, dich in deinem menschlichen Körper zu sehen."

Angewidert kehrte sie dem aufdringlichen Mann den Rücken zu und begutachtete den Raum, in dem sie abgestellt worden war. Es war eine kleine Zelle ohne Fenster mit einem Bett und einer Toilette in der Ecke - eine Gefängniszelle!

Der Kerl wickelte eine Schnur um die Schließe ihrer Käfigtür, die an der grauen Decke durch eine Öse und weiter zum Zellentürfenster hinauslief. Dann lachte er laut auf und verließ den kleinen Raum. Zurück blieben Stille, Einsamkeit und ein durchdringender Bärengeruch. Kira rümpfte ihre empfindliche Nase.

Das quietschende Geräusch von sich reibendem Metall sagte ihr, dass ihre Käfigtür durch die Schnur geöffnet worden war. Endlich konnte sie den eisernen Käfig verlassen und der Enge entfliehen.

Sie drückte die Tür auf und sprang auf das schmale Bett. Ihre Katzenaugen versuchten, noch mehr Einzelheiten in dem trostlosen, grauen Raum auszumachen, aber sie konnte nichts Außergewöhnliches entdecken. Sie drehte sich auf dem Bett, bis sie eine geeignete Position eingenommen hatte, und legte sich nieder. Sie war sehr erschöpft, versuchte aber, wach zu bleiben, was ihr nicht gelang. Aufgewühlt schlief sie ein und schreckte immer wieder hoch bei dem kleinsten Geräusch.

Die Angst saß ihr in Mark und Bein.

Sie hoffte inständig, dass es nur sie erwischt hatte und nicht auch noch Adam gefangen genommen worden war.

≈∞≈ Auf der Suche ≈∞≈

Adam hatte um Mitternacht die Stadt Irkutsk erreicht, die an den Ausläufern des Baikalgebirges am Abfluss des Angara lag. Sein Hotel lag im Zentrum und hatte rund um die Uhr geöffnet. Er bekam ohne bedeutende Verzögerung die Zimmerschlüssel für seine Suite in der fünften Etage. Die Band hatte die Räume nebenan belegt. Adam hatte Corvus in einen Käfig sperren müssen, um ihn mit in das Hotel nehmen zu dürfen - der Vogel hasste das, was er lautstark durch ein heiseres Krächzen verkündete.

„Sei leise, Corvus. Im Zimmer darfst du wieder raus. Mir gefällt das hier auch nicht! Ich schlafe nicht gern in einem Hotel, aber hier in Sibirien ist es weiß Gott zu kalt, um im Wohnwagen zu nächtigen."

Der Herbst kündigte sich bereits durch die bunt verfärbten Blätter der Bäume und eisige Temperaturen an. Deshalb hatte sich Adam auch für dieses Hotel entschieden, aber der eigentliche Grund, warum er im Hotel wohnen wollte, war, dass er mit dieser schrecklichen Angst um Kira nicht alleine sein wollte. Er hatte zum ersten Mal in seinem Leben das Gefühl, dass er andere Menschen um sich herum brauchte, in der Hoffnung, wieder etwas zur Ruhe zu kommen und damit seine Angst ein wenig gelindert werden würde.

In seiner edlen, komfortablen Suite ließ er Corvus aus seinem Gefängnis heraus und trat dann an das Fenster. Er hatte einen fantastischen Ausblick auf das durch tausende Lichtquellen erhellte Irkutsk. Doch diese Pracht interessierte ihn nicht. Seine Gedanken kreisten nur um Kira …

In dieser Stadt lebten eine halbe Million Einwohner – wie sollte er sie hier finden? Gequält fuhr er sich mit den Fingern durch seine Haare und legte sich dann auf das Bett, um nachzudenken. Seine Band würde er erst morgen begrüßen, heute wollte er nur an Kira denken und versuchen, Pläne zu machen, um sie zu finden. Doch er konnte keinen klaren Gedanken fassen, er war zu erschöpft. Die ermüdende Fahrt auf den endlos langen Straßen durch die Einöde und die nagende Sorge um Kira forderten ihren Tribut … er schlief ein.

Plötzlich hörte Adam etwas rauschen, so wie Wasser, das von einem Felsen stürzte, und er befand sich mitten in der aufgewühlten Gischt des fallenden Wassers, das sich wie ein dichter Nebel auf seine Haut legte. Die Luft war feucht und schwer, und er hatte den Eindruck, sie würde etwas modrig riechen. Er konnte nichts in dem Wassernebel erkennen, so undurchdringlich war er.

„Adam!" Eine vertraute Stimme drang aus dem Nebel zu ihm durch. Sie schien direkt aus dem lauten Rauschen des Wassers zu kommen. Es war Kiras Stimme, die verängstigt klang – das konnte er zweifelsfrei feststellen.

„Kira, wo bist du? Ich kann dich nicht sehen", wandte er sich in die Richtung, in der er glaubte, die Stimme vernommen zu haben. Eine dunkle Silhouette schälte sich aus der weißen, wallenden Wand und kam langsam auf ihn zu. Es war ein Panther – nur sein Halsband fehlte.

„Kira, wo kann ich dich finden?" Doch sie gab ihm keine Antwort mehr, außer einem verzweifelten, jaulenden Ton, der ihm durch Mark und Bein fuhr. Adam sprang auf und wollte dem Panther entgegenlaufen, doch bevor er ihn erreichen konnte, löste er sich in Luft auf.

Panisch rannte er tiefer in den Nebel hinein, aber er fand die Raubkatze nicht. Er rannte immer schneller und schneller, bis plötzlich eine gerade Steinmauer seinen Weg schmerzhaft stoppte. Adam erwachte von diesem Schmerz.

Er war aus dem Bett gefallen und offenbar mit dem Kopf direkt auf dem Boden aufgeschlagen. Langsam quälte er sich hoch. Er fühlte sich wie gefoltert. Jeder einzelne Muskel tat weh, und er hatte höllische Kopfschmerzen. Ein dumpfes Klopfen an der Hoteltür holte ihn aus seiner Erstarrung.

„Zimmerservice! Frühstück für Sie!", rief eine freundliche Frauenstimme durch die geschlossene Tür.

„Moment", entgegnete er schwach.
Eigentlich hatte er überhaupt keinen Hunger, aber er entschied sich dann doch dazu, eine Kleinigkeit zu essen. Er brauchte Kraft für seine Suche. Langsam drehte er den Schlüssel um und öffnete die Tür einen Spaltbreit. Als er sich vergewissert hatte, dass es kein Trick war, machte er ganz auf.
„Guten Morgen!", lächelte die rundliche Dame fröhlich.

„Guten Morgen, vielen Dank", nuschelte er, während die Frau den Servierwagen in seine Suite schob und das Zimmer mit einem freundlichen Nicken sogleich wieder verließ. Er wollte schon die Tür schließen, als ihm etwas einfiel.
„Entschuldigen Sie bitte!", rief er der Frau hinterher.

„Ja?"
„Gibt es hier in der Nähe einen Wasserfall oder so etwas?"

„Einen Wasserfall?" Sie überlegte kurz. „Also, nein, hier nicht … in Nischneudinsk gibt es den Ukowski."

Enttäuscht wollte er sich abwenden, aber er horchte auf, als die Dame unbekümmert weitersprach: „Hier bei uns gibt es nur das Wasserkraftwerk, aber das sehen Sie ja von Ihrem Fenster aus.“ Sie nickte lächelnd und drehte sich um. Adam schloss die Tür und dachte an seinen Traum.

„Stimmt, ich bin gegen eine glatte Mauer gelaufen, nicht gegen eine Felswand …“, murmelte er vor sich hin. Er setzte sich mit seinem spärlichen Frühstück vor das Fenster und löffelte ein wenig von dem Rührei in sich hinein. Sein Blick schweifte suchend über die sibirische Stadt, und in der Ferne konnte er tatsächlich einen riesigen Staudamm erkennen, der wohl die Stadt und die Umgebung mit Strom versorgte. Irgendwo dort draußen musste sie gefangen sein. Es war zwar nur eine vage Vermutung, aber besser als nichts. Er war vorhin darauf gekommen, dass der Traum womöglich gar kein Traum gewesen war, sondern eine Botschaft von Kira, denn dieses ausgelaugte Gefühl kannte er nur von seinen telepathischen Fähigkeiten, nicht aber von gewöhnlichen Träumen. Die feinen Fäden zwischen ihren Seelen waren noch nicht stark genug, denn dann wäre die Sache jetzt nicht so anstrengend gewesen. Aber er wollte sich nicht beklagen. Zum Glück gab es diese Verbindung, auch wenn sie noch sehr zart und zerbrechlich war. Hoffentlich litt Kira nicht so sehr an den Folgen dieser nächtlichen Begegnung wie er. Verzweifelt lehnte er seine heiße Stirn an die kühle Fensterscheibe und schloss die Augen.

Er brauchte dringend einen Plan!

Als er die Augen öffnete, fiel sein Blick auf den sich in der Scheibe spiegelnden Raben. Als Erstes musste er herausfinden, wo genau Kira festgehalten wurde. Das ging am sichersten von der Luft aus.

„Corvus, mein Freund, ich habe eine Aufgabe für dich. Du musst den Aufenthaltsort von meinem geliebten Mädchen herausfinden." Er hielt Corvus seinen Arm hin, und der Rabe hüpfte auf die geballte Faust. Nachdem Adam das Fenster geöffnet hatte, streichelte er seinem Weggefährten über das schwarz glänzende Gefieder.

„Es ist vielleicht nur ein Traum gewesen - aber das glaube ich nicht, weil ich das rein energetisch anders fühle. Ich habe die Vermutung, dass das Wasserkraftwerk ihr Gefängnis ist. Auch wenn ich mich irren sollte, ist es auf jeden Fall einen Versuch wert. Flieg hin und schau dich um! Ich werde dich leiten." Mit Schwung wurde der Vogel in die Luft katapultiert und schwebte sogleich in Richtung Wasserkraftwerk davon. Adam machte das Fenster zu, begab sich zur Zimmertür und hängte das Schild „Bitte nicht stören!" draußen an die Türklinke, damit er sich von nun an voll und ganz auf Corvus' Mission besinnen konnte.
Danach schloss er seine Augen und konzentrierte sich auf den schwarzen Vogel, der sich bereits dem Staudamm näherte. Es gab dort unzählige Gebäude, die als Versteck und Gefängnis dienen konnten. Wie sollte er sie hier finden? Dieses Kraftwerk war wie eine kleine Stadt, die undurchdringbar, fast wie eine Festung, erschien. Corvus zog seine Kreise über der Anlage und hielt nach Verdächtigem Ausschau.
Aber nichts, absolut nichts Auffälliges konnte er entdecken. Es hatte keinen Sinn, Adam musste sich etwas anderes einfallen lassen. Vielleicht sollte er noch einmal mit Kira in Verbindung treten. Es wäre möglich, dass sie ihm irgendwie einen Hinweis geben konnte. Aber zuerst musste er Corvus zurückrufen. Der Rabe ließ einen letzten Blick über das Gelände schweifen: Die Menschen huschten zwischen den Gebäuden entlang und gingen ihrer Arbeit nach.

Sie schleppten schwere Bauteile, kontrollierten das Wasser und fuhren mit Lastern, die abgeladen werden mussten, an Rolltore heran.
Aber halt! Was war das? Auf dem einen Transporter war ein Schwein abgebildet. Augenscheinlich handelte es sich um ein Schlachthoffahrzeug. Was hatte solch ein Fahrzeug auf dem Gelände eines Kraftwerkes zu suchen? Vielleicht war das eine Spur? Zumindest musste man der Sache nachgehen! Corvus setzte sich auf das Dach des gegenüberliegenden Gebäudes und ließ den Laster keine Sekunde aus den Augen. Das Fahrzeug parkte, und die Ladeklappen wurden geöffnet. Ein Rattern erklang, als das Rolltor zur Seite geschoben wurde. Hervor traten drei kräftige Männer, die aus dem Lkw Schweinehälften entgegennahmen und damit im Gebäude verschwanden. Schweinehälften? Wenn das nicht eine heiße Spur war! So viele gekidnappte Raubtiere hatten sicherlich Hunger …

Corvus, sieh, ob du näher herankommst, konzentrierte sich Adam auf seinen Raben. Der schwarze Vogel erhob sich in die Lüfte und zog seine Kreise immer enger um das Fahrzeug. Schließlich ließ er sich darauf nieder und putzte wie unbeteiligt sein Federkleid.

Einer der Männer, ein sehniger aschblonder Kerl, hielt vor dem Gebäude Ausschau und dirigierte die anderen, während die bulligeren Kerle eilig die Lieferung ins Haus trugen. Der blonde Mann beobachtete den Raben misstrauisch - durch Corvus' Augen konnte Adam die entstellenden Narben in dessen Gesicht sehen. Corvus wandte den Blick ab, um nicht aufzufallen - er begann wieder, sein Gefieder zu säubern, damit der Mann das Tier als unwichtig abtat, was auch funktionierte.

Der Blonde konzentrierte sich wieder auf seine Umgebung. Corvus hüpfte noch näher an den Rand des Lkw-Aufbaus und hatte so den Eingang des Gebäudes im Blick. Die anderen Männer traten wieder an den Lkw heran. Adam konnte jetzt deutlich die Amulette an ihren Hälsen sehen. Es waren verschiedene Bären darauf eingraviert. Und auch die Statur und das Auftreten dieser Männer deuteten darauf hin, dass Kira recht hatte - nur dieser kleinere, sehnige Typ fiel aus der Reihe. Er schien ein anderes Tier zu sein, aber Corvus konnte keinen Blick auf sein Amulett werfen - es war versteckt unter dem Hemd.

„Das war's! Für heute müssten unsere Gäste satt werden. Ich hasse es, solche Arbeiten machen zu müssen! Dafür bin ich nicht geschaffen! Das ist unter meiner Würde!", verabschiedete sich der Blonde unfreundlich von dem Fahrer. Der brummelte noch irgendetwas, stieg dann in seinen Lkw und fuhr davon.

Corvus hatte sich mittlerweile auf der Dachrinne des Hauses direkt gegenüber niedergelassen und konnte so einen Blick in das Innere des Gefängnisses werfen. Ein hell erleuchteter Gang führte ins Nirgendwo. Rechts erkannte Adam eine dunkle Gestalt auf einem Stuhl sitzend, daneben ein Gewehr, das an der Wand lehnte. Es gab also Wachen. Das erschwerte die Lage erheblich! Er musste einen Weg finden, um unbemerkt in das Gebäude eindringen zu können. Das Rolltor ratterte, und das Gebäude versank wieder in Unscheinbarkeit zwischen den anderen Bauten. Corvus flog auf, zog noch einen Kreis und kehrte dann zu Adam zurück. Der erwartete ihn bereits am geöffneten Fenster und bot ihm seinen Arm als Landeplatz an.

„Das hast du gut gemacht, Corvus. Jetzt wissen wir, wo sie Kira gefangen halten." Es klopfte an seiner Zimmertür.

„Hey, Adam, ich habe dich gehört, mach bitte auf." Peters Stimme klang gedämpft durch die Tür. „Wir müssen reden."

„Sofort!" Adam setzte Corvus auf seine Stange und öffnete die Zimmertür.
Peter schlenderte herein und ließ sich auf das Sofa fallen. „He, Alter, wir haben morgen Abend einen Auftritt hier in der Stadthalle aufgetan. Ich wollte deinen Segen, damit ich die Verträge unterschreiben kann."

„Nur morgen?"

„Ja, aber ich bin zuversichtlich, dass wir nach unserem Auftritt noch mehr Gigs bekommen."

„Ich denke, wir belassen es bei diesem einen Auftritt und fahren dann Ende dieser Woche woandershin. In dieser Einöde gibt es nichts zu holen. Ich weiß auch nicht, was mich geritten hat, nach Sibirien fahren zu wollen."

≈∞≈

Peter starrte seinen Bandleader verstört an – so ein Aufwand wegen nur eines lumpigen Auftritts! Langsam zweifelte er an Adams Verstand – schließlich war er extra tausende Kilometer hierhergefahren, während es sich die anderen Bandmitglieder in einem Flugzeug gemütlich gemacht hatten.

„Vielleicht gefällt denen aber unsere Musik! Gib ihnen doch erst einmal die Gelegenheit, uns zu hören. Du wirst sehen, da ist mehr drin", erwiderte Peter gereizt.

„Ich will so bald wie möglich dieses Land wieder verlassen! Frag nicht, warum! Du bekämst keine Antwort!"

In was für Geschäfte war Adam verwickelt, dass er es so eilig hatte, hier wieder wegzukommen? Peter räusperte sich.

„Äh, Adam, ich möchte nicht in irgendwelche linken Sachen hineingezogen werden."

Adam zog einen Mundwinkel hoch und klopfte seinem Freund kameradschaftlich auf die Schulter. „Nur keine Sorge! Keine Kriminalität." Beteuernd hob er beide Handflächen in die Höhe und bekräftigte: „Ganz im Gegenteil!"

Peter wusste nicht, ob er ihm glauben konnte, irgendetwas war da, was ihn misstrauisch machte, aber bevor er diesbezüglich eine Frage stellen konnte, fühlte er sich plötzlich unwohl, als hätte er einen dumpfen Nebel im Gehirn, der seine Gedanken deckelte. Es passierte schon wieder! Immer wieder befiel ihn diese gedankliche Lähmung in Adams Nähe, aber er konnte sich nicht dagegen wehren.

≈∞≈

Intensiv starrte Adam seinem Freund in die Augen und beeinflusste ihn mental. Verständnis huschte mit einem Mal über das Gesicht des Gitarristen.

„Ach so, die Kleine von dem Konzert." Er nickte wissend und grinste. „Na gut, wenn du schon mal ein Mädel toll findest … nach deiner langen Suche. Dann müssen wir wohl der Liebe eine Chance geben – auch wenn ich es Scheiße finde, dass du nicht einmal ‚Hallo' gesagt hast, als du gestern angekommen bist! Was sind das neuerdings für schlechte Manieren?"

Adam lächelte. Auf die schlechte-Manieren-Sache würde er nicht reagieren, aber eins wollte er schon noch loswerden:

„Danke für dein Verständnis. Ich habe wirklich lange nach dieser Frau gesucht. Du glaubst gar nicht, wie lange …"

Peter lachte entspannt. „Also dann, nur der Gig morgen Abend. Ich werde es den anderen sagen. Dass ich das noch erleben darf, dass du dich verliebst! Ich dachte schon, du bist nicht ganz normal. Nur eines verwirrt mich - das mit dem ‚lange suchen'? Was hat es damit auf sich?"

Adam zog ungeduldig eine Augenbraue hoch – Peter war nicht dumm, aber heute hatte er keine Lust, sich mit seinen Fragen auseinanderzusetzen. Er sah ihm wieder intensiv in die Augen, sodass sein Freund nickte und ohne ein Wort das Zimmer verließ.

Diese Gabe war wahrlich äußerst praktisch.

Morgen Abend also, dachte Adam. *Dann bleibt mir nicht mehr viel Zeit. Es muss noch allerhand vorbereitet werden.*

≈∞≈ Das Wasserkraftwerk ≈∞≈

Es war eine sternenklare Nacht.
Der Mond stand als hagere, silberne Sichel am Himmel, und es war bitterkalt. Glitzernder Reif hatte sich auf allen Flächen kristallisiert.

Ein Blick auf seine Armbanduhr zeigte Adam, dass es weit nach Mitternacht war. Das Konzert hatte länger gedauert als geplant. Aber dem Jubel der begeisterten Fans konnte er sich nicht entziehen, und so hatte er sich dem Willen der Massen gebeugt und gleich mehrere Zugaben gesungen. Anschließend lief er zu seinem Wohnwagen und holte sein langes Katana-Schwert und den kurzen Wakizashi-Dolch, die er beide an diesem Tag sorgfältig geschliffen hatte.
Danach parkte er seinen Wohnwagen in eine andere Gegend um - rein vorsorglich, man konnte ja nie wissen - und dann startete er sein Motorrad, das er in seinem Wohnwagen immer mittransportierte. Nachdem er in aller Eile seine verschlissene Motorradjacke angezogen und den schwarzen Helm aufgesetzt hatte, raste er mit seiner Maschine in Richtung Kraftwerk davon. Mit seinem behäbigen Wohnmobil könnte er nicht schnell genug fliehen, wenn es darauf ankäme.

Adam stellte sein Motorrad in einer dunklen Nebenstraße in der Nähe des Kraftwerks ab. Vorsichtig schlich er sich an das Gebäude heran, in dem er Kira vermutete. Er umfasste den Griff der verrosteten Tür und schob sie langsam zur Seite. Die Rollen liefen laut quietschend durch die Eisenschiene, sodass er erschrocken innehielt. Sollte auch nachts hier eine Wache sitzen, war er jetzt geliefert. Aber nichts rührte sich.

Lauschend schob er seinen Kopf durch den schmalen Spalt in den dahinterliegenden, mit diffusem Licht erhellten Gang. Nur vereinzelt brannten matte Lämpchen. Muffiger Geruch schlug ihm entgegen, und er rümpfte angeekelt die Nase. Wenn das hier schon so übel roch, wie mochte es erst tief drin im Gebäude stinken? Er wartete einige Sekunden, aber alles blieb sehr ruhig. Scheinbar war sein Eindringen unbemerkt geblieben. Vorsichtig drückte er den Türspalt weiter auf und schlüpfte mit einer einzigen Bewegung in den mit fahlem Licht beleuchteten Gang. Aufmerksam ließ er seinen Blick über die Decken und Wände schweifen. In diesem Teil des Gebäudes gab es keine Kameras, zumindest keine für sein Auge sichtbare. Leise pfiff er und hörte kurz darauf den Flügelschlag seines Raben, der vor der Tür landete. In seinem typisch hüpfenden Gang kam Corvus ebenfalls in das Gebäude hereinspaziert. Adam bückte sich und hielt ihm seine Hand hin. Der Rabe kletterte auf die Finger und blickte mit schräg gehaltenem Kopf zu seinem Meister auf. Er wartete auf einen Befehl von ihm.

„Kira muss hier irgendwo sein. Du musst sie finden! Ich werde dir folgen." Mit einer ausladenden Armbewegung gab Adam dem Vogel Schwung, und er segelte elegant davon. Kurz darauf war der Rabe auch schon um eine Ecke verschwunden. Mit langsamen Schritten und voll konzentriert folgte er seinem Schutzgeist.

Aus der Ferne nahm er plötzlich gedämpfte Stimmen wahr, die aus dem Gebäude drangen und sich näherten. Adam presste sich an die kalte Wand und suchte nach einer Möglichkeit, sich zu verbergen. Sein Blick fiel dabei auf ein großes Lüftungsgitter in der Wand, das nicht verschraubt zu sein schien. Sachte, um jegliche Stille zu wahren, nahm er den Eisenrost aus der Wand, schob seine Schwerter vorsichtig hinein, schlüpfte in den Verschlag und zog das Gitter wieder zu.

Angespannt wartete er auf die lauter werdenden Schritte und Stimmen. Er lehnte sich zurück, schloss seine Augen und konzentrierte sich auf Corvus.

Der Vogel ließ sich auf einer der Lampen nieder und wartete, dass die drei Gestalten, die ihn glücklicherweise durch ihr lautstarkes Gerede rechtzeitig gewarnt hatten, hinter der nächsten Ecke verschwunden waren.
Dann breitete er seine Flügel aus und folgte dem inneren Sog, den die Gestaltwandlerin, die andere Seelenhälfte seines Herrn, auf ihn ausübte. Es war einfach für ihn, der Spur dieser enormen Anziehungskraft zu folgen. Immer tiefer drang er in das Gebäude ein - verwinkelte Gänge, Treppen hinauf und hinab bildeten ein wahres Labyrinth. Irgendwann wusste der Vogel, dass Kira nur noch ein paar Meter entfernt sein konnte. Eine Reihe von Türen mit Fenstergittern unterbrach die sonst eintönig weiß gestrichenen Wände.
Die dritte Tür auf der linken Seite zog Corvus magisch an. Er landete in dem Fenstergitter und spähte in einen engen Raum, der in künstliches, kaltes Licht getaucht war.

Die schwarze Raubkatze lag auf einer Pritsche und döste mit halbgeschlossenen Lidern. Die Bewegung an der Tür weckte ihre Aufmerksamkeit. Ihre Ohren drehten sich in Richtung Eingang, und ihre Schwanzspitze zuckte nervös.

Corvus krächzte leise und wartete auf die Reaktion des Panthers. Mit einer einzigen Bewegung stand er auf und sprang zur Tür. Dort legte sich Kira hin und starrte zu dem Vogel hinauf. Ihre ganze Körperhaltung zeigte dem Raben, dass sie ihn erkannt hatte und sie für ihn keine Gefahr bedeutete. Er hüpfte aus der Fensternische in das Gefängnis und landete auf dem hellen Betonfußboden.

Adams Herz raste, als er Kira durch die Augen seines Raben sah. Sie schien unversehrt zu sein. Jetzt musste er sie nur noch dort herausholen. „Nur noch“ war einfacher gesagt als getan!

Laute Schritte erklangen in dem Gang, in dem er sich verbarg, und blieben direkt vor seinem Lüftungsschacht stehen. Adam konnte vier muskulöse Beine in Jeans ausmachen, die nun eine bequeme Stellung eingenommen hatten. Der dritte Kerl musste woanders entlanggegangen sein. Das hier würde sicher länger dauern, so entspannt, wie die dastanden.

Adam musste in seinem unbequemen Versteck ein genervtes Stöhnen unterdrücken. Er konnte die Gedankenströme der beiden erfassen und wusste, dass da zwei Metamorphe vor ihm standen. Gestaltwandler waren telepathisch nicht so einfach zu beeinflussen wie Menschen. Er müsste all seine Konzentration auf sie legen, um sie von der Stelle zu bewegen, aber damit würde er Corvus aus seinem Kopf verlieren, was er nicht riskieren wollte, zumindest noch nicht.

„Hast du mal 'ne Zigarette?“, brummte eine tiefe Stimme.

„Hm.“ Erst war ein Papierrascheln zu hören, und dann klickte ein Feuerzeug.

Danach trat Stille ein, die nur ab und zu von einem leisen Ausatmen des inhalierten Tabaks unterbrochen wurde.

Adam wandte seine Gedanken wieder vollständig Corvus zu. Der war inzwischen auf die einzige Lampe im Raum geflogen, die etwas Platz zwischen Metall und Decke bot.

Er hatte sich kaum in den Spalt gezwängt, als auch schon die Tür aufgeschoben wurde und ein großer, kräftiger Mann den Raum betrat. In einer Hand hielt er einen Schlagstock, den er lässig schwingen ließ. Die andere Hand war fest verschlossen zu einer Faust.

Mit dem Fuß drückte er die Eisentür wieder ins Schloss. Dabei wandte er seinen Blick nicht von der schwarzen Katze ab, die sich geduckt und knurrend vorsichtig rückwärts von ihm wegbewegte.

„Hey, ich bin's wieder, dein Gregori. Schau, mein Schatz, was ich heute Feines für dich habe." Der ungepflegte Mann hob seine Faust und öffnete sie leicht. Zwischen seinen dicken, kurzen Fingern blitzte es silbrig auf, dann glitt Kiras Amulett heraus, das baumelnd am Ende einer Kette hing. Ein fast zahnloses Grinsen erschien auf dem unrasierten Gesicht des Mannes, und er trat einen Schritt auf sie zu. Der Panther fauchte und zog die Lefzen zurück. Das schwarz glänzende Fell sträubte sich, und die Muskeln spannten sich sichtbar an.

„Na, na, meine Schöne, du weißt doch, was das letzte Mal passiert ist, als du so böse warst, nicht wahr? Außerdem ist heute alles ganz anders. Willst du nun wieder ein Mensch sein oder ewig ein böses Kätzchen bleiben?"

Lockend schwang er den Anhänger wie ein Pendel hin und her. Ein dunkles Grollen stieg aus der schwer atmenden Brust der Raubkatze auf. Kira traute dem Menschen nicht, aber sie wollte unbedingt das Amulett! Sie steckte in der Klemme. Adam sah den Zwiespalt seiner Gefährtin, konnte ihr jedoch noch nicht helfen. Eine ohnmächtige Wut ergriff Besitz von ihm, vor allem bei dem Satz: „… was das letzte Mal passiert ist, als du so böse warst …", wurde ihm vor Zorn fast schlecht - dieser Mistkerl hatte sie geschlagen!

Das war es auch gewesen, was er während der Fahrt gefühlt hatte - prügelnden Schmerz!

Er umklammerte eines seiner Schwerter so fest, dass seine Fingerknöchel weiß hervortraten. Aber ihm blieb vorerst keine andere Wahl, als machtlos auszuharren.

Seine Position als hilfloser Beobachter würde erst beendet sein, wenn die zwei Männer vor dem Lüftungsgitter endlich verschwunden waren. Denn einfach hinausklettern und sie niedermetzeln, ging nicht - das würde zu viel Aufmerksamkeit verursachen. Äußerst angespannt konzentrierte er sich daher weiterhin auf seinen Raben, sodass er keine Einzelheit der Geschehnisse in Kiras Zelle versäumte. Es war unerträglich, was er dort mitansehen musste …

„Ich bin schon gespannt auf deinen scharfen Frauenkörper! Aber ich weiß ja, warum du dich so zierst." Dieser Widerling griff in die Innentasche seiner Weste und zog ein aufreizendes, dunkelrotes Kleid hervor. „Das kriegst du natürlich! Du willst dich sicher nicht verwandeln und mir deine Schönheit gleich komplett zeigen. Dann werde ich halt mal nicht so sein … fürs Erste zumindest, hehe." Damit warf er das hauchdünne Kleidungsstück und das Amulett auf das Bett und drehte sich gemächlich zur Tür um. „Lass dir ruhig Zeit … wir beide haben genug davon … macht ja auch mehr Spaß, dir alles wieder herunterzureißen!"

Ein Mann mit Verstand hätte einer Raubkatze niemals den ungeschützten Rücken zugewandt, aber dieser Mensch strotzte vor Dummheit und Überheblichkeit.
Kira nutzte die Chance, die ihr dieser Kerl so gedankenlos auf einem Silbertablett anbot. Sie spannte ihre Hinterbeine an und sprang mit einem mächtigen Satz den Eindringling an. Mit aller Kraft biss sie ihm in den Hals, sodass sich sein Blut in einem Schwall über den Betonboden ergoss. Gregori brachte nur noch ein ekelerregendes Gurgeln zustande, während er verzweifelt versuchte, sich zu wehren, aber er hatte keine Chance und brach nach wenigen Sekunden tot zusammen.

Kira ließ ihn erst los, als sie sich sicher war, dass dieser Mistkerl nicht mehr aufstehen würde. Ungerührt lief sie daraufhin zu ihrer Pritsche und schob den Kopf in die Kette ihres Amuletts. Augenblicklich verwandelte sie sich in einen Menschen zurück. Eilig schlüpfte sie in das bereitliegende Kleidungsstück und rümpfte angewidert die Nase, als sie zu dem Toten hinter sich blickte.
Corvus plusterte aufgeregt seine Federn auf. Kira sah zu ihm hinauf, und ihre Augen durchbohrten die seinen wütend.

„Du hättest nicht hierherkommen sollen, Adam! Ich hätte das schon alleine geschafft. Bleib bloß da, wo du bist! Das hier ist zu gefährlich! Mit so etwas kannst du nicht umgehen, verstehst du? Sei froh, wenn dich keiner entdeckt! Hast du vergessen, dass wir Gestaltwandler sehr gut riechen können?“, knurrte sie dem Raben zu. Sie hatte Adams himmelblaue Augen aufblitzen sehen in denen des Vogels und wusste daher, dass er sie hören konnte.

Adam stand der Schweiß auf der Stirn, und seine Hände klebten am Griff seines Schwertes. Stimmt, daran hatte er im Eifer des Gefechts gar nicht gedacht, dass die gut riechen konnten. Trotzdem wollte er jetzt auf keinen Fall länger hier ausharren. Er hatte noch eine kleine Finte im Repertoire, die er eigentlich für letzte Auswege aufsparen wollte, aber er konnte nicht mehr warten. Kira war so nah! Endlich waren die Männer etwas von dem Schacht weggetreten, sodass er ihre volle Statur im Blick hatte. Leise zog er seine hölzerne Flöte aus dem Gürtel, schraubte den vorderen Teil des Rohres ab und schob zwei kleine Pfeile aus seiner ledernen Gürteltasche in den offenen Schaft. Dann legte er die Flöte an die Lippen, zielte durch das Gitter und stieß zweimal kurz seinen Atem hinein.

Die zwei Metamorphe auf dem Gang griffen sich beinahe gleichzeitig an ihre Hälse, sahen sich verstört an und sanken um wie gefällte Bäume.
Vorsichtig lockerte Adam das Gitter und kletterte heraus. Die beiden lagen vor ihm auf dem Boden, und er stieß sie mit der Fußspitze an, um sich zu vergewissern, dass von dieser Seite keine Gefahr mehr drohte. Dann rannte er gehetzt den Gang hinunter, immer seiner inneren Stimme folgend, die ihn zu seiner Seelenhälfte führte.

≈∞≈

Zwei dicke Finger legten sich auf einen schwarz-weißen Bildschirm. „Sehen Sie! Ich wusste doch, dass ich vorhin etwas gesehen habe. Was machen wir nun?“ Der große, bärtige Mann hinter dem Drehstuhl runzelte die Stirn, während er die zielgerichteten Bewegungen des jungen Mannes auf dem Monitor verfolgte.

„Wollen wir doch mal sehen, wohin der fremde Kerl will. Dann schnappen wir ihn!“ Simon starrte auf den flackernden Bildschirm und fuhr sich mit der linken Hand durch seine aschblonden Haare.

„Sehen Sie, der geht in die Zelle 12 zu einem der gefangenen Metamorphe.“ Der Angesprochene nickte bedächtig.

„Ich werde mich darum kümmern, schick mir Iwan und Sergej nach. Ich dachte eigentlich, Gregori sollte die Gefangene aus dieser Zelle zu der *Beratung* abholen ... aber Metafans sind ja zu nichts zu gebrauchen!“

„Kira!“ Erschrocken fuhr die junge Frau zu der Tür herum.

Sie hatte gar nicht wahrgenommen, dass sich das eiserne Tor geöffnet hatte, so sehr war sie in den Anblick der Leiche vertieft gewesen.

„Adam! Verdammt, weißt du eigentlich, in welche Gefahr du dich begibst?“ Sie schüttelte ungehalten den Kopf, aber sie konnte nicht umhin, dass sie sich trotz allem sehr freute, ihn zu sehen. Ihre Sehnsucht nach ihm hatte sich über die vielen Tage ohne ihn und in dieser Betonhölle tief in sie hineingefressen. Mit einem geschmeidigen Sprung landete sie direkt vor ihrem Seelenzwilling und fiel ihm in die Arme. Sie wusste, dieses Mal würde es keine Auswirkungen auf ihre Verwandlung haben, denn sie war viel zu erleichtert und viel zu verliebt …

Spöttischer Applaus unterbrach jedoch das Glücksgefühl, das die beiden für diesen einen Moment durchströmt hatte.

„Sieh an, sieh an! Wie nett, dass du den da für mich entsorgt hast.“ Der Fremde deutete kalt lächelnd auf den Leichnam des Mannes, der in einer riesigen Blutlache lag. „Ich hätte es wohl selbst irgendwann getan – wenn ich Lust dazu gehabt hätte, mir die Pfoten schmutzig zu machen. Dieses erbärmliche Gesindel kann ich nämlich auf den Tod nicht ausstehen.“

Adam erkannte ihn wieder, es war der aschblonde Kerl, der die Lkw angewiesen und Corvus beäugt hatte.

„Na, ihr zwei Turteltäubchen – wie wird sich Ursus freuen, noch einen Meta überzeugen zu können“, meinte der sehnige Mann fies grinsend, und seine schwarzen, stechenden Augen fixierten Adam durchdringend. Doch plötzlich weitete sich sein Blick. „Du bist gar kein Metamorph!“ Voller Abscheu musterte der Blonde Kira.

„Wie kannst du dich mit einem Menschen einlassen? Die sind nur Staub unter unseren Füßen. Sie taugen nur zur Arbeit und dazu, uns zu dienen. Das da“, er deutete abfällig auf Adam, „ist unter unserer Würde! Dafür wirst du hart bestraft, Katze.“ Er spuckte vor ihr auf den Boden.

Adams Hand schoss zu seinem Schwert, das er auf dem Rücken festgebunden hatte. Kiras Blick fiel auf das Katana, das fast die gesamte Länge von Adams Rücken einnahm. Sie hatte ihn damit noch nicht kämpfen sehen – hatte er wirklich so viel Erfahrung mit dem Langschwert, wie er behauptete? Kira betete zu Bastet, ihrer Katzengöttin, dass es so sein möge, denn der, der hier vor ihnen stand, war niemand Geringeres als Ursus‘ Höllenhund Simon! Sie hatte viele grausame Dinge über ihn gehört und erkannte ihn an seinen Narben im Gesicht wieder, die er aus unzähligen Kämpfen mit Metamorphen, Menschen und anderen Gegnern davongetragen hatte. Die größte Narbe, unterhalb seines rechten Auges, hatte ihm Ursus höchstpersönlich verpasst – seitdem war er ein ergebener Diener des Bären.

„Na, na, Freundchen, das würde ich schön sein lassen! Mach dich nicht lächerlich mit deinem Schwert. Wir sind zu dritt, wenn ich das so sagen darf.“ Beiläufig winkte er seine zwei bulligen Gefolgsmänner herbei.

„Ich bin kein Mensch! Ich bin eine Meia Saiwalo“, zischte Adam.

„Soso, eine Meia Saiwalo – als wenn das etwas ändern oder mich in irgendeiner Weise interessieren würde! Viele von uns wissen nicht einmal, was das überhaupt sein soll. Ihr seid letztendlich doch nur Menschen – recht langlebige zwar, aber doch nur armselige Menschen.“

Der Fremde grinste zynisch und drehte sich dann zu seinen Kumpanen um.

„Ach ja, nehmt diesem Menschen die Schwerter ab“, befahl er den zwei Bären, als er ihnen schon längst wieder den Rücken zugedreht hatte.

„Natürlich, Simon!“, grinste der eine mit den dunklen Haaren und sagte sarkastisch: „Darf ich bitten?“

Adam war klar, dass er keine Chance hatte, sich dagegen zu wehren. Widerwillig gab er seine Schwerter heraus. Sein Hass auf diese Männer war unbeschreiblich – aber seine Zeit würde schon noch kommen!
Grob nahm der dunkelhaarige Kerl ihm die Schwerter ab. Dann wurde er von dem zweiten mit den sandfarbenen Haaren weiter in die Zelle gestoßen und mit Kira eingesperrt. Adam nahm Kira in den Arm – wie lange sie dort so standen, wussten sie nicht. Aber es spielte auch keine Rolle, denn egal, was noch passieren würde, sie waren zusammen, und das war das Einzige, was zählte!

Einige Zeit später wurden sie von Simon und seinen beiden Gefolgsmännern abgeholt.

„Schafft sie jetzt in den Thronsaal! Ursus, der König aller Metamorphe und zukünftiger Herrscher über die Menschheit und Verächter der Meia Saiwalos, wartet!“

Kira und Adam schauten sich fragend an.

Ein schlimmer Verdacht keimte in Kira auf, warum sie und viele andere Gesandte hier gefangen gehalten wurden.

Ursus hatte sie alle kräftemäßig leiden lassen.

Sie hatten nur sporadisch Essen und Wasser bekommen, sodass sie zwar nicht verhungerten und verdursteten, aber sie sollten geschwächt werden. Er wollte sie alle zermürben, und das hatte er auch geschafft!

Kira hatte seit Tagen kaum etwas zu essen und zu trinken bekommen.

Jetzt war ihr alles klar!

≈∞≈ Der König aller Metamorphe ≈∞≈

Im Thronsaal war es stickig.
Der Raum lag tief unter der Erde, und die Frischluftzufuhr ließ zu wünschen übrig. Adam schob Kira hinter sich, um sie mit seinem Körper zu schützen. Die junge Frau blickte sich schockiert in dem ehemaligen Ratssaal um.

Sie hatte eine haargenaue Erinnerung daran, wie es damals ausgesehen hatte, als sie das letzte Mal hier gewesen war. Die vormals halbmondförmige Anordnung der massiven Tische und Stühle war durchbrochen worden. Die Möbel standen jetzt rechts und links des Raumes an der rauen Felswand. Im vorderen Saalbereich befand sich nun ein Podest, auf dem ein überdimensional großer Stuhl stand. Ursus hatte sich einen goldenen Thron errichten lassen … Kira schüttelte angewidert den Kopf über so viel Selbstgefälligkeit und Machtgier.

Adam griff nach ihrer Hand, um sie zu beruhigen. Er stand in nachdrücklicher Haltung vor ihr, jeder Muskel und jede einzelne Sehne waren zum Zerreißen angespannt. Die zwei bulligen Bären zu seiner linken und rechten ließen ihn nicht aus den Augen.
Er wartete auf eine Reaktion der anderen Gestaltwandler auf ihn, aber bisher war ihnen offenbar noch nicht aufgefallen, dass er kein Metamorph war, aber dafür waren sie wohl auch viel zu verwirrt. Adam tastete mit seinen Sinnen nach Corvus. Sein Rabe verharrte immer noch auf der Lampe in der offenen Zelle. Adam wusste, dass er eine Waffe brauchen würde, wenn er mit Kira fliehen wollte.

Er schaute durch die Augen des Raben hinab auf den Zellenboden, und ihm fiel der schwarz glänzende, schmale Knüppel von diesem Gregori auf …

Die Bären schwiegen eisig und beobachteten die anderen genau, damit keiner irgendetwas versuchte. Das gedämpfte Tuscheln der Gestaltwandler wurde unterbrochen, als der Eisbär Ursus Maritimus durch das alte Thronsaaltor schritt.

Man erkannte ihn sofort – er war eine imposante Erscheinung, die sich mit einem langen, goldenen Umhang schmückte. Sein schneeweißes Haar war kurz geschoren, und seine schwarzen Augen stachen wie eisiges Gestein aus dem markanten Gesicht hervor. Die Ratsmitglieder wandten ihm unwillig ihre Blicke zu.

Kira sah sich besorgt die Reihen der gefangen genommenen Delegationsmitglieder an. Dort saßen Bila, die Tigerin, und Hektor, der Schakal, neben ihm, und ganz eingeschüchtert Asron, die Hyäne. Auf der anderen Seite hatten Justus, der Löwe, und Tashiba, die Wölfin, Platz genommen, und noch einige andere kauerten in den Ecken. Sogar eine Metamorphin war anwesend, die zu den Beutetieren gehörte – Ania, die Hirschkuh. Sie war sehr selten anwesend bei Konferenzen. Wie Ursus sie nur finden konnte? Eigentlich wusste niemand so recht, wo sie und ihresgleichen ihren Unterschlupf hatten.

Den meisten Anwesenden konnte man ansehen, dass sie mit der Verteilung der Macht ganz und gar nicht einverstanden waren. An den Seiten hatten Braunbären, Eisbären, Grizzlys und Schwarzbären Aufstellung genommen, um ihren selbst ernannten Herrscher zu schützen.

Wollten diese Bären wirklich alle die Macht über sämtliche Lebewesen der Erde, oder waren manche nur zu feige, sich gegen Ursus zu wehren?

Kira studierte ihre Gesichter - viele dieser Gestaltwandler hatten Freunde unter den Feloidea und den Canoidea. Wie konnten sie dabei zusehen, wie diese offensichtlich versklavt werden sollten? Sicher gab es auch ein paar, die Freunde unter den Menschen hatten oder ihr Leben mit einer Meia Saiwalo teilten.

Dort stand ein asiatischer Malaienbär, der schon viele Jahre mit einer Meia zusammenleben musste, denn er schien weit über dreißig zu sein – und selbst Ursus Maritimus schien gealtert zu sein, seit sie ihn das letzte Mal gesehen hatte. Kira stutzte über ihre eigenen Gedanken und sah forschend in Ursus' Gesicht. Ganz sicher! Er war auf jeden Fall gealtert! Leichte Krähenfüße hatten sich um seine Augenwinkel gebildet, und eine tiefe Zornesfalte hatte sich zwischen seine Brauen gegraben.

„Ursus muss eine Meia haben! Er ist älter geworden", flüsterte Kira aufgeregt.

≈∞≈

Adams Kopf fuhr in die Höhe, und er starrte den Eisbären an, der einige Meter vor ihm erhöht auf seinem Podest saß.
Es herrschte eine unheilvolle Stille im Saal, als Ursus finster in die anwesenden Gesichter blickte. Beherrscht, aber mit einer enormen Wut in der Stimme, erhob er sein Wort.

„Meine sehr geschätzten Bärenkameraden … und verehrte Ratsmitglieder", begann er, wobei er die anderen anwesenden Metamorphe mit einem herablassenden Blick bedachte.

„Ich habe euch alle aus einem bestimmten, wichtigen Grund hierhergebeten – oder wie es bei manchen der Fall war, mit etwas anderen Methoden ‚überzeugt', zu kommen. Die letzten Versammlungen liefen nicht im Sinne der Gestaltwandler, wie ich mehrmals zu verstehen gegeben habe. Bisher hielt ich mich bedeckt und an die Regeln unserer Gilde, aber da sich rein gar nichts verändert hat und nie andere Möglichkeiten in Betracht gezogen wurden, wie wir mit unserem Problem, ‚Leben mit den Menschen', umgehen sollen, sah ich mich gezwungen, zu handeln!"

Der Eisbär machte eine bedeutungsvolle Pause, bevor er polternd fortfuhr: „Wir sind mächtig und unsterblich! Leider leben wir unsere Macht nicht aus. Stattdessen verstecken wir uns zwischen den Menschen hinter unseren menschlichen Masken – und sind nicht frei! Wir verleugnen unsere wahre Natur und verschanzen uns in unwirtlichen Gebäuden, die nichts anderes sind als stinkende Höhlen wie diese hier."

Adam beobachtete die Reaktionen der Ratsmitglieder und die der anderen auf diese zornige Rede.

Manche schienen voller Begeisterung Ursus' Worten zu folgen, andere sahen widerwillig drein, und wieder andere zitterten vor Angst.

„Wir kuschen vor Menschen, die maximal als unsere Sklaven taugen! Menschen sind nur als Sklaven gut, versteht ihr? DAS sollte die natürliche Ordnung darstellen, nicht dieses unnatürliche Verhalten, das wir uns selbst auferlegen! WIR allein sollten über diese Welt herrschen!"

Ein empörtes Raunen ging durch den Saal.

Grinsend stand Ursus auf und schritt durch die Reihen der Gestaltwandler, als er entschlossen weitersprach: „Nun kommt ihr ins Spiel, meine hochverehrten Ratsmitglieder! Ihr werdet mir eure bedingungslose Zustimmung zu meiner absoluten Führungsrolle geben! Folglich wird so die alleinige Autorität der Bären über die der Canoidea und der Feloidea gestellt. Da ihr nicht in der Lage seid, diese einzige Wahrheit zu erkennen, muss nun ich endlich eingreifen, um die *echte* Weltordnung herzustellen! Solltet ihr nicht eure Unterschrift unter dieses Dokument setzen …" Ursus hielt demonstrativ eine Urkunde in die Luft, die er kurz zuvor von einem seiner Untertanen entgegengenommen hatte, „werden wir euch eure Amulette wieder wegnehmen, und dann könnt ihr euch ausmalen, was passieren wird! Ich möchte euch daran erinnern, dass ich euch die letzten Tage das Futter und das Wasser bereits verwehrt habe …"

Erhaben schritt er durch die Menge der Metamorphe, die ihm ehrfürchtig oder ängstlich den Weg freimachten. Als er direkt an Adam vorbeilief, hielt er aber plötzlich inne und drehte sich halb um.
Sein Blick blieb bedrohlich lange an Adam hängen.

„Was sucht ein Mensch hier in unseren Reihen?", knurrte er empört mit tiefer Stimme. „Einem Metafan ist es strengstens untersagt, an einer Ratsversammlung teilzuhaben! Schickt ihn vor die Tür! Solch einen Möchtegern-Abschaum will ich nicht unter meinen Augen haben!"

Angewidert maß er ihn mit einem kalten Blick.
Adam spürte, wie sich Kiras Hand in seiner verkrampfte. Nur ein kurzer Blick auf sie reichte aus, um Ursus' Aufmerksamkeit vollkommen auf ihn und Kira zu richten.

Als er ihre innig verschlungenen Hände sah, konnte Adam erkennen, wie Ursus' Gesicht zu einer gefährlichen Maske versteinerte. Ohne Vorwarnung schlug er Adam so gewaltig ins Gesicht, dass er zu Boden ging und für einige Momente benommen liegen blieb. Er hatte nur noch den erschrockenen Schrei von Kira vernommen und das wütende Gebrüll von Ursus. Noch bevor er selbst aufstehen konnte, wurde er von ihm wieder auf die Füße gerissen.

„Noch so ein elendes Thema, das ich für immer beseitigen werde!", knurrte der Eisbär bedrohlich. Seine eiskalten Augen blitzten voller Zorn, und seine Gesichtszüge entstellten sich gefährlich. Adam bemerkte aus dem Augenwinkel, dass Kira sich zu verwandeln begann. Er reagierte sofort und sagte das Erstbeste, was ihm in den Sinn kam.

„Willst du uns nicht deine Frau vorstellen, Ursus?", rief Adam daher laut und selbstbewusst. Der Bär verzog verwirrt sein Gesicht.

„Was?", dröhnte es zornig zurück.

„Nun, ich habe festgestellt, dass auch du, großer Meister Maritimus, in die Jahre kommst. Gib es zu! Du hast eine Meia Saiwalo an deiner Seite! Ohne deine halbe Seele wärest du noch immer jung. Bist du deshalb so wütend auf uns?"

Die Augen des Bären verdunkelten sich und sprühten Funken. Adam hatte einen schmerzhaften Nerv getroffen – dessen war er sich sicher!
Zwar hatte Kira bereits festgestellt, dass Ursus eine Meia haben musste, aber Adam wollte sie auf jeden Fall heraushalten, und so fuhr er mutig fort, solange er noch Gehör bekam.

„Du brauchst deine Meia, um wirklich zu leben und um glücklich zu sein, und doch hasst du sie, weil sie dich sterblich macht und verletzlich … stimmt's, Ursus?"

Bevor er weitersprechen konnte, wurde er von Ursus mit einem Prankenhieb durch den Raum geschleudert. Die Metamorphe hasteten panisch auseinander und starrten Ursus mit weit aufgerissenen Augen an.
Adam schlug hart gegen das raue Gestein des Saals. Für einige Sekunden blieb ihm die Luft weg, und ein reißender Schmerz durchfuhr seinen Kopf. Währenddessen stürmte Ursus auf ihn zu, aber bevor er ihn erreichen konnte, sprang Kira ihm in den Weg.

„Verzieh dich, du elendes Katzenvieh!", brüllte er sie an und hob zum Schlag ausholend seine bereits deformierte Tatze. Doch bevor er auch Kira verletzen konnte, packten wie aus dem Nichts die Wölfin Tashiba und der Löwe Justus Ursus' Arme und zerrten ihn weg. Ursus riss sich los, doch die beiden ließen ihn nicht passieren. Die Luft schien zu vibrieren vor so viel animalischer, zorniger Energie. Die extreme Anspannung war geradezu greifbar! Alle anwesenden Bären scharrten sich nun um Adam, Kira, Tashiba und Justus. Ein durchdringendes Knurren erfüllte den Saal, das wie ein einziges, von den Felswänden zurückgeworfenes, Echo erklang.

„Interessant, Ursus", durchbrach Tashibas helle Stimme das Knurren. „Eine Meia Saiwalo also? Ich hielt diese Wesen für ein Gerücht und nun sollst du so jemanden an deiner Seite haben? Ausgerechnet du? Das mindert deine Macht aber gewaltig – nachdem, was dieser Mann da behauptet!" Sie lachte spöttisch und strich sich mit einer schnellen Bewegung ihr helles Haar aus dem Gesicht.

Alle raunten mehr als nur erstaunt, selbst die Bären, die nahe Gefolgschaft von Ursus, gingen auf Abstand zu ihm.

Bei vielen stand ein riesiges Fragezeichen im Gesicht.

Ursus wurde mit einem Mal beunruhigend gelassen und sagte kalt lächelnd: „Ganz im Gegenteil! Seid euch gewiss – meine Macht wird durch nichts und niemanden gemindert!“

„Du schuldest uns eine Erklärung, Ursus!“, rief plötzlich einer seiner Gefolgsmänner.

„Wie ihr wollt ...“, gab er sich betont sanft, schlenderte zu seinem erhöhten Thron und ließ sich darauf nieder.

Der beherrschte Eisbär gab einem seiner Diener ein unwilliges Zeichen, und der verschwand sogleich durch eine kleine Tür, die sich neben dem Thron befand. Nur leises Gemurmel von den Ratsmitgliedern und Bären, die sich verstört miteinander unterhielten, unterbrach die beklemmende Stille.

Ein unangenehmes Scharren der Holztür auf dem Steinboden beendete das Warten. Der Diener trat wieder ein und zog eine blonde Frau in einem langen, hellblauen Gewand hinter sich her. Sie hielt den Kopf gesenkt, als schämte sie sich, hier zu sein. Ihre Körperhaltung drückte Unterwerfung und Demut aus, als sie an die Seite von Ursus trat. Sie wagte nicht einmal, den Blick zu heben und die Versammlung anzuschauen.

„Nun, meine treue Gefolgschaft, das ist diese Meia Saiwalo, diese halbe Seele. Seht nur ihre Schwäche! Und so etwas soll meiner würdig sein? So etwas soll EURER würdig sein?“, fragte er ungehalten die Anwesenden.

Verwirrt musterten nun alle diese unsichere, zierliche Frau, die keinen eigenen Willen zu haben schien – so eine schwächte ihre Tierseelen massiv! Viele schüttelten ungläubig den Kopf, auch einige der Ratsmitglieder wie die Hyäne Asron.

„Dass dieses Weib mich einst gefunden hat, ändert nichts! Glaubt ihr etwa, das würde meine Einstellung den Menschen gegenüber ändern? Im Gegenteil! Durch sie wurde mir erst bewusst, dass ihr alle“, damit sah er Adam direkt an, „eine strenge Hand und Führung braucht! Sie ist so erbärmlich schwach! Sie hat gegen ihre Bestimmung verstoßen und wollte rebellieren gegen ihr Schicksal!“

Ursus lachte spöttisch.

„Was bildet die sich ein? Und dann musste diese einfältige Frau doch einsehen, dass ihre Rebellion sinnlos gewesen war. Musste einsehen, dass ein Gestaltwandler wertvoller ist als jeder Mensch! Sie hat mich zwar gefunden und ist jetzt für alle Zeiten unausweichlich an mich gefesselt – aber sie wird untergehen!“ Er lachte böse und spuckte der Frau vor die Füße. „So etwas will ich nicht für meine wertvolle und mächtige Gestaltwandlergemeinschaft! Und ich werde alles daransetzen, dass diese widerwärtigen, nutzlosen Verbindungen nicht wieder vorkommen werden. Das ewige Leben ist mehr wert als diese unglaubliche Schwäche! Versteht doch, meine Brüder und Tierseelenverwandten, ich tue das alles nur, um EUCH zu schützen und um uns allen das zu ermöglichen, was uns verwehrt wird durch all diese sinnlosen Regeln, die nur für die Menschen, aber nicht für uns aufgestellt wurden!“

Viele nickten und murmelten zustimmend.
Adam musste zugeben, dass er ein brillanter Redner war.

Er überzeugte durch sein Charisma und sein selbstsicheres Auftreten. Dass er ein durchtriebener Machthaber war, der über Leichen ging, blendeten die meisten anscheinend aus. Adam wollte ihn nicht damit durchkommen lassen, daher lenkte er die Aufmerksamkeit wieder auf sich.

„Widerwärtige, nutzlose Verbindungen nennst du das also? Ihr würdet alle gar nicht existieren ohne diese Verbindungen! Selbst eure verhassten normalen Menschen sind für uns alle von existenzieller Bedeutung! Die Verbindung zwischen den Menschen und Metamorphe hat euch Gestaltwandler doch erst hervorgebracht! Und die halben Seelen entstehen zwischen Menschen und Meias. Also sind diese Beziehungen wichtig! Die Seelenhälften können nur gemeinsam auf dieser Erde existieren. Alles ist so, wie es sein soll! Was wirfst du deiner Frau eigentlich vor? Weißt du überhaupt, wie unglaublich schmerzvoll diese jahrhundertelange Suche sein kann? Wie viel Leid und Kummer sich da anstaut? Hat deine Frau denn kein bisschen Glück und Geborgenheit verdient? Und Liebe?“

Ursus verzog angewidert das Gesicht.
„Liebe! Dein dümmliches Gerede will hier niemand hören!“, zischte er gefährlich leise.

Adam sah den Eisbären abschätzig an.
„Du bist einfach nur wütend, weil sie dich gefunden hat“, stellte er sachlich fest und zeigte auf die Frau an der Seite des Bären.

Zum ersten Mal wandte er ihr seine volle Aufmerksamkeit zu, während er von Ursus hasserfüllt beobachtet wurde. Die wunderschöne Frau starrte mit weit aufgerissenen Augen auf Adam hinab.

Ihre Hände zitterten, und eine kleine Träne rann über ihre blasse Wange. Ein verzweifeltes Flüstern entrang sich ihrer Kehle: „Adam!“
Zu mehr schien sie nicht in der Lage zu sein … und auch Adam war wie erstarrt. Er konnte seinen Blick keine Sekunde von ihr lassen, doch dann löste sich die Erstarrung und er krächzte:

„Mom?“

Ursus‘ Blick zuckte zwischen seiner Meia Saiwalo und dem jungen Mann hin und her, dann brüllte er auf und schoss von seinem Thron hoch. „Du bist die Frucht ihrer Untreue? Du bist der Sohn dieses minderwertigen Mannes, dieses Abschaums, der meine Frau verführt hat!“, schrie er wie von Sinnen.

„Was? Verführt? Mein Vater hat sie bis zu seinem letzten Atemzug geliebt und vermisst. Sie hat mich und ihren Mann deinetwegen verlassen! Wegen eines großen, machtbesessenen Ungeheuers in einem weißen Pelz!“, verteidigte Adam seinen Vater.

Seine Mutter weinte: „Oh Adam, mein geliebter Sohn … ich musste es tun! Kind, der Zwang … es tut mir so unsagbar leid! Ich … habe immer an dich gedacht, ich habe dich immer geliebt, auch wenn … “ Sie brach hilflos ab, ihre Tränen flossen nun unaufhaltsam über die blassen Wangen.

Ihre Worte ließen Ursus in eine mörderische Rage verfallen. Er wurde von seiner Wut übermannt und verwandelte sich vor aller Augen in Sekundenschnelle in ein unberechenbares Raubtier, vor dem sich alle fürchteten. Seine zerfetzten Kleider flogen durch die Luft, als er mit einem Satz auf Adam zusprang. Adam stieß Kira so kraftvoll von sich, dass sie stürzte und einige Meter auf dem Boden weiterrutschte.

Jetzt lag sie außerhalb des Kampfbereiches. Und schon traf Adam das volle Gewicht des Bären. Er keuchte, als Ursus ihn niederdrückte und ihm die Luft abschnürte.

„Nein, Ursus, nicht!", schrie Adams Mutter entsetzt. Sie schlug die Hände vor das Gesicht, um die brutale Szene nicht mitansehen zu müssen. Ursus zog die Lefzen zurück und verbiss sich in Adams Schulter. Wie eine Puppe wurde er durch den Saal geschleudert. Unfassbar schnell hastete der Bär seiner Beute nach und baute sich vor Adam auf, der sich stark blutend hastig wieder aufgerafft hatte. Ursus war doppelt so groß wie er, aber auch viel schwerfälliger. Adam wich einem gewaltigen Prankenschlag aus, schlitterte über den Boden und kam direkt vor der Saaltür zum Stehen.
Er handelte blitzschnell, stieß die Türsteher weg, riss die Flügeltür auf und fing etwas auf, das von oben herunterfiel.

Corvus flog krächzend herein und täuschte Angriffe auf Ursus' Gesicht vor, um ihn abzulenken. Indes wandte sich Adam um und stürzte mit dem Knüppel, der ihm von dem Raben gebracht worden war, auf den Bären zu. Er musste Kira zuvorkommen, die sich gerade in einen Panther verwandelte. Adam wollte um jeden Preis verhindern, dass sie mitkämpfte.

Ursus brüllte und versuchte, den Raben zu erschlagen, doch Corvus wich geschickt seinen Hieben aus. Ohne Vorwarnung schlug Adam mit aller Kraft den Knüppel in Ursus' Bauch, der ungeschützt durch die aufgerichtete Position des Bären war. Ursus wankte leicht zurück, aber seine Wut war unermesslich groß, und es schien, als spürte er den Schmerz nicht einmal. Adam wich den Zähnen und Pranken des Bären aus und stieß an seinen ungeschützten Stellen zu. Zu seiner Missbilligung eilte ihm Kira zur Hilfe.

Mit einem gewaltigen Satz sprang sie den Bären an und verbiss sich in seinem Rücken, knapp unterhalb seines Genicks. Plötzlich durchdrang ein markerschütternder, hoher Schrei den Raum. Adam blickte erschrocken zu dem Podest, von dem der spitze Schrei gekommen war, und sah, dass seine Mutter zusammengebrochen war.
Sie war von den Schlägen ihres Sohnes und schließlich von Kiras Biss bewusstlos geworden, den Ursus, ihre Seelenhälfte, erlitten hatte. Sein Schmerz war auch ihrer … Adam senkte betroffen den Kopf. Der Eisbär würde überleben, weil es seine Mutter gab. Ursus hatte zwar unzählige Hiebe eingesteckt, aber sein Seelenzwilling hatte genau dasselbe Leid erfahren müssen. Seine Frau traf es viel schlimmer, weil sie nicht die Statur des Bären hatte. Ursus' weißes Fell war an vielen Stellen blutrot. Adams Mutter sah man zwar keine äußerlichen Wunden an, aber ihr schmerzerfülltes, leidvolles Gesicht war unerträglich für Adam.

Die Seele konnte nur als Ganzes sterben. Seine Mutter war Ursus' Lebensversicherung – wie sollte Adam seiner Mutter ein Haar krümmen können? Auch wenn sie ihn im Stich gelassen hatte wegen dieses Monsters, konnte er sie nicht hassen. Er war machtlos, da er seine Mutter noch immer liebte. Er könnte ihr niemals etwas antun – aber das würde er, ohne es zu wollen, wenn er weiter gegen Ursus kämpfte. Adam spürte plötzlich einen Schlag gegen den Kopf, es wurde ihm schwarz vor Augen und er fiel um. Das Letzte, was er sah, war seine vor Schmerz gekrümmte Mutter.

Kira jaulte auf, als Adam den Schlag bekam, aber bei ihr kam der Schmerz nicht so ungefiltert an wie bei seiner Mutter. Sie war durch den Panther wesentlich robuster.

Der Bär schleuderte Kira von seinem Rücken herunter, aber sie landete unverletzt auf den Pfoten. Nun konnte Ursus Adam töten, denn obwohl sie nur wenige Meter weiter weg gelandet war, würde sie Adam nicht schnell genug erreichen und verteidigen können.

Doch zu ihrer aller Verwunderung verwandelte sich der Bär plötzlich zurück und zischte beherrscht: „Schafft sie zurück in die Gefängniszelle! Nehmt der Katze das Amulett ab. Sperrt sie zusammen ein! Mal sehen, wie lange sie ihre Meia unverletzt lässt, wenn sie hungert! Soll sie doch die Drecksarbeit für mich erledigen! Ach, und Tashiba, du wirst mit Justus eine Zelle teilen! Wird bestimmt interessant, wer von euch beiden länger seine Tierseele unterdrücken kann."

Fünf Bären traten daraufhin aus den Reihen hervor und gingen vorsichtig auf den Panther zu. Kira schätzte ihre Chancen gegen diese Meute ab, denn sie hatte sicher nicht vor, klein beizugeben, selbst wenn es ausweglos erschien. Mit ihren Pranken schlug sie fauchend gegen die Bären, doch als ein anderer Adam grob davonzerrte, war sie für einen Moment unaufmerksam, und die Kerle stürzten sich auf sie. Sie rissen das Amulett von ihrem Hals, packten sie am Genick, drückten sie nieder und banden ihre Tatzen zusammen. Mit all ihrer Kraft wehrte und wand sie sich, aber es half alles nichts.

Sie sah, dass Tashiba und Justus ebenfalls überwältigt und gefesselt wurden. Als die Bären den beiden die Amulette abnahmen, verwandelten sie sich augenblicklich in Tiere. Kira sah Tashibas verzweifelten Ausdruck in den Augen, denn sie wusste: Würde die animalische Seite über einen längeren Zeitraum ausgelebt werden, würden Tashiba wie auch Justus vergessen, wer sie waren, und sich gegenseitig anfallen, so wie auch Kira, wenn sie Hunger bekam und sich nicht wieder zurückverwandeln konnte.

Eine niederdrückende Verzweiflung flutete Kiras Seele, und sie gab auf, sich zu wehren. Als sie fauchend und jaulend aufsah, bemerkte sie aus dem Augenwinkel Corvus, der versteckt auf einem Balken an der Decke saß. Er beobachtete sie. Schnell sah sie weg, um nicht die Aufmerksamkeit auf ihn zu lenken. In dem ganzen Chaos hatte jeder vergessen, dass ein Rabe anwesend war. Vielleicht konnte er es ins Freie schaffen oder ihnen später noch helfen, hoffte sie. Brutal wurde sie mit Adam davongeschleift und wieder in die karge Zelle gesperrt. Gregori lag noch immer auf dem Boden, denn keiner hatte sich die Mühe gemacht, ihn wegzuräumen.

Einer der Braunbären grinste spöttisch: „Hm, den lass ich dir da, Kätzchen! Dann kannst du dich ein paar Tage länger quälen … du hast doch sicher schon einen Bärenhunger!“

„Sergej! Komm, lass sie!“, rief der andere Bär mit den sandfarbenen Haaren.

„Mein Gott, Iwan! Gönn mir doch meinen Spaß!“
Damit schloss er die Tür, und das Paar war allein.

≈∞≈ Dahinrinnende Zeit ≈∞≈

Es hatte eine Weile gedauert, bis Adam wieder zu sich kam. Während er ohnmächtig gewesen war, hatte Kira versucht, so gut es eben ging, mit ihren unhandlichen Tatzen, Adam mit der dünnen Decke der Pritsche zuzudecken und seine Wunden abzudecken. Sie war wütend geworden vor Verzweiflung darüber, dass sie ihm nicht besser helfen konnte und zusehen musste, wie das Blut seiner Wunden das Laken tränkte und auf den Boden tropfte. Und sie hatte sich darauf konzentrieren müssen, dem Geruch von frischem Blut nicht allzu sehr Beachtung zu schenken, denn sie hatte großen Hunger. Wie sollte sie ihre Tierseele unterdrücken können bei so viel Blut um sich herum? Sie hatte mehr als einmal auf den Leichnam von diesem Gregori gestarrt. Je länger sie hungern musste, umso mehr würde sie sogar diesen widerlichen Kerl schmackhaft finden – und dann Adam …

Angst bohrte sich tief in ihr Herz.
Es zerriss sie innerlich! Gefühle waren das größte Problem, denn sie schwächten sie! Würde sie sie noch länger zulassen, hätte die Tierseele ein leichtes Spiel, ihren Verstand zu übermannen! Sie konzentrierte sich und versuchte, sich von nichts ablenken zu lassen. Adams Leben hing davon ab!

„Hey, Traumfrau“, sagte Adam matt, nachdem er zu sich gekommen war. „Geht es dir gut?“ Kira legte nur den Kopf schief und sah auf seine Wunde. Er verstand sie. „Alles in Ordnung bei mir. Es ist nicht schlimm. Ich werde sie gleich versorgen.“

Während er die Wunde provisorisch verband, sah er immer wieder zu Kira hinüber, die hinter dem Toten an der Wand hin und her lief. Sie schien extrem nervös zu sein. Er versuchte, sie mit seinen Gedanken zu beruhigen, aber er drang nicht zu ihrer Seele durch. Sie hatte eine innere Mauer aufgebaut, als wollte sie ihn nicht an sich heranlassen. Das beunruhigte und ärgerte ihn. Eigentlich sollte sie ihm inzwischen vertrauen, sodass sie seine Nähe zulassen konnte. Er verstand natürlich, dass sie angespannt war, aber sie sollte ihn nicht aus ihrer Gefühlswelt ausschließen.

Fast schon streng sagte er: „Kira! Lass das! Sperr mich nicht aus! Ich will, dass du mir vertraust, und dazu gehören auch deine Gefühle, egal, von welcher Natur sie sind! Also bitte, lass mich dich fühlen!" Sie wandte sich ihm zu und fauchte - sie wollte nicht! „Was soll das?", fragte er hilflos.

Er verstand ihre abweisende Haltung nicht. War ihre Tierseele schon zu weit in ihren menschlichen Verstand eingedrungen? Aber das konnte nicht sein - es mussten erst wenige Stunden vergangen sein, seit sie wieder ein Panther war, und sie hatte erzählt, dass sie oft tagelang als Raubkatze durch die Wildnis streifte! Das würde er doch sicher spüren, wenn das wilde Tier überhandnähme. Er versuchte erneut, sie geistig zu erreichen - wieder diese Mauer! Aber es war nicht der Panther, sie war es selbst, die ihn nicht gewähren ließ.

„Wieso lässt du mich nicht zu dir durch?"
Kira setzte sich an die Wand und sah ihn nicht an.
Diese kaltherzige Abweisung machte ihn wahnsinnig!
Er wollte unbedingt wissen, was sie fühlte - auch deshalb, damit er seine eigenen Gefühle nicht wahrnehmen musste … nämlich Zorn, Zerrissenheit und Trauer … seine Mutter … sie lebte mit diesem grausamen Eisbären zusammen.

Adam konnte gar nicht sagen, wie wütend ihn diese Tatsache machte! Dafür hatte sie ihn und seinen Vater damals verlassen! Wie sollte er ihr das je verzeihen?

Ohne irgendetwas zu sagen, war sie einfach fortgegangen. Sein Vater und er hatten sie tagelang gesucht. Sie hatten damals gedacht, sie hätte einen Unfall gehabt oder es sei ihr etwas anderes zugestoßen, aber die Suche nach ihr war erfolglos geblieben – sie war spurlos verschwunden! Nur Corvus hatte sie zurückgelassen. Der Rabe begleitete Adam seitdem schon mehr als dreihundert Jahre. Wahrscheinlich war der Vogel als Abschiedsgeschenk für ihren Sohn gedacht gewesen. Seine Mutter hatte den Schildraben nach ihrer Suche nach ihrer metamorphen Seelenhälfte aus Afrika mitgebracht, wie sie ihm damals erzählt hatte. Bevor sie ihren Mann und ihren Sohn endgültig verließ und die beiden in Trauer und Verzweiflung zurückblieben – sein Vater Sir Walter Corbet mit dem tiefen Kummer über den Verlust seiner wunderschönen, ewig jungen Frau und er, Adam, ihr gemeinsamer Sohn, mit dem Schicksal der Unvollkommenheit seiner Seele.
Wenigstens hatte seine Mutter ihn mit der unerschütterlichen Gewissheit zurückgelassen, dass er sich seiner tiefen Trauer nicht unterwerfen musste, sondern dass er zu jeder Zeit die Möglichkeit des Handelns hatte, um irgendwann einmal selbst sein Glück zu finden. Sein Vater indessen ergab sich seiner tiefen Trostlosigkeit und starb viel zu früh, verarmt und hoffnungslos. Er konnte und wollte nicht ohne seine Frau, ohne Kaja, leben. Sein Herz war zerbrochen. Das waren damals schwere Zeiten für Adam gewesen mit seinen gerade mal fünfzehn Jahren. Als sein Vater wenige Monate später starb, verließ Adam sein Zuhause, denn es fühlte sich nicht mehr wie eines an. Es war kalt und einsam geworden ohne seine Mutter. Mit ihr hatte auch die Liebe sein Elternhaus verlassen.

Adam verwahrloste zusehends und wanderte ziellos durch sein Heimatland Schottland, immer auf der Suche nach einem neuen Zuhause und nach Menschen, die ihn aufnahmen.

Irgendwann, nach einigen Jahren des Herumtreibens und eher fragwürdigen, bedeutungslosen Bekanntschaften, hielt er es nicht mehr aus in der Enge Schottlands und heuerte auf einem Schiff an, um als Matrose zu arbeiten. Seine Hoffnung war, an einem fernen Ort etwas anderes zu finden als diese ewige zermürbende Einsamkeit und völlige Verlorenheit.

Auf Umwegen landete er nach vielen harten, arbeitsreichen Monaten auf den Weltmeeren in Japan bei dem ehrwürdigen Samurai-Krieger Takeda. In ihm fand Adam einen begnadeten Lehrmeister und Verbündeten. Takeda schaffte es sogar, ihn zumindest ansatzweise aus seiner düsteren Melancholie und unendlichen Wut auf seine Mutter herauszuholen mit seinem reichen Erfahrungsschatz an Weisheit und Kampfkunst.
Adam lebte lange bei dem Samurai, doch eine unerklärliche Sehnsucht zog ihn wieder zurück in seine Heimat. Sein wahres Zuhause, das er noch immer vermisste, hatte er auch bei dem weisen, alten Mann nicht gefunden, obwohl Takeda wie ein Vater für ihn gewesen war.

Schweren Herzens verabschiedete er sich damals von ihm mit den Worten: „Ich bin dir sehr dankbar, dass ich bei dir in die Lehre der Kampfkunst gehen durfte und dass du mir so etwas wie ein Zuhause unter deinem Dach gegeben hast."

Der alte Mann nickte wissend und gab ihm einen letzten Rat mit auf den Weg: „Ich weiß, dass du weiterziehen musst, weil deine Seele so rastlos ist. Vergiss nie, dass du mit deinen Gedanken eine große Macht besitzt, mit der du Welten verändern kannst. Geh weise mit dieser Kraft um."

Auf dem Weg nach Schottland hatte er sich Zigeunern angeschlossen und war Kira das erste Mal begegnet …
Adam seufzte bei dem Gedanken. Das Aufeinandertreffen mit ihr hatte ihn damals in einen emotionalen Abgrund gestürzt, vor allem, weil sie sich ihm entzogen hatte, genau wie jetzt auch – sie entzog sich ihm schon wieder.
Ihre Zurückweisung fühlte sich wie eine Stahlhand an, die sich um sein Herz legte und es schmerzhaft zusammenpresste. Dieses Verlassenheitsgefühl war dasselbe wie damals, als seine Mutter ihn zurückgelassen hatte.

Zu jener Zeit hatte Griseldis ein wenig für Klarheit sorgen können, denn die Geschichte seiner Mutter war nur ein Teil des geheimnisvollen Puzzles gewesen, das sie alle miteinander verband. Nach dem damaligen Verlust von Kira hatte er das erste Mal begriffen, dass er nicht altern konnte. Er wusste nicht genau, woher diese erschreckende Erkenntnis gekommen war, obwohl Griseldis so etwas bereits angedeutet hatte. Wirklich glauben konnte er der Zigeunerin diese Geschichte aber nicht. Nie zuvor hatte er sich über sein ewig gleiches jugendliches Aussehen Gedanken gemacht, bis Kira kam.
In dem Augenblick, als sie wieder in der Menge verschwunden war, schwand jegliche Hoffnung auf ein besseres Leben, in dem er etwas anderes als Melancholie fühlen konnte.

Verzweiflung und Todessehnsucht hatten seine Seele ergriffen … nichts und niemand konnte ihn von da an in seinem Inneren erreichen. Zum ersten Mal in seinem Leben hatte er gefühlt, wie es war, wenn seine Seele tatsächlich berührt wurde – dieses wunderschöne Mädchen dort unten auf dem Marktplatz hatte es geschafft, sein Herz zum Leuchten zu bringen, wenn auch nur für einen Augenblick. Diesen magischen Moment würde er nie wieder vergessen können.

Je mehr Zeit aber damals verging und er sie nirgendwo wiederfinden konnte, desto mehr verlor er jeglichen Funken an Lebensmut.
Er wollte sich nicht mit seinem Schicksal abfinden, musste dadurch aber die schlimmsten inneren Kämpfe aushalten, die kaum zu ertragen waren. In ihm wütete ein Gefühlschaos von Einsamkeit, Verlust, Wut und Trauer. In dieser Zeit hatte ihn die weise alte Griseldis beiseite genommen. Die Wahrsagerin des Zigeunerlagers hatte ihm mit kohlschwarzen Augen bis ins tiefste Innere geblickt.

„Jungchen, du bist nicht vollständig. Deine Seele ist nicht vollkommen."

„Ich weiß, Griseldis", hatte er damals abgewunken und wollte die Alte einfach stehen lassen. Er hatte schon schwer genug an seinem Kummer zu tragen und wollte nur noch in Ruhe gelassen werden.

„Du weißt, dass du eine Meia Saiwalo bist? Und immer auf der Suche?", kam es dann aber überraschend aus dem mit unzähligen Falten umgebenen Mund. „Du hast Glück gehabt, dass dich deine Eltern über dein Schicksal aufgeklärt haben."

„Glück? Ha! Glück nenne ich etwas anderes", hatte er bitter widersprochen.

„Oh doch, du hattest wahres Glück! Glaub mir! Als ich eine junge Frau war, kannte ich eine Meia Saiwalo, die beinahe zweihundert Jahre gebraucht hat, um zu erfahren, warum sie unsterblich war und warum sie in der ewigen Dunkelheit der Verzweiflung gefangen war, ehe sie ihr Schicksal angehen und ihre Seelensuche beginnen konnte."

Griseldis' Blick hatte sich in der Ferne verloren, sie schwieg einen Moment, bevor sie fortfuhr: „Sie war eine sehr schöne, junge Frau. Und sie hatte genau solch einen Weggefährten wie du - einen Corvus Alba, einen weißen Raben", erinnerte sich die Zigeunerin. „Sie hatte oft den Tod gesucht, ihn aber nicht gefunden, bis sie endlich auf ihresgleichen, eine weitere Meia Saiwalo, traf, die ihr die Geschichte ihrer Herkunft erzählte und somit einen möglichen Ausweg aufzeigte. Doch selbst dann akzeptierte die junge Frau ihr Schicksal nicht. Sie wollte nicht den Zwängen unterliegen, ihren einzig wahren Partner suchen zu müssen. Und so heiratete sie einen stattlichen Mann und wollte damit ihr Glück erzwingen. Sie bekam sogar, wie mir zu Ohren kam, einen Sohn. Aber sie ist bestimmt niemals glücklich geworden! Es geht gegen die Prophezeiung, gegen das Wesen einer Meia Saiwalo, wahres Glück, ohne ihre zweite Hälfte zu finden. Sicher hat sie ihren Ehemann und ihren kleinen Sohn irgendwann verlassen, um sich ihrem Schicksal zu ergeben. Gebe Gott nur, dass das Kindchen auf den Vater herausgekommen ist und nicht den Fluch einer halben Seele der Mutter geerbt hat."

Bekümmert hatte die Alte mit dem Kopf gewackelt und ihren zahnlosen Mund fest zusammengekniffen.

„Dieses Glück hatte das ‚Kindchen' leider nicht", hatte Adam erwidert. „Wenn eine halbe Seele Unglück verspürt, dann gibt sie das auch weiter. Diese junge Frau, von der du gesprochen hast, hieß die vielleicht Kaja?"

„Ja!"
Erstaunt riss die Zigeunerin ihre Augen auf, die Erkenntnis huschte über ihr Gesicht und sie schloss gequält die Augen.
„Es tut mir so leid, Jungchen."

„Ist schon gut, du kannst ja nichts dafür."

„Nein, das kann ich nicht, aber ich kann etwas für dich tun. Der Gestaltwandler, der zu deiner Mutter gehört, ist ein Ursidae, ein Bär. Sicher hat sie deshalb deinen Vater gewählt. Wie ich hörte, war er ein sehr großer Mann. Die Ursidae sind nämlich auch hünenhafte Menschen. Ein großes Tier braucht einen entsprechenden menschlichen Körper. Dein Vater hatte sicher auch braune Augen?"

Adam nickte, und Griseldis erzählte weiter: „Bärenartige Gestaltwandler haben meist braune Augen. Kaja ist mit deinem Vater wohl schon weit an ihr Idealbild herangekommen. Aber es waren dann doch nur Äußerlichkeiten. Die Seele kann man nun einmal nicht belügen … Kajas zweite Hälfte hatte ihr immer gefehlt. Die Sehnsucht danach ließ sie nie zur Ruhe kommen. Sei ihr deshalb nicht böse, sie war schon so lange auf der Suche. Die Einsamkeit hatte ihr Herz gebrochen."

Adam hatte geschluckt.

Er wusste nicht, ob er seiner Mutter jemals verzeihen konnte. Sie hatte ihn und seinen Vater im Stich gelassen. Aber auch er kannte das Gefühl der Zerrissenheit und versuchte, Kaja zu verstehen. Die tiefe Trauer hatte ihn jedoch bis heute begleitet.

„Jungchen, zeig mir deine Hand. Ich will sehen, welcher Metamorph deine Seele trägt", hatte die Wahrsagerin damals gekrächzt.

Griseldis hatte die Hand des jungen Mannes zwischen ihren ausgedörrten, krummen Klauen gehalten und mit ihren langen, gelblichen Fingernägeln seine Lebenslinie verfolgt.

Sie hatte konzentriert die Augenbrauen zu einem Strich zusammengezogen und ihre Augen zu schmalen Schlitzen verengt. Der Speichel zischte zwischen ihren Zahnstummeln, wenn sie durch die zusammengepressten Lippen nach Luft saugte – eine üble Angewohnheit der Alten, die Adam eine Gänsehaut des Ekels verursachte. Es kostete ihn gehörige Anstrengung, seine Hand nicht automatisch zurückzuziehen.

Endlich sprach Griseldis: „Erstaunlich … du hast sie schon gefunden … es war ein kurzer Einblick auf das Wunderbare, was kommen wird – ein Blick ins Paradies! Du hast ihre Nähe spüren dürfen – ein Gefühl von Glück und Zufriedenheit, das dich ganz und gar erfüllte … so flüchtig und zerbrechlich wie ein Schmetterling. Aber du hast noch einen sehr weiten Weg vor dir … einen sehr, sehr langen Weg. Wir alle hier …“, mit einer allumfassenden Geste schloss sie das Zigeunerlager ein, „werden längst zu Staub zerfallen sein, bis du sie in ferner Zukunft wiederfinden wirst. Sie lebt in einer Feloidea – in einem dieser katzenartigen Gestaltwandler. Ob du sie aber halten kannst? Das vermag ich nicht zu sagen. Zu viele Rätsel umgeben sie!“ Die Alte zuckte mit ihren dürren Schultern. „Es liegt nur an dir selbst. Du wirst großen Mut und viel Ausdauer brauchen, um sie zu erobern!“

Ihr wässriger Blick wanderte zu dem Vogel auf seiner Schulter. Corvus putzte bedächtig sein Gefieder und beachtete die Alte nicht. „Er wird immer an deiner Seite sein. Er ist der Schildrabe deiner Mutter, und er hat auch die Funktion eines Schildes, eines Schutzes. Sie hat dir ihren Schutzgeist überlassen – den einzigen Gefährten, den sie je hatte. Ein großes Opfer! Sie muss dich sehr geliebt haben.“
Adam hatte plötzlich einen Kloß im Hals gehabt, den er auch durch Schlucken nicht hatte beseitigen können.

„Dein Schildrabe ist durch einen afrikanischen Schamanen gesegnet worden und somit unabänderlich mit der Seele einer Meia Saiwalo verbunden. Dieser Rabe kann nur freiwillig und vor allem nur mit guten Absichten an eine andere Meia Saiwalo weitergereicht werden. Deine Mutter hat dir damit ihre Liebe zeigen wollen und dir den größten aller Schätze, den sie ihr Eigen nannte, überlassen. Ehre den Corvus, und ehre deine Mutter, Jungchen."

„Meine Mutter ehren ...?", flüsterte Adam jetzt, und er kam wieder in der Wirklichkeit an.

Ob er das je schaffen würde? Nach allem?
Nach allem, was er sehen musste, wie unterwürfig sie sich verhalten hatte? Ursus hatte recht, sie war schwach - sie hatte sich ihm unterworfen, und das war nicht richtig! Sie sollte eine Partnerin auf Augenhöhe sein. Warum hatte sie sich ihren rechtmäßigen Platz nicht erkämpft? Adam wusste nicht, ob er ihr diese Schwäche verzeihen konnte.

Sein Blick wanderte zu Kira hinüber, sie hatte sich ihm wieder zugewandt. Ihr Schwanz zuckte leicht hin und her, und sie beobachtete ihn aufmerksam. Sie schien auf etwas zu warten.

„Was ist?", fragte er nervös.

Kira knurrte leise. Sie schien irgendetwas zu wollen, denn ständig sah sie in die Luft. Adam folgte ihrem Blick. Er sah da oben nichts außer der grellen Lampe.

„Was soll da sein?" Wieder nickte sie mehrmals hinauf. „Da ist nichts!" Sie nickte vehement. Konzentriert sah er hinauf. Was meinte sie?

Da war eine Lampe – ja, schön, aber was sollte er mit der Info? Plötzlich fiel es ihm wie Schuppen von den Augen.

„Oh Mann, ja, sicher – Corvus ist noch da draußen! Danke dir, mein Schatz!", seufzte er und warf ihr einen liebevollen Blick zu.
Sie schnurrte leise und kam sogar ein bisschen näher an ihn heran. Vorsichtig stieg sie über den Leichnam und setzte sich direkt vor Adam hin.

Er konzentrierte sich auf seinen Raben und fand ihn sofort. Durch seine Augen sah er, dass Corvus inzwischen nicht mehr im Thronsaal war, sondern bei einer Kantine umherhüpfte und irgendwelche Reste verspeiste.

„Hey, mein Freund, wir sitzen ganz schön in der Tinte – Kira ohne Amulett und ich ohne Waffen!" Corvus gab nur ein leises „Ar" von sich, das Adam als ein Verstehen deutete. „Okay, schauen wir mal, wo wir eines von beiden finden – am besten wären auch noch die Schlüssel! Lass uns loslegen. Wie ich sehe, hast du dir ja den Bauch vollgeschlagen", meinte er lächelnd.

Corvus legte den Kopf schief, hüpfte etwas und startete in die Luft. Adam lehnte sich auf dem Bett an die Wand und folgte dem Raben im Geiste. Kira legte sich neben ihn auf die Pritsche und schmiegte sich vorsichtig an sein Bein. Die Zeit tropfte zäh dahin – und nichts ging wirklich voran. Der Rabe flog in vielen verwinkelten Gängen umher, aber er hatte die Orientierung verloren und fand nichts Brauchbares.

Indes kämpfte Kira stoisch gegen ihren Hunger an, aber ihr fester Wille, dem penetranten Geruch von Blut zu widerstehen, schwand von Stunde zu Stunde …

Sie war sehr erschöpft. Lange würde sie das nicht mehr durchstehen. Sobald sie den Kadaver fressen würde, würde sie es zwar aufschieben können, aber das war nur ein schwacher Trost im Angesicht dessen, dass dadurch die Tierseele noch gewaltvoller hervorbrechen würde - und was dann folgen würde … daran wollte sie nicht denken.

Adam musste irgendwann die Verbindung mit seinem Raben beenden.
Denn über so lange Zeit laugte selbst diese Verbindung ihn aus.

Was hätte er nur für ein Glas Wasser gegeben! Kira döste neben ihm und versuchte, sich selbst zu beruhigen, indem sie leise schnurrte. Obwohl er ausgelaugt war, berührte er ihren Geist und spürte ihre Verzweiflung. Ihre Mauer war verschwunden - er fühlte ihren nagenden Hunger und die Beengtheit dieses Raumes, die den Panther auf das Äußerste beunruhigte. Adam hatte kaum mehr Kraft, Kira zu beruhigen, denn die Wunde an seiner Schulter forderte mehr und mehr ihren Tribut. Er musste die Verbindung mit ihr abrupt abbrechen, denn ein stechendes Pochen hatte sich in seinen Kopf gestohlen und quälte ihn.

Irgendwann … beide hatten das Zeitgefühl völlig verloren, mussten sie eingedöst sein. Das Klirren von Schlüsseln riss sie aus dem Schlaf.
Adam sprang sofort hoch, um Kira zu schützen. Die hatte aber schon ihre Lefzen bedrohlich zurückgezogen. Doch er stand nicht so sicher auf den Beinen, wie er gedacht hatte. Er wankte, fing sich aber wieder, denn Kira stellte sich neben ihn und lehnte sich leicht an sein Bein, um ihn zu stützen. Erst einmal passierte nichts. Die Schlüssel waren zwar umgedreht worden, aber niemand öffnete die Tür - wie, als würde derjenige auf etwas warten … dann aber ging zaghaft die Tür auf.

Eine schmale Gestalt in einem hellblauen Kleid schob sich durch den Spalt und schloss die Tür schnell wieder.

„Mom!" Erstaunt weiteten sich seine Augen.

„Adam, mein Liebling! Ich habe so gehofft, dass ich dich noch einmal wiedersehen darf. Ich bin so dankbar!" Tränen liefen der blonden, zarten Frau über das blasse Gesicht. Sie ging auf ihren Sohn zu und strich ihm leicht über die Wange. Er wich irritiert zurück. Seine Mutter sah aus, als hätte er sie geschlagen. „Oh, Schatz, es tut mir alles so schrecklich leid", begann sie mit zittriger Stimme.

„Tut es das?" Sein Tonfall war distanziert und kalt. Er war überfordert mit der Situation.

Einerseits freute er sich, seine Mutter wiederzusehen, aber andererseits übermannte ihn ein Gefühl von trostloser Leere, und eine befremdliche Art der Benommenheit breitete sich in ihm aus.

„Ich weiß, dass du Zeit brauchst, nach allem, was ich dir angetan habe", fuhr sie fort, „aber bitte, versteh doch! Ich konnte nicht anders! Ich kann es dir leider jetzt nicht erklären. Ich muss mich beeilen, bevor Ursus aufwacht … noch schläft er. Er war geschwächt nach dem Kampf. Aber Metamorphe erholen sich rasch. Danke, dass du ihn verschont hast. Mir ist bewusst, dass du es mir zuliebe getan hast. Du hättest ihn auch töten können, dann wäre er verloren gewesen, ich aber ebenso. Ohne ihn hätte ich keinen Augenblick länger leben können. Eine Meia folgt ihrem Gestaltwandler in den Tod. Danke, mein Schatz." Traurig lächelte sie Adam an. Dann teilte sie die Falten ihres Kleides, und Adams Schwerter kamen zum Vorschein.

Kaja hatte sie an ihren Gürtel gebunden und in dem langen Stoff versteckt. Vorsichtig reichte sie die beiden Waffen ihrem Sohn. Der nahm sie zögernd an sich und verstaute sie in den entsprechenden Lederscheiden.

„Danke", murmelte er und sah zur Seite. Es fühlte sich so fremd an, mit seiner Mutter in diesem Raum zu sein. Er spürte, dass sie sich verloren hatten, und er wusste nicht, wie er seine Distanz ihr gegenüber je überwinden sollte. Sein Vertrauen in sie war zerbrochen. Wenn er sie ansah, sah er eine ihm zwar vertraute, aber doch völlig fremde Frau. Vorsichtig zog Kaja jetzt an der Kette um ihren Hals, deren Anhänger in ihrem Dekolleté verschwunden war. Ein Amulett mit dem Abbild der Göttin Bastet baumelte vor ihrer Brust.

„Darf ich?", fragte Adams Mutter den Panther leise.
Kira ließ sie gewähren, ihr das edle Amulett umzulegen. Ihre Verwandlung vollzog sich daraufhin augenblicklich. In einer Ecke des kargen Raumes zog sie schnell ihr Kleid an. Adam konzentrierte sich auf seine Mutter, um Kira nicht anzustarren. Das würde ihn sonst emotional noch mehr überfordern. Er war jetzt schon übervoll mit Gefühlen.

„Ihr müsst sofort verschwinden! Draußen steht Haru, er ist vertrauenswürdig. Er lebt seit vielen Jahrzehnten mit seiner Meia zusammen und ist auch nicht mit Ursus' irrsinnigen Plänen einverstanden. Er wird euch helfen, aus dem Gebäude herauszukommen, dann seid ihr jedoch auf euch allein gestellt", erklärte Kaja, wobei ihre Stimme nur noch einem Hauchen glich. Zögernd sprach sie weiter: „Ich weiß, ich habe kein Recht dazu, aber ihr müsst uns allen helfen! Ursus darf diesen gefährlichen Irrsinn nicht fortsetzen. Er ist vollkommen größenwahnsinnig!"

Ängstlich lauschte Kaja auf Geräusche vor der Tür, aber alles war ruhig. Sie umfasste Adams Hände beschwörend.

„Du hast etwas angerührt! Viele sind in Aufruhr hier drin, aber so gefangen, wie wir sind, können wir nichts ausrichten. Ursus hat viel zu viele Anhänger um sich herum. Du musst die Metamorphe und Meia Saiwalos da draußen warnen! Du musst uns retten! Versprich es mir!“

Ihre Berührung fühlte sich verstörend für Adam an, irgendwie vertraut … aber auch befremdlich und unangenehm. Er wusste nicht, was er davon halten sollte und was seine Mutter eigentlich von ihm verlangte.

„Ich werde mein Bestes geben, ich versuche es zumindest“, nuschelte er, auch wenn er nicht wusste, wie er das anstellen sollte. Sie verlangte viel von ihm!

„Danke! Dann werdet ihr es schaffen“, meinte Kaja zuversichtlich und wollte sich schon abwenden.

„Mom, noch eine Frage …“ Peinlich berührt, suchte sich Adam eine Stelle an der Wand hinter seiner Mutter, die er fixierte, und sprach dann leise weiter. „Wie kann ich mit Kira zusammen sein? Du weißt schon … ohne dass sie sich in eine Katze verwandelt?“ Traurig blickte sie ihren Sohn an.

„Oh, Adam, ich kann dir nicht helfen. Ich war noch nie mit Ursus zusammen. Er meidet mich … er lässt mich nicht an sich heran, aber er lässt mich auch nicht gehen. Ich bin nur seine Lebensversicherung. Er heilt viel schneller, wenn ich in seiner Nähe bin. Aber trotz allem hasst er mich dafür, dass ich an seiner Seite bin. Ich kann dir keinen Rat geben. Tut mir leid.“

Er nickte betroffen: „Hm, irgendwo muss es doch jemanden geben, der uns helfen kann.“

„Ganz sicher!“, flüsterte seine Mutter. Sie umfasste das Gesicht ihres hochgewachsenen Sohnes und zog ihn zu sich herunter.

Zärtlich drückte sie ihre kalten Lippen auf seine Stirn.

„Sei bitte vorsichtig! Ich liebe dich. Du bist das Einzige, was mir auf dieser Welt geblieben ist. Ich darf dich nicht wieder verlieren, jetzt, da wir uns wiedergefunden haben. Bis bald, mein Schatz! Leb wohl, Kira. Pass auf meinen Jungen auf!“

Eilig verließ sie den Raum, ohne sich noch einmal umzusehen. Adam hörte die Stimme seiner Mutter leise vor der Zellentür murmeln. Eine tiefe, warme Stimme antwortete genauso leise.

Keine Sekunde später wurde das Tor weit geöffnet und ein asiatischer kräftiger Mann, schätzungsweise Mitte dreißig, erschien in der Zelle. Kira erkannte ihn, es war der Malaienbär von der „Sitzung“ mit Ursus.

Er hatte ein freundliches Lächeln und vertrauenswürdige blaue Augen. Er war erstaunlich klein für einen Bären und dass er blaue statt braune Augen hatte, war auch ein Phänomen.

„Hallo, ich bin Haru. Kaja bat mich, euch beiden hier herauszuhelfen“, stellte er sich mit einem Hauch asiatischem Akzent in der Stimme vor.

Adam war misstrauisch und fragte daher: „Warum tust du das? Es könnte dich den Hals kosten!“

„Ich liebe meine Meia, daher werde ich alles tun, um sie vor Ursus zu schützen! Würde ich nichts unternehmen gegen seinen Hass auf die Meia Saiwalos, wäre ich nicht besser als er! Kaja versicherte mir, dass ihr beide dem Wahnsinnigen Einhalt gebieten werdet. Ich will gar nicht wissen, wie, aber ich werde meinen Teil dazu beisteuern. Ich kenne Gänge in diesem Labyrinth, die nicht mit Kameras bestückt sind. Außerdem will Kaja für etwas Ablenkung in der Schaltzentrale sorgen. Also los, folgt mir!"

Adam schluckte schwer. Kaja drängte Kira und ihn in eine Rolle, die er gar nicht wollte. Wie sollten sie Ursus aufhalten können? Vor allem mit diesem Wissen: Würden sie ihn töten, würde seine Mutter auch sterben.

Ja, er konnte verstehen, dass Kaja verzweifelt war, aber wie sollte er ihr Problem und die Probleme aller alleine lösen?

Er wollte doch nur erfahren, wie er mit Kira zusammen sein konnte, ohne dass sie sich in den Panther verwandelte - und nun das! Niedergeschlagen folgte er mit Kira dem stämmigen Mann, der in leicht gebückter Haltung vor dem Paar herlief. Er schritt zügig und ohne zu zögern voran. Augenscheinlich kannte er sich in diesem Labyrinth sehr gut aus.

Adam navigierte Corvus mit der Hilfe von Haru zu sich, und einige verwinkelte Gänge später landete der Rabe auf seiner Schulter.

„Warum macht ihr diesen Zirkus mit? Es kann doch nicht sein, dass ein einziger Metamorph euch alle in der Hand hat", sagte Adam zu dem Bären leise, während sie durch eine verlassene Lagerhalle liefen.

„Die Sache ist schon zu weit fortgeschritten! Ursus ist gerissen, er hat seine Macht wie ein schleichendes Gift verbreitet. Diese Gefangennahme der Konferenzmitglieder war Stufe zwei des Plans, die Macht über Menschen und Metamorphe zu erlangen. Und Ursus ist nicht alleine! Er hat Anhänger, die ihm willig folgen … und diese Anhänger haben viel Geld und Waffen. Niemand wundert sich über einen erschossenen Bären oder irgendein anderes Tier draußen vor den Toren von Irkutsk – und Menschen können schon mal beim Wandern von einem wilden Tier angefallen werden … ein Unglück eben, mehr nicht! Die Polizei ist entweder zu einfältig oder geschmiert. Ursus treibt seine Pläne schon seit Jahren versteckt voran – das habe ich aber erst begriffen, als du ihn bloßgestellt hast."

Haru linste um eine Ecke und befand nach einigen Sekunden des Schweigens, dass die Luft rein war.

Kira sagte abwertend: „Ursus hat gegen sämtliche Regeln der Metamorphe verstoßen! Er hat die Menschen eingeweiht, ja, sie sogar für seine Zwecke rekrutiert. Dieser Gregori war nur einer von vielen, vermute ich."

Haru wandte sich um.

„Stimmt, Ursus hat es plausibel klingen lassen, warum wir das alles tun. Ich gehöre zu seinem innersten Gefolgsstab und weiß deshalb genau, wie er diese Metafans einsetzt. Sie sind nur Werkzeuge – gehorchen sie nicht oder weigern sich gar, machen sie eine kleine Wanderung in die Wildnis und kommen dann im Leichensack wieder in die Stadt zurück. Das schreckt ab! Ich für meinen Teil habe viel zu viel Angst um meine Meia, als dass ich mich offen zur Wehr setzen würde."

Kira sah den Bären mitfühlend an. Sie konnte verstehen, warum er tat, was er tat. Würde sie anders handeln, wenn sie an seiner Stelle wäre? So verwoben, wie er schon in diese Sache war? Er war zumindest ehrlich, das rechnete sie ihm hoch an.

„Aber wie kann er das alles durchsetzen?“ Adam konnte nicht fassen, dass Ursus scheinbar einfach so davonkam.

„Ursus hat in allen größeren Unternehmen des Landes seine Hände im Spiel. Viele Firmen gehören ihm bereits. Er erpresst Politiker oder hat Metafans an Ort und Stelle eingesetzt, wie Kira im Flugzeug mitbekommen hat. Jetzt hält er sämtliche, wichtige Mitglieder der metamorphen Regierung hier in diesen Kellerräumen gefangen. Er hat alles, was er braucht … zumindest fast.“

„Fast? Was soll das heißen?“, fragte Adam lauernd.

„Er plant als Nächstes, die Oldthree gefangen zu nehmen. Sie sind wahrscheinlich die Einzigen, die wissen, was es mit diesen Beziehungen zwischen Metamorphen und Meias auf sich hat, wie man damit umgeht und wie man eine Lösung findet, so zumindest die Gerüchte. Ich habe Angst, wenn ich mir vorstelle, was aus unserer Welt wird, wenn Ursus sein Ziel erreicht.“ Haru blieb vor einer hellgrünen Eisentür stehen und drehte sich zu den beiden um. „So, diese Tür führt nach draußen. Dort befindet sich oben links eine Kamera. Ich hoffe, ihr habt Glück und werdet einfach übersehen, aber euch bleibt nicht viel Zeit. Ihr seid ab jetzt auf euch allein gestellt. Alles Gute!“ Haru drehte sich um und wollte wieder zurücklaufen.

„Warte!“, rief Adam beherrscht leise. „Wer sind die? Die Oldthree?“ Die hatten sein Interesse geweckt.

Sie könnten ihm sicher bei seinem Problem weiterhelfen.

„Wir haben keine Zeit mehr für weitere Erklärungen … bitte geht jetzt!“ Gehetzt verschwand der Bär in den finsteren Gängen. Adam blieb nichts anderes übrig, als zu gehorchen, obwohl die letzten Antworten nicht sehr befriedigend waren. Ein leises „Ar“ holte ihn aus seinem Verdruss heraus.

„Ja, mein Freund, du hast ja recht“, murmelte er seinem Begleiter zu. „So, ich setz dich jetzt auf den Boden, und dann fliegst du - du weißt, wohin!“ Aufmerksam sah ihn der Rabe an, als er ihn absetzte. Adam nahm Kira an die Hand, und beide sahen sich für einen Moment vertrauensvoll in die Augen. Dann rissen sie gemeinsam die Tür auf, und das Paar und der Rabe stürzten hinaus in die sternenklare Nacht.
Sie verschwendeten keinen Blick zu der hoch über ihnen summenden Kamera. Entweder sie hatten Glück und wurden nicht gesehen, oder aber die Verfolgung begann sofort.
Auf jeden Fall hatten sie keine Zeit zu verlieren!

„Hinter dem Zaun dort drüben steht mein Motorrad. Wir müssen dorthin.“
Kira konnte im fahlen Licht des Mondes die Umrisse des Motorrads erkennen. Ihre Augen leuchteten wie kleine grüne Lämpchen im Dunkeln der Nacht, als sie ihn anblickte. Adams Schuhe versanken im Matsch der aufgeweichten Straße, aber die beiden wurden dadurch nicht langsamer.
Denn Kira zog ihn barfuß hinter sich her, als sie die kurze Strecke zurücklegten.

Adam schwang sich auf das Motorrad und startete es.
Nur Sekunden später raste das Zweirad mit den zwei dunklen Gestalten Richtung Irkutsk davon.

≈∞≈ Abhängigkeiten ≈∞≈

Kaja hastete zum Schaltraum. Nachdem sie Adam und seine Freundin befreit hatte, lief sie geradewegs dorthin. Ihr blieb nicht viel Zeit! Sie musste den perfekten Zeitpunkt abpassen, bevor die Wächter die beiden bemerkten, aber leider waren die vielen Gänge lang und verwinkelt, und das kostete wertvolle Momente.

Sie hatte sich einen fadenscheinigen Grund ausgedacht, um die Wächter einzulullen. Mit Schrecken stellte sie fest, dass es nicht die beiden gewohnten, etwas dümmlichen Wachleute waren, die hier saßen, sondern Simons engste Gefolgschaft – Sergej und Iwan. Im ersten Moment entglitten Kaja die Gesichtszüge, aber da die beiden ihr abgewandt dort saßen und ziemlich gelangweilt wirkten, fing sie sich unbemerkt wieder.

Ihre Gedanken rotierten, und sie war sehr nervös, als sie die zwei mit hauchdünner Stimme ansprach. Denen konnte sie keine Larifari-Story auftischen – Sergej und Iwan waren keine einfältigen Idioten.

Im ersten Moment stotterte sie unverständliches Zeug, als die Gestaltwandler ihr die kantigen Gesichter zuwandten und mit fragenden Blicken zuhörten, aber dann hatte sie eine Idee. Denn auch sie beherrschte die Gabe, in die Gedanken anderer eindringen zu können. Leider war sie nicht so geübt darin, aber mit viel Kraft konnte sie es vielleicht schaffen, die Wächter zu hypnotisieren, und so fixierte sie die beiden, fühlte ihren Geist, drang ein und konzentrierte sich auf sie – wie eine Art Standbild. Es strengte sie sehr an, aber so entgingen den beiden die Monitore, die sich hinter ihren Rücken befanden.

Kaja zitterte vor Anstrengung, aber sie wollte ihrem Sohn zuliebe durchhalten, das war sie ihm schuldig! Nach wenigen Minuten spürte sie, wie sich ihre Muskeln verhärteten und ihr Kopf zu pochen anfing. Wenn die Kopfschmerzen erst einmal anfingen, würde sie die Konzentration verlieren, und alles war verloren. Doch bevor ihre Kräfte sie vollends verließen, sah sie Adam und Kira durch das Bild des unteren Monitors laufen.

Ihr Herz klopfte wild, und sie wischte ihre feuchten Hände an ihrem Rock ab. Dann lächelte sie, als das Bild des Monitors wieder nur den eintönigen Hinterhof zeigte. Sie hatte es fast geschafft! Jetzt musste sie nur noch die Erinnerung der beiden Männer an sie löschen, denn sonst würden Sergej und Iwan sofort Verdacht schöpfen und entweder Simon oder Ursus fragen, was die Meia denn bei ihnen gewollt hatte. Sie kratzte das letzte bisschen Kraft zusammen und strich die Erinnerung an sie aus den Köpfen der beiden. Danach wandte sie sich schnell um, um zu gehen. Leise zog sie die Tür hinter sich zu.

Geschafft!
Erschöpft lehnte sie sich gegen die kalte Wand und gönnte sich mit geschlossenen Augen einen Moment der Ruhe.
Dann straffte sie sich und ging den langen Gang hinab in die Gemächer ihrer anderen Seelenhälfte.
Sie fühlte sich schlecht. Wie eine Verräterin, was sie ja auch war … sie arbeitete gegen ihre Seelenhälfte und half anderen, sie zu verraten. Eigentlich müsste sie voll und ganz hinter ihrem Gestaltwandler stehen …

Die jahrhundertelange Suche hatte sie gebrochen. Zuflucht vor ihrer Einsamkeit hatte sie bei ihrem ersten Ehemann gesucht, aber Walter konnte sie noch so sehr lieben, er hatte ihr Herz nicht erreicht, geschweige denn berührt.

Ein letzter Versuch, um vielleicht doch noch alles zum Guten für sich zu wenden, war, Adam zu bekommen – aber die Leere in ihrem Herzen war geblieben. Sie liebte ihr Kind … und auch Walter, aber es hatte nie gereicht. Ihre Seele blieb rastlos, bis sie sich schweren Herzens dazu entschlossen hatte, nach ihrem Seelenzwilling zu suchen und ihre Familie für immer zu verlassen.
Wenn sie so darüber nachdachte, wusste sie nichts über ihren geliebten Sohn – nicht, ob er sehr gelitten hatte in den letzten Jahrhunderten, nichts über seine Gabe, wie ausgeprägt sie war, nichts über sein bisheriges Leben … einfach nichts …

Sie dachte an Walter – sie wusste nicht einmal, wann er gestorben war. Verzweifelt schlug sie die Hände vor das Gesicht. Sie musste ihre Gedanken stoppen, denn würde sie weiter darüber nachdenken, würde sie den Verstand verlieren, weil sie ihre Familie für ein Ungeheuer verlassen hatte.
Aber das war längst Vergangenheit, daran war nichts mehr zu ändern. Als sie die beiden verlassen hatte, hatte sie es anfangs bereut, derart egoistisch gehandelt zu haben, aber die leise Hoffnung, ihr wahres Glück doch noch zu finden, hatte sie immer weitergetrieben und ihre Entscheidung erträglicher gemacht. Ja, sie hatte versucht, die zwei zu vergessen, aber jetzt war ihr Sohn wieder in ihr Leben getreten … und vieles von damals kam in ihre Erinnerung zurück. Nichts hatte sich an ihren mütterlichen Gefühlen geändert. Sie liebte Adam aus tiefstem Herzen, und das würde für immer so bleiben.

Damals, als sie ihre Seelenhälfte in Ursus gefunden hatte, zufällig in den tiefen Wäldern Russlands, hatte sie für einige Zeit ein Gefühl von innerem Frieden und tiefer Glückseligkeit verspürt. Ursus erkannte auch sie sofort und war anfangs genauso fasziniert von ihr wie sie von ihm.

Ein Blick in die Augen dieses Mannes genügte, und Kaja wusste, dass ihre Suche beendet war und sie für immer zusammengehörten.
Sie war sich sicher gewesen, dass ihr Martyrium nun endlich vorbei war … aber es kam schlimmer. Viel schlimmer. Es war grausamer als der Tod, seine Seelenhälfte zwar gefunden zu haben, in ihrer Nähe zu sein, aber ferner denn je von ihr zu sein, wenn man mit solch einem Hass und kalter Abweisung behandelt wurde.

Kajas Herz wurde gebrochen. Ihr Geist und ihr Eigenwille waren kaum mehr vorhanden. Sie fühlte sich wie eine lebende Tote – von ihrem ersehnten Glück und Frieden, keine Spur, und doch hoffte sie noch immer, Ursus für sich gewinnen zu können.
Das Einzige, wozu sie imstande war, war die Hoffnung, dass er sie eines Tages annehmen würde. Vielleicht würde er es begreifen, wenn seine verdrehten Vorstellungen von seiner alleinigen Weltherrschaft scheiterten und er auf sie, seine Meia Saiwalo, zurückgeworfen wurde. Sie konnte sein wahnsinniges Weltbild nicht zerschlagen, aber Adam war sehr wohl in der Lage dazu. Kaja hatte seine Kraft und seinen unbeugsamen Willen in seinem Blick gesehen. Er konnte für sie und all die anderen das erreichen, was bisher niemand geschafft hatte: die Welt so zu verändern, dass es möglich war, in Frieden und Zusammengehörigkeit zu leben.

Ihr Sohn würde es schaffen!
Und sie würde endlich das bekommen, was sie sich so lange schon erträumt und von Herzen gewünscht hatte – eins werden mit Ursus. Kaja ging in ihr Zimmer und legte sich erschöpft auf ihr Bett, doch sie konnte nicht einschlafen. Ihre aufgepeitschten Gedanken ließen sie nicht zur Ruhe kommen.

Was würde passieren, wenn Ursus herausfand, dass sie die beiden befreit hatte?

≈∞≈

Schuldbewusst und von einem Fuß auf den anderen tretend, beobachtete Iwan die Szene, die sich vor seinen Augen abspielte - dass Ursus so mit seiner Meia umspringen würde, damit hatte er nicht im Traum gerechnet.

Ursus war ein Monster!
Iwan war nun Zeuge der Gefährlichkeit dieses Wahnsinnigen. Schon lange wurde hinter vorgehaltener Hand über diesen Tyrannen im Bärenlager wilde Vermutungen angestellt, aber niemand hatte bisher wirklich erfassen können, wie gefährlich dieser Mann tatsächlich war. Zumindest Iwan wusste es jetzt, aber was half ihm das? Er konnte sich ihm nicht widersetzen, ohne dafür getötet zu werden.

Iwan linste zu Sergej hinüber, der von dieser Szene geradezu gefesselt zu sein schien. Er grinste sogar. Ihm gefiel dieser Ausbruch der Gewalt sichtlich. Iwan verzog angewidert das Gesicht. Sergej konnte er sich also nicht anvertrauen, das stand fest. Die kleine Frau dort vorne tat ihm sehr leid, aber er konnte ihr nicht helfen. Sie hätte Sergej und ihn nicht mit ihrer Gabe einlullen dürfen, denn Sergejs und seine Erinnerungen waren sehr schnell zurückgekommen, dass Kaja bei ihnen gewesen war und dabei verdächtig verwirrt und nervös gewirkt hatte. Sergej hatte sofort Verdacht geschöpft und es gemeldet - und nun standen sie hier und sahen zu, was Ursus Kaja antat.

„Ich wusste es von der ersten Minute an, dass du ein verräterisches Miststück bist! Aber dass du so weit gehen würdest, das habe ich dir nicht zugetraut!"

Speichelfetzen trafen Kaja in ihr geschwollenes Gesicht. Ursus hatte sich in Rage geredet, und dann schlug er wieder zu. Von Reue keine Spur, denn noch immer brüllte er auf die zusammengesunkene Gestalt nieder.

≈∞≈

Kaja schwieg eisern. Tränen liefen heiß und brennend über ihr mit Blessuren entstelltes Antlitz. Sie hatte die Augen geschlossen, um das hassverzerrte Gesicht ihres Mannes nicht sehen zu müssen. Durch die Verstocktheit seiner stillen Meia angestachelt, packte er die zierliche Frau an den Schultern und schüttelte sie heftig. Ihr Kopf flog hin und her und blonde Strähnen lösten sich aus ihrem hochgesteckten Haar.

„Sag schon, warum hast du mir das angetan? Ein einziger Grund, der deinen Verrat an mir rechtfertigt und ich lasse dich in Ruhe!"

„Liebe", erklang es so leise, dass es nur für ein hochsensibles Raubtierohr hörbar war.

„Liebe?", lachte Ursus abfällig. „Was ist deine Liebe wert, wenn du mich ständig hintergehst? Zuerst dieser erbärmliche Mensch, mit dem du einen Sohn hast! Der hier dann aufkreuzt, um mir meine Pläne zu zerstören, und du bewahrst ihn dann auch noch vor seiner gerechten Strafe! Du hintergehst mich und forderst, ich solle so etwas wie dich an meiner Seite dulden! Was bildest du dir ein?"

Das Sprechen fiel Kaja sehr schwer, als sie auf seine groben Beschuldigungen antwortete.
Ihre aufgeplatzten Lippen schmerzten, und ihr Herz schlug so laut, dass sie sich selbst fast nicht sprechen hörte:

„Ja, ich liebe dich, und ich kann nichts dagegen tun, auch wenn ich mir von Herzen wünschen würde, so etwas wie dich nicht zu lieben! Aber ich liebe auch meinen Sohn, und Adam liebt Kira. Ich beneide ihn um diese Liebe, die vorbehaltlos und ohne Einschränkung von ihr erwidert wird. Sie stehen zu ihren Gefühlen, und ich werde sie unterstützen, wo ich nur kann, um ihr Glück vollkommen zu machen. Das wirst du jedoch nie verstehen! Dein Herz ist voller Groll und Hass, sodass Liebe keinen Platz darin finden kann. Aber warum sollen andere Metamorphe und Meias unter deinem Hass leiden? Warum soll ich darunter leiden? Ich hoffe, du wirst deine Ziele nie erreichen!"

Trotz blitzte in ihren verweinten Augen auf.

„Schweig, bevor ich mich ganz vergesse!"
Angewidert wandte Ursus seiner Frau den Rücken zu. Sie war die Einzige auf dieser Welt, die ihm Widerstand leistete und Macht über ihn hatte, da sie wusste, dass er sie nicht töten konnte, ohne selbst zu sterben. Diese Macht stand ihr nicht zu! Er hasste sie dafür, dass er von ihr abhängig war. Bald würde er aber mit der Hilfe der Oldthree einen Gegenzauber gegen sie finden, damit er endlich wieder frei sein konnte. Er musste die Oldthree nur noch ausfindig machen. Kaja hatte zwei Rebellen zur Freiheit verholfen. Diese Pantherin und ihre Meia mussten wieder eingefangen werden, bevor sie noch mehr Unruhe unter dem Volk der Metamorphe anstiften konnten.

Außerdem wäre es sicher Strafe genug für Kaja, wenn ihrem herzallerliebsten Söhnchen und seiner Feloideageliebten etwas zustoßen würde … Ursus grinste sadistisch, als er zu seinen beiden Gefolgsmännern Iwan und Sergej hinübersah.

„Schafft sie weg, und schließt sie in ihren Gemächern ein! Keiner darf zu ihr! Dann schickt mir Simon her! Wir müssen die beiden Entflohenen wieder einfangen!“

Ursus warf der misshandelten, weinenden Frau über seine massige Schulter einen boshaften Blick zu.
Als der Name Simon fiel, riss Kaja erschrocken die Augen auf. Dieser letzte emotionale Tritt hatte gesessen.

Simon hatte sich im ganzen Reich bereits Respekt verschafft. Er galt als Ursus‘ bester und skrupellosester Spürhund, und nur er genoss sein vollstes Vertrauen.

Simon war ein Sadist. Die Gerüchte über seine Methoden bei der Auffindung von Rebellen riefen unter den Gestaltwandlern blankes Entsetzen hervor. Ursus hoffte, dass Kaja vor Angst um ihren Sohn keine ruhige Minute mehr verbringen würde. Mit einer Handbewegung, als wehrte er eine lästige Fliege ab, gab er den beiden wartenden Metamorphen das Zeichen, seine Meia zu entfernen.

≈∞≈ Grenzen ≈∞≈

„Ich dachte, du bist in einem Hotel im Zentrum abgestiegen. Wieso halten wir jetzt vor einem Kunstmuseum?“ Kira ließ erstaunt den Blick über das imposante Gebäude schweifen, das sich von dem langsam heller werdenden Himmel in der Dämmerung abzeichnete.

„Stimmt ja auch, aber ins Hotel können wir nicht zurück. Deshalb habe ich mich abgemeldet, bevor ich dich holen gekommen bin. Ich weiß nicht, wie schnell die Bärenmetas Informationen über mich herausfinden werden, wenn unser Verschwinden bemerkt wird. Und da ich vermute, dass man uns als Erstes dort oder auf dem Bahnhof oder dem Flughafen suchen wird, dachte ich mir, ich parke meinen Wohnwagen hier, wo er nicht auffällt.“

„Okay, klingt logisch, aber was ist mit deiner Band?“, fragte sie, während Adam das Motorrad über eine Rampe in den Wohnwagen schob und es routiniert im hinteren Teil mit Gurten festzurrte.

Seine Schwerter schmiss er achtlos neben das befestigte Motorrad, als er antwortete: „Ich hoffe, die sitzt bereits in irgendeinem Flieger.“ Mit einem kurzen Blick auf sein Handy überzeugte er sich von dieser Aussage. „Peter hat geschrieben … sein Flugzeug ist vor einer halben Stunde gestartet.“ Prüfend sah er in den Himmel. „Corvus ist noch nicht da, wir müssen auf ihn warten. Hoffentlich kommt er bald!“
Knapp eine Viertelstunde später war er endlich da. Erleichtert rutschte Adam auf den bequemen Fahrersitz des Wohnwagens und entsperrte die Tür für den Beifahrersitz.

Kira sprang sofort herein, gefolgt von Corvus, der gehorsam in den hinteren Bereich flog und sich auf seine Vogelstange setzte. Kira indes rieb sich fröstelnd die Arme. „Verdammt! Selbst hier drin ist es so kalt wie draußen."

Adam sah sie überrascht an. Erst jetzt fiel ihm auf, dass sie nur ihr dünnes Seidenkleid anhatte. „Tut mir leid! Daran hatte ich in der Eile gar nicht gedacht, dass ich dir meine Winterjacke zum Motorradfahren gebe. Entschuldige!", meinte er äußerst zerknirscht.

„Tja, fast wäre ich zu einem Eiszapfen geworden", scherzte sie, aber Adam war nicht empfänglich dafür - er hatte ein schlechtes Gewissen. Warum war ihm nicht aufgefallen, dass sie fror? Er empfand es als unverzeihlich, dass er sich nicht angemessen um sie gekümmert hatte. „Hinten habe ich meine Klamotten, such dir was aus", antwortete er niedergeschlagen.

≈∞≈

Kira schüttelte nur den Kopf über seine Verstocktheit und stand auf, schob die bewegliche Wand weg und lief in den hinteren Teil des Wohnwagens.

„Bastet sei Dank, dass du warme Sachen eingepackt hast!", rief sie zufrieden, während sie einen schwarz-rot-gestreiften Rollkragenpullover überstreifte, der an ihr wie ein Minikleid wirkte. „Ich hätte es keine Minute mehr in dem dünnen Fummel ausgehalten. Ich habe zwar ein dickes Fell, aber meine Menschenhaut lässt doch ziemlich mit ihrer Wärmeisolierung zu wünschen übrig." Als modisches Accessoire legte sie einen Ledergürtel um ihre schmale Taille. Nun wirkte der fade Männerpullover fast stylish. Sie zog Adams lange Wollsocken an, die wie Overknees über ihre Knie reichten.

„Cool!“, grinste sie bei ihrem Anblick im Spiegel.
Mit Schwung schlug sie die Schranktür zu und kletterte wieder auf den Beifahrersitz. Spontan gab sie Adam einen Kuss auf die Wange und hielt ihm ein sauberes Sweatshirt hin.

„Wofür war der denn?“, schmunzelte er glücklich.

„Ach, mir war einfach danach. Und nun zieh dir mal etwas Sauberes an, du siehst aus, als hätte man dich abschlachten wollen.“ Glockenhell erschallte ihr übermütiges Lachen.

Er lächelte sie selig an und zog sich schnell um, doch mit einem Mal wurde ihm mulmig zumute. „Jetzt aber weg hier! Unser Verschwinden kann nicht mehr lange unbemerkt bleiben – hoffentlich geht es meiner Mutter gut“, schob er grimmig nach, legte den Gang ein und fuhr rückwärts aus der Parklücke.

Kira musterte ihn besorgt, sagte aber nichts.
Seine Sorge um seine Mutter war sicher nicht unberechtigt.

„Vorne im Handschuhfach ist eine Landkarte. Als Erstes fahren wir am besten Richtung Süden. Wir werden versuchen, am Grenzübergang Kjachta in die Mongolei zu gelangen. Ich hoffe, dass der Einfluss von Ursus dort drüben nicht so groß ist wie hier in Russland und wir schnell das Land verlassen können.“

Kira kramte die Karte hervor und studierte sie gewissenhaft. Sie nickte bedächtig, als sie ihren Ausgangspunkt fand und mit dem Finger die Strecke nach Kjachta nachfuhr.

„Gut, wir werden schätzungsweise zehn Stunden dahin brauchen“, murmelte sie.

≈∞≈

Angespannt fuhr Adam aus Irkutsk heraus. Als er die Stadt hinter sich gelassen hatte, fiel eine Last von ihm ab. Zwar war er erschöpft und hungrig, aber er konnte sich jetzt keine Schwäche erlauben. Trotz seiner Müdigkeit fühlte er sich, als würde er unter Strom stehen. Es war aber kein schlechtes Gefühl, es war aufregend! Er fühlte sich, obwohl sie auf der Flucht waren, sehr wohl, und er wusste auch, wieso, denn Kira war bei ihm. Sie gähnte. Eine Welle der Zärtlichkeit erfasste ihn, als er sie so sah. Es kostete sie sichtlich Kraft, die Augen offen zu halten. Die Müdigkeit schien sie zu überwältigen.

„Schlaf doch ein bisschen, meine Schöne“, sagte er sanft. Die leere Straße zog sich durch eine monotone Landschaft dahin. Diese Eintönigkeit begünstigte die Müdigkeit, die bleiern in allen Knochen saß.

„Bist du denn nicht fertig?“ Kira unterdrückte ein weiteres Gähnen.

„Nein, eigentlich nicht. Ich bin sogar sehr aufgekratzt.“ Euphorisch strahlte er sie an. „Ich habe das Gefühl, jetzt, da wir zusammen sind, kann uns nichts und niemand auf der Welt stoppen. Meine Seele jauchzt! Auch wenn das kitschig klingt.“

„Ein wenig, ja.“ Sie grinste matt und meinte: „Ich könnte tagelang schlafen, wenn ich nicht solchen Hunger hätte.“

„Du kannst doch schlafen. Ich werde auf jeden Fall bis in die Mongolei durchfahren. Dort können wir auch was Richtiges essen – die paar Kekse und das andere Zeug, was ich hier noch habe, sättigen nicht wirklich.“

„Ich will aber nicht schlafen, auch wenn ich so fertig bin“, entgegnete sie entschieden.

„Das wundert mich nicht. Ich könnte in deiner Gegenwart auch nicht schlafen“, meinte er augenzwinkernd und warf ihr einen verliebten Blick zu. Mit einem Mal wurde er aber ernst: „Sag mal, wer sind eigentlich diese Oldthree, die Haru erwähnt hat?“

„Die Oldthree? Ich dachte bisher, sie seien eine Art Mythos, aber Haru schien das ernst gemeint zu haben, dass Ursus sie finden will. Ich habe gehört, dass die Oldthree drei uralte Gestaltwandler sind. Angeblich die letzten der Ursprünglichen - ein Wolf, ein Bär und ein Gepard. Nur diese drei Metamorphe sollen alles über unsere Herkunft wissen, vielleicht sogar, was wirklich damals passiert ist. Sie gelten als die Urwächter der Gestaltwandlergilde und bewahren ihre Geheimnisse strikt vor allen anderen, um die natürliche Ordnung unter den vielen Metamorphen aufrechtzuerhalten und …“

Weiter kam sie mit ihrer Erzählung nicht, denn Adam unterbrach sie ungeduldig: „Wo findet man die?“

Sie sah ihn irritiert an.
Überrumpelt antwortete sie wahrheitsgemäß: „Ähm, keine Ahnung! Wie gesagt, ich dachte, sie seien ein Mythos.“
Er war nicht zufrieden mit ihrer Antwort, denn er schwieg eisern und starrte stur auf die Straße.

„Kommt in dem Mythos kein Aufenthaltsort von denen vor? Wenn auch nur vage - irgendwelche Vermutungen?“, biss er sich an dem Thema fest.

„Ich weiß nichts!“, fauchte sie gereizt zurück.

„Was schert's mich!", fügte sie bissig hinzu.

Adam zuckte zusammen. Er wandte ihr seine Aufmerksamkeit zu. Ungläubig erwiderte er: „Was schert's dich? Die sind wichtig für uns! Haru sagte, sie wüssten etwas über die Metamorphen – und Meia Saiwalo – Beziehungen. Sie könnten unsere Chance sein, um zusammen zu sein, ohne dass du dich verwandelst – sie könnten uns helfen!"

„Jaja, … könnten … vermutlich … vielleicht … oder auch nicht! Sie sind ein Mythos, Adam! Keiner von uns weiß, ob sie tatsächlich existieren. Also, lass es einfach sein!", antwortete sie giftig. Er wollte ihr schon dagegenreden, als plötzlich das laute Klingeln seines Handys in der Halterung am Armaturenbrett die angespannte Atmosphäre durchbrach. Peter rief an – kurz überlegte er, ob er den Anruf annehmen sollte, aber als er Kira ansah, die stur aus dem Fenster starrte, entschied er sich doch dafür, ranzugehen.

„Hey, Peter!", meldete er sich betont freundlich. „Was gibt's?"

„He, Alter! Ach, mir ist langweilig, wir machen gerade einen Zwischenstopp, und das dauert wieder mal ewig! Ich wollte mir nur ein wenig die Zeit vertreiben. He, sag mal, hat das überhaupt hingehauen mit deinem Pass? Geht das überhaupt so kurzfristig?"

Adam lachte. „Na klar! Ich habe da so meine Methoden."

„Irgendwie glaube ich echt, dass du eine kriminelle Ader hast", scherzte Peter zwar, aber sein Unterton war wieder lauernd.

Adam fragte sich unwillkürlich, warum bei Peter, obwohl er ihn schon oft gedanklich manipulierte, immer wieder derartige Gedanken aufkamen. Sein bester Freund war der Wahrheit unerklärlicherweise immer auf der Spur.

„Was du immer von mir denkst", verharmloste er Peters Verdacht.

„Und?", schwenkte Peter feixend um. „Hast du das Groupie schon eingefangen?"

Kira rief empört dazwischen: „Was? Groupie?"
Adams Gesichtszüge versteinerten augenblicklich.

Für einen kurzen Moment schwieg Peter am anderen Ende der Leitung, doch dann lachte er. „Oh Mann, Alter! Respekt, schon eingefangen! Ich störe doch hoffentlich nicht?", säuselte er. „Aber den Ausdruck ‚Groupie' scheint sie nicht sehr zu mögen, was?" Adam wusste nicht, was er darauf sagen sollte.

Peter hatte ihn bloßgestellt, und über das Telefon konnte er ihn nicht beeinflussen, den Mund zu halten. Entschuldigend sah er zu Kira hinüber, die ihn mit zusammengekniffenen Augen fixierte. Betont fröhlich sagte sie dann Richtung Handy: „Hi, Peter! Ich bin's, das ‚Groupie'!"

Er schaltete sofort: „Na, aber hallo! Sehr selbstbewusst, das Mädel! Richtig so, lass ihm bloß nicht alles durchgehen. Und pass auf seine unangenehme Fähigkeit auf, dass er irgendwie immer alles kriegt, was er haben will."

Peter war wirklich ein Mann zum Gernhaben. Also antwortete sie amüsiert: „Mit mir wird er es sicher nicht leicht haben. Und diese Fähigkeit hat bei mir keine Chance."

„Gut, dann bin ich ja beruhigt", lachte er amüsiert, aber als er weiterreden wollte, unterbrach ihn Adam säuerlich: „Jaja! Ist schon gut, Peter. Man sieht sich." Er wollte das unliebsame Gespräch schnellstmöglich beenden.

„Was? He, warte, Alter. Du weißt ja noch gar nicht, wo wir als Nächstes auftreten werden. Ich habe da vielleicht was in Aussicht, aber das kann noch ein paar Tage dauern", überlegte sein Freund laut.

„Ja, melde dich wieder, wenn es so weit ist. Jetzt mache ich Urlaub", wollte Adam ihn abwimmeln.

„Urlaub? Mann, das kannst du dir zeitlich nicht leisten! Du musst uns ja erst mal mit deiner Blechmöhre hinterherreisen, und mit der Mühle brauchst du ewig nach …"

„Das interessiert mich jetzt nicht, bis dann!"
Adam hatte ihn einfach abgewürgt und aufgelegt.
Wenige Sekunden danach kam eine WhatsApp von Peter.
Der Inhalt war nur ein Mittelfinger-Emoji und in der gleich darauffolgenden Nachricht ein „Schöne Grüße an das Nicht-Groupie!". In diesem Moment hasste Adam ihn wirklich. Er schwieg einige Minuten demonstrativ, und auch Kira sagte nichts. Eigentlich hoffte er, dass sie sein eisiges Schweigen nicht aushalten würde, aber da hatte er sich getäuscht.

„Wieso hast du dich mit ihm gegen mich verbündet?", fragte er so sachlich wie möglich, aber einen leicht beleidigten Unterton konnte er nicht verbergen.

„Na, was denkst du denn? Du redest über mich, ohne dass ich etwas dazu sagen soll? Deine Frage erübrigt sich hiermit", gab sie selbstsicher zurück.

„Ist es noch weit?“, lenkte er von der angespannten Stille ab, die zwischen ihnen seit einigen Minuten herrschte. So kam er auch nicht weiter mit ihr … ihm war klar, dass er sich auf dünnem Eis bewegte. Auf keinen Fall wollte er, dass Kira sich von ihm abwandte, und mit einem Streit lief er Gefahr, das zu begünstigen. Auf eine befremdliche Weise fühlte er sich ihr unterlegen. Das war ein völlig neues, nicht sehr angenehmes Gefühl für ihn …

Sie schlug die Karte auf und studierte den Straßenverlauf. „Wir müssten demnächst am Grenzübergang sein – es sind nur noch ein paar Kilometer“, stellte sie über die Karte gebeugt fest.

Adam bemerkte in diesem Moment eine Schranke und ein Haus in der Ferne.
Verwundert fragte er: „Was ist das da vorne?“

„Hm, keine Ahnung … Vielleicht kontrollieren sie vorher schon mal die Pässe?“

„Möglich. Das Beste wird sein, wenn du den Wohnwagen verlässt und zu Fuß, oder besser auf Pfoten, die Kontrolle da vorne und danach die Grenze überschreitest. Wir haben keinen Pass für dich, und ich weiß nicht, wie tolerant die Wachposten sind. Ich könnte sie zwar beeinflussen, aber ich weiß nicht, wie viele es sind, und je mehr Personen ich hypnotisieren muss, umso schwächer wird mein Einfluss. Es könnte alles, was ich gelöscht habe, wieder lückenhaft zurückkommen – habe ich schon einmal erlebt. War nicht lustig.“

Kira nickte, stieg nach hinten und öffnete den Gürtel, zog sich träge den Pullover über den Kopf, zog die Strümpfe aus und warf alles zielsicher auf den Beifahrersitz.

Adams Nackenhaare kitzelten … wie gerne würde er sich jetzt umdrehen, aber er beherrschte sich wieder mal.
Langsam nahm er den Fuß vom Gas und ließ den Wohnwagen im Schritttempo weiterrollen.

„Ciao!", sagte Kira, öffnete die Tür und sprang aus dem Fahrzeug. Ehe er etwas erwidern konnte, war sie auch schon draußen. Das ging ihm alles viel zu schnell! Er hatte sich nicht einmal richtig von ihr verabschieden können. Im Seitenspiegel konnte er in der aufgewirbelten Staubwolke die Verwandlung seiner Freundin beobachten.
Dann sprang ein schwarzer Körper in das dichte Gebüsch am Straßenrand und verschwand darin. Kurz darauf bremste Adam vor den rot-weiß gestreiften Schranken und kletterte aus dem staubigen Fahrzeug. Im selben Augenblick erschienen zwei uniformierte Wachposten vor dem Kontrollhäuschen.

„Hallo, ich dachte, der Zollposten ist weiter weg", begrüßte er die beiden Männer freundlich.
Er überzeugte sich, indem er verstohlen nach Amuletten an ihren Hälsen suchte, dass keine Metamorphe vor ihm standen. Beruhigt reichte er dem dürren Mann, dessen Uniform an seinem schlaksigen Körper viel zu groß war, seinen gefälschten Pass. Der studierte die Papiere sorgfältig und schniefte dabei ununterbrochen. Scheinbar hatte er kein Taschentuch bei sich. Sein kleinerer, sehr beleibter Kollege musterte Adam durch zusammengekniffene, helle Schweinsäuglein misstrauisch.

„Ihr Name ist also James Stewart?"

„Wenn es da so steht, wird es auch so sein", grinste Adam die beiden an, während ihm gleichzeitig das Bild von Stan Laurel und Oliver Hardy durch den Kopf schoss.

Die zwei Gestalten wären ebenfalls eine Spitzenbesetzung für „Dick und Doof" gewesen.

„Ganz schön einsam hier draußen", versuchte er, mit dem kleinen Beamten, den er in Gedanken „Dick" getauft hatte, Konversation zu machen.

„Sie wollen also in die Mongolei. Was wollen Sie denn da?"

„Ich will Urlaub machen, mir die Gegend ansehen, wandern – so etwas eben."

„Alleine?", fragte „Dick" lauernd.

„Ja."

„Dick" spähte in das Wohnwageninnere, und irgendetwas schien ihm aufzufallen, denn er wechselte mit seinem Kollegen einen kurzen, vielsagenden Blick. Adam war alarmiert! Die beiden waren anscheinend sehr auf der Hut. „Dick" wandte sich um und rief über die Schulter zurück: „Komme gleich wieder."

Jetzt schellten alle Alarmglocken in Adams Kopf.
Viel zu spät, tadelte er sich selbst, begann er dann, wenigstens „Doof" mental zu beeinflussen:

Es ist alles in Ordnung. Die Papiere sind in Ordnung.
Lass mich gehen.

Adam wusste nicht, ob diese Worte ausreichen würden, ob „Doof" es verstand, aber er hatte Glück.

„Also, Sie können weiterfahren", murmelte der Mann unter Adams gedanklicher Einflussnahme und gab die Papiere mit starrem Blick zurück. Im gleichen Moment erklangen ein Fauchen aus dem Kontrollhäuschen und ein panischer Schrei, der in einem schmatzenden Gurgeln endete.

Adam war dadurch kurz abgelenkt und gab die Hypnose des Grenzpolizisten vor sich auf. Der, kaum wieder Herr seiner eigenen Gedanken, riss seine Waffe aus dem Halfter, um verunsichert und zitternd auf Adam zu zielen. Er hatte jedoch nicht mit der ungeheuren Schnelligkeit seines Gegenübers gerechnet. Adam riss seinen Arm nach oben und schlug „Doof" die schwere Pistole aus den bebenden Händen. Entsetzt verfolgte der Mann mit seinen Augen den Flug der Waffe, bis sie in dem Graben neben dem Kontrollhäuschen gelandet war. Schweißperlen standen auf seiner Stirn, als er sich wieder Adam zuwandte.

Alles ist gut! Nichts passiert! Ich bin gerade erst vorgefahren. Alles ist gut. Reine Routine.

Adams Hypnoseblick beschwichtigte den sehr verängstigten Beamten sofort. Entspannt begann er sogar, seine Lippen zu einem Lächeln zu verziehen. „Wie kann ich Ihnen behilflich sein?" Jovial nickte „Doof" Adam zu.

Sie müssen ganz dringend auf die Toilette, und dort bleiben Sie auch den restlichen Tag. Ihnen geht es heute gar nicht gut! Bauchschmerzen und Übelkeit. Sicher irgendein fieser Virus.

Röte schoss dem Zollbeamten augenblicklich ins Gesicht, und seine Züge verkrampften sich. Mühsam brachte er zwischen zusammengepressten Lippen hervor: „Entschuldigen Sie bitte, aber mir ist plötzlich gar nicht gut." Der Mann drückte beide Hände auf seinen Bauch und krümmte sich vor Schmerzen. „Warten Sie bitte hier! Mein Kollege wird sich gleich um Sie kümmern."
Schnell drehte er sich um und versuchte, so eilig wie möglich mit zusammengeklemmten Beinen das Örtchen zu erreichen.

Adam nahm Kiras Kleider vom Beifahrersitz und sah hinter sich. Kira hatte die Schiebetür offen gelassen, und der Dolch lag für jeden sichtbar auf dem Boden. Diese beiden Tatsachen – die Kleider auf dem Beifahrersitz und der am Boden liegende Dolch – ließen ihn zusammenzucken. Jetzt war ihm klar, was den Beamten stutzig gemacht hatte. Am liebsten hätte sich Adam selbst eine verpasst für seine Dummheit.

Er ging ins Haus und sah im Eingangsbereich an einer Tür eine rote Schließe. Demnach war die Toilette besetzt. Drinnen erklangen ein Stöhnen und Gurgeln. „Doof" hatte es also gerade noch geschafft. Adam öffnete die Tür daneben, die in den Aufenthaltsraum der Zöllner führte.
Zwei Schreibtische standen längs im Raum unter einem breiten, ungeputzten Fenster, durch das er seinen Wohnwagen auf der Straße stehen sehen konnte. Das Fenster nach hinten hinaus stand sperrangelweit offen, und ein leichter Wind bewegte die Gardine, die am unteren Ende zerrissen und verschmutzt war. Seitlich neben den wuchtigen Schreibtischen sah er einen schwarzen, zuckenden Schwanz, und auf dem Boden ragten verdreckte Schnürstiefel hervor.

„Kira, um Himmels willen!" Alarmiert stürzte Adam um die Tische herum. Grüne Raubtieraugen funkelten ihn böse an. Der Panther wollte offenbar seine Beute vor einem Konkurrenten schützen. Nichts Menschliches lag mehr in dem Gebaren seines Seelenzwillings. Kira knurrte und bleckte ihre weißen Zähne. Ihre Rückenhaare sträubten sich, und sie duckte sich, um zum Sprung anzusetzen. Adam riss ergeben die Hände hoch und zog sich langsam und bedächtig zurück, um keine ruckartigen, erschreckenden Bewegungen zu machen. Schmeichelnd sprach er auf das Tier ein: „Mein Schatz, ich bin es … Adam. Kira, bitte!"

Doch der Panther erkannte ihn nicht und stob drohend auf ihn zu, um ihn zu verjagen. Adam blieb nichts anderes übrig, als zurückzuweichen.
Sehr vorsichtig berührte er den Geist des Tieres. Der Panther hatte so quälenden Hunger, dass er vollkommen die Kontrolle verloren hatte. Adam erschrak über die gewaltige Macht der Tierseele, die sie über Kiras menschliche Seele hatte - von Kira war nichts mehr zu spüren. Er versuchte mit allen ihm zur Verfügung stehenden Mitteln, sie im Inneren des Panthers zu erreichen. Mit Worten wie aus einem Mantra redete er immer und immer wieder beruhigend auf sie ein. Kira fauchte und ließ ihn keine Sekunde aus den Augen. Sie pirschte ihm sogar nach. Adam fixierte sie mit seinem Blick und vermittelte ihr liebevolle Gefühle, etwas, was sie spüren konnte, denn seine Worte brachten nichts.

≈∞≈

Sacht tropften diese zarten Gefühle in Kiras aufgewühlte Pantherseele. Die Stimme kam ihr bekannt vor.
Ja, sie verursachte ihr sogar ein wohliges, vertrautes Gefühl. Allmählich beruhigte sie sich und gab die Abwehrstellung auf. Abwartend legte sie den Kopf schief und leckte sich die Blutspuren von dem Maul.
Dann setzte sie sich auf die Hinterpfoten und schnurrte.

≈∞≈

Adam atmete erleichtert aus. Kiras Seele schien allmählich wieder die Oberhand zu gewinnen. Das Tier streckte sich und veränderte plötzlich vor seinen Augen die Gestalt.
Endlich stand seine Frau wieder vor ihm.
Er zog sie wortlos in seine Arme, drückte sie fest an sich und musste ein unkontrolliertes Zittern unterdrücken, denn das Beschwichtigen hatte ihn enorm viel Kraft gekostet.

Die Tierseele zu durchbrechen, war schwieriger gewesen als gedacht. Dieses Erlebnis erschütterte und erschreckte ihn sehr, denn mit so etwas Gefährlichem hatte er nicht gerechnet. Er umarmte Kiras warmen, weichen Körper und küsste sie zärtlich auf den Haaransatz.

„Es ist alles gut", murmelte er erschöpft.

„Was meinst du?", fragte sie verständnislos und sah ihn verwirrt an. Offenbar wusste sie nicht, was sie angerichtet hatte.
Ausgelaugt reichte er ihr eine dicke, braune Wolldecke, die über einem Bürostuhl hing. „Hier, häng dir die um."

Kira nahm angewidert dieses braune Etwas entgegen und wickelte sich darin ein. Ihr Seidenkleid aus dem Amulett wäre bei diesen Temperaturen viel zu kalt gewesen. Adam konnte in ihrem Gesicht lesen, dass sie nun doch beunruhigt war. Er trat hinter den Schreibtisch und schloss resigniert die Augen. Dabei musste er wohl einen Laut von sich gegeben haben.
Kiras Stimme klang ängstlich, als sie fragte: „Was ist? Warum seufzt du?" Ehe er es verhindern konnte, war sie neben ihn getreten. „Oh, Bastet, was habe ich getan?"

Sie stolperte auf den toten Mann zu und ließ sich neben ihm auf die Knie fallen. Tränen schossen in ihre Augen. Hilflos schluchzte sie: „Das wollte ich nicht! Es ging alles so schnell … gleich, nachdem ich mich verwandelt hatte, übermannte mich der Hunger … ich war nicht ich selbst, ich wollte jagen und fressen." Verzweifelt schlug sie die Hände vor das Gesicht. „Ich habe ihn reden gehört und bin durch das Fenster gesprungen und habe mich sofort auf ihn gestürzt. Aber ich weiß nicht, was weiter geschah … ich habe ihn getötet."

Entsetzt über sich selbst schloss sie die Augen. Tränen liefen über ihre Wangen. Adam ließ sich neben sie nieder und legte ihr beschützend den Arm um die Schultern. Sie versteifte sich und sah ihn ängstlich an.

„Nein, bitte nicht …“, hauchte sie und sprang auf.
Es zerriss Adam fast das Herz, denn sie war so verletzlich in diesem Moment, aber trotzdem konnte sie sich nicht auf ihn einlassen. Er hatte jetzt nicht die Kraft, sie zu überreden, ihn nicht wieder von sich zu stoßen.

Sein Blick wanderte zu dem toten Mann auf dem Boden. Eine Blutlache hatte sich auf dem alten Linoleumbelag ausgebreitet und bildete eine schwarze, glänzende Pfütze um die zerfetzte Kehle des toten Zöllners.
Wie sollte Adam das Problem hier nun lösen?
Sein Plan, die Grenze unbemerkt zu überschreiten, war hiermit hinfällig. Auch war er sich nicht sicher, wie viel Zeit sie noch hatten und wie viel Vorsprung vor ihren Verfolgern.

Ein Gefühl der Ausweglosigkeit übermannte ihn.
Er musste irgendetwas tun, um sich selbst aus dieser mentalen Abwärtsspirale herauszuholen. Einfach irgendetwas!

So sachlich wie möglich sagte er daher: „Wir müssen die Leiche verschwinden lassen. Am besten verstecken wir sie in dem Dickicht hinter dem Haus. Sie werden sie wahrscheinlich schnell finden, aber vielleicht bekommen wir dadurch doch noch ein wenig mehr Vorsprung.“

Adam hob die Beine des Toten an und zog die Leiche durch den Raum hinaus ins Freie. Eine rote Schleifspur markierte den Weg des leblosen Körpers.

Kira erwachte auch aus ihrer Starre und suchte hektisch in einem Besenschrank nach einem Lappen und einem Eimer und wurde auch fündig. Sie säuberte schluchzend den Boden hinter dem Schreibtisch und folgte der Spur nach draußen. Als sie an der Toilette vorbeikam, horchte sie auf. Adam trat gerade wieder in das Gebäude und bemerkte ihren Blick.

„Das ist der andere Zöllner. Der sitzt momentan auf der Toilette. Hypnose ist Gold wert."

Ein spitzbübisches Grinsen huschte über sein Gesicht. Kira nickte leicht und versuchte, krampfhaft zurückzulächeln, was ihr aber kläglich misslang. Ihr Gesicht war blass. Sie biss sich auf die Unterlippe, bis sich ein Blutstropfen darauf bildete.

≈∞≈

Noch nie hatte sie als Panther einen unschuldigen Menschen angegriffen. Getötet hatte sie freilich schon öfter, aber dass sie von ihrer Tierseele überwältigt wurde, dass sie überhaupt kein Gefühl mehr für sich selbst hatte, das war, außer mit Adam, noch nie vorgefallen.

Aber sie trauerte nicht so sehr wegen des toten Menschen, sondern über den Verlust ihrer Selbstkontrolle - diese Grenze hatte sie bisher noch nie überschritten.

Sie war zutiefst verzweifelt, und dass Adam ihr das ansah, versetzte ihr nur noch mehr Qualen. Am liebsten wäre sie davongelaufen, aber das hätte ihr das Herz gebrochen. Die Flucht vor ihm würde ihr mehr wehtun als das, was hier vorgefallen war. Ihr Verstand wollte Distanz zu ihm, aber ihr Herz wollte seine Nähe … eine so intensive Nähe, die sie in Panik versetzte und die sie sich bisher weder gewünscht noch zugelassen hatte.

Adam sah, dass Kira sich innerlich zerfleischte. Er dachte, es ginge um den Zöllner. Hätte er gewusst, was tatsächlich in ihr vorging, hätte er wohl anders reagiert, aber so versuchte er voller Mitgefühl, sie von ihren Gewissensqualen abzulenken.

„Kira, es ist alles in Ordnung! Der Panther hat dich vor Hunger übermannt, und es ist nur natürlich, dass er jagt. Bitte zermartere dir nicht so sehr den Kopf.“ Sie sah ihn so leidend an, dass Adam von Mitgefühl überwältigt wurde. „Bitte lass mich dich wenigstens mit meinen Worten trösten, wenn du meine Nähe schon nicht zulassen willst“, flehte er sie an.

„Es tut mir so leid“, schluchzte sie und versuchte, etwas zu lächeln, was ihr aber misslang. „Ich kann noch nicht …“ Sie sprach nicht weiter, aber Adam wusste auch so, was sie meinte, und zuckte resigniert mit den Schultern.

„Schon gut, dann lass uns diese Situation irgendwie retten. Wir müssen herausbekommen, ob der Mann irgendjemanden angerufen hat. Ich werde mich im Büro umsehen.“ Er schob sich an Kira vorbei und setzte sich hinter den Schreibtisch. Suchend ließ er seinen Blick über den unübersichtlichen Tisch schweifen. Ordnungsliebend konnte man den Verblichenen jedenfalls nicht nennen. Überall lagen Zettel und Akten herum.

Ein angebissenes Sandwich lag auf einem Ordner, und Adam überlegte ernsthaft, es selbst aufzuessen, so hungrig war auch er inzwischen. Aber bevor er eine Entscheidung darüber fällen konnte, fiel ihm das alte Klapphandy auf, das unter einer aufgeschlagenen Zeitschrift hervorlugte.

„Das Handy! Wollen doch mal sehen, was da drauf zu finden ist.“

Er klappte das Telefon auf, und eine unbekannte Nummer erschien auf dem Display. Damit konnte er nicht viel anfangen. Er inspizierte zusätzlich die eingegangenen Nachrichten. Viele Kontakte schien der Mann nicht gehabt zu haben. Nur drei Nummern erschienen in der Liste.

Adam klickte die erste Nachricht an, die von einer Sonja kam: „Bin heute Abend frei. Wenn du Geld hast, dann um zehn bei mir wie immer.“ Armer Mann. Selbst die wenigen Kontakte, die er hatte, musste er kaufen.

Die nächste Nachricht aber ließ Adam zusammenzucken - ein Treffer! „Simon“ stand da. Das musste der Simon sein, den er in Irkutsk getroffen hatte.

„Dick“ wollte ihn wohl kurz vor seinem Dahinscheiden anrufen. Möglicherweise unter einer anderen Nummer, wie es schien. Simon gab hier die Anweisung, eine E-Mail zu lesen. Adam wandte sich dem Monitor des Computers zu.
Er öffnete den Posteingang und fand die Mail von Simon, die anscheinend an dutzende Adressen versendet worden war, da die Anrede lautete: „An alle Metamorphe, wichtigen Stellen und Metafans …“

Kira war neben ihn getreten und studierte über seine Schulter hinweg die Zeilen auf dem Bildschirm: „In der Anlage findet ihr Bilder von zwei Personen, die auf meiner Dringlichkeitsliste stehen. Sollten sie bei euch eintreffen, müsst ihr mich oder Ursus SOFORT benachrichtigen unter der folgenden Nummer …“

Adam erkannte die Handynummer. Es war dieselbe, die beim Aufklappen des Handys erschienen war.

„Wir werden uns dann um alles Weitere selbst kümmern. Sollten die Fotos nicht genügen, hier eine kurze Beschreibung der Rebellen: junger Mann, circa 1,90m groß, schulterlanges blondes Haar, Augenfarbe unbekannt. Bewaffnet mit einem Schwert und einem Dolch. Name unbekannt.
Junge Frau, schlank, schwarzes, hüftlanges Haar, grüne Augen, Panthermetamorph – Name: Kira Shaheen Malik."

Adam glitt mit der Maus auf eine der Anlagen und öffnete sie. Auf dem Bildschirm baute sich langsam das grobkörnige Bild einer Überwachungskamera auf, das trotz seiner Unschärfe eindeutig ihn selbst zeigte. Es musste bei seinem Eindringen in das Kraftwerk oder bei der Flucht aufgenommen worden sein.

„Shit! So ein verdammter Mist!"

Das zweite Bild zeigte Kira. Sie trug einen hellen Marlene-Dietrich-Hosenanzug und lächelte entspannt in die Kamera. Unter ihrem Arm hielt sie einige Akten, und ihr Haar war zu einem Pferdeschwanz zusammengefasst.
Fragend blickte Adam sie an. „Wo haben die das Bild her?"

„Das ist bei der letzten Konferenz in Zagazig entstanden. Ausgerechnet Simon …", murmelte sie besorgt. Sie zog ihren Mundwinkel nach unten, und eine steile Falte bildete sich zwischen ihren feinen Brauen. „Das sadistischste Monster von Ursus, sein treuester Anhänger. Er ist ein Canoidea, ein Schakal." Angespannt begann sie, durch das Zimmer zu laufen.

„Wer ist dieser Typ mit den vielen Narben im Gesicht? Er kam mir nicht besonders groß und kräftig vor", wollte Adam wissen.

„Ursus setzt ihn als Spürhund ein und lässt ihm dabei völlige Handlungsfreiheiten. Und Simon nutzt dieses Privileg. Die Gefangenen, die er bringt, sind zu bedauern. Meistens fehlt ihnen irgendein Körperteil, falls sie überhaupt lebend in Irkutsk ankommen. Wenn er irgendwelche Informationen aus ihnen herausquetscht, dann immer im Hinblick darauf, ihnen schreckliche Schmerzen beizubringen. So lebt er immer seine teuflischen Gelüste an diesen armen Kreaturen aus."

Angst fraß sich in ihre Seele, als sie ihm davon erzählte. Das war das erste Mal, dass sie Angst vor Simon hatte, aber nicht wegen sich selbst, sondern wegen Adam.

„Versuch, dich bitte zu erinnern, ob der Zöllner, der augenscheinlich ein Metafan war, Simon am Apparat hatte oder ob du vielleicht gerade rechtzeitig …" Abrupt beendete Adam seinen Satz, als er die verstörten Augen von Kira sah. „Entschuldige, aber vielleicht hast du uns damit das Leben gerettet. Und der Mann hatte sich eben mit den falschen Leuten eingelassen." Mitfühlend sah er seine Seelenhälfte an.

Die Augen zu Schlitzen verengt, versuchte Kira, sich an die letzten Minuten im Leben des Zollbeamten zu erinnern.
Das verlangte so einiges von ihr ab, da die Tierseele vieles verschleierte, aber etwas war ihr tatsächlich im Gedächtnis geblieben – nur ein kleiner Ausschnitt. „Er hat nach Simon oder Ursus gefragt und dann gewartet. Es war still, als ich ihn ansprang. Das Telefon flog auf den Tisch, und der Mann brach unter mir zusammen", murmelte sie.

„Das Handy war zugeklappt, als ich es auf den Tisch gefunden habe. Die Verbindung war also unterbrochen. Hat er seinen Namen genannt?"

„Das weiß ich nicht."

„Okay! Dann haben wir vielleicht noch etwas Zeit, bis Simon reagiert. Aber wir sollten uns trotzdem sputen! Er wird sicher auf unsere Spur stoßen."

„Was machen wir mit dem Mann in der Toilette?"

„Lass das mal meine Sorge sein."
Adam nahm Kira an die Hand und zog sie aus dem Zimmer zum Wohnwagen und ließ sie einsteigen. Dann lief er zurück zur Toilettentür und klopfte an.

„Hmm?", drang es gepresst durch die dünne Tür.

„Könnten Sie ganz kurz mal die Tür öffnen?" Die Erfahrung hatte Adam gelehrt, dass es besser war, den Opfern von Angesicht zu Angesicht gegenüberzustehen, um sie tiefgehend zu hypnotisieren und das Gedächtnis löschen zu können.

„Aber ich sitze gerade auf dem Klo", kam die stöhnende Antwort. Adam merkte, dass der Mann wohl kaum einfach so die Tür öffnen würde. Also legte er eine Falle.

„Ich würde Sie nicht darum bitten, wenn es nicht dringlich wäre. Ich habe mich verletzt, und Ihr Kollege meinte, bei Ihnen wäre Verbandszeug drin."

Das war natürlich eine reine Vermutung ins Blaue, ob da drin tatsächlich Verbandszeug lag, aber manchmal war einem das Glück hold. Ein leises Klicken ertönte, und das rote Schildchen am Türgriff wurde grün. Dann öffnete sich die Tür einen Spalt. In Hüfthöhe erschien das blasse Gesicht des Zöllners.

Ihm ging es augenscheinlich gar nicht gut. Adams Hypnose hatte sich fest in dessen Gehirn eingebrannt, und jetzt wurde noch ein neuer Gedanke hinzugefügt:

Dein Kollege hat Sonderurlaub und ist zu Sonja gefahren.
Er wird erst übermorgen wieder zum Dienst erscheinen.
Es hat alles seine Richtigkeit!

„Aber das kann er nicht machen! Er hat Schicht, und ich bin krank“, stöhnte der Beamte.

Es geht alles in Ordnung! Dir wird es bald wieder bessergehen, und du wirst dich nicht mehr an mich erinnern – weder daran, dass ich hier war, noch daran, was wir geredet haben.

Konzentriert blickte Adam in die sich verschleiernden Augen des Mannes. „Du kannst die Tür wieder schließen.“

„Doof“ nickte und schloss sie leise. Adam drehte sich um und verließ das Zollhäuschen. Dann klappte er die Schranke hoch und stieg in seinen Wagen.

„Corvus, bleib hier und behalte das Haus im Auge, bis ich dich wieder zu mir rufe. Ich will sehen, wie groß unser Vorsprung ist, bis hier die ersten Bären eintreffen.“

Er fuhr los und bemerkte, dass es bereits dunkel zu werden begann. Adam zermarterte sich den Kopf während der Fahrt, wie er durch die aufwendigere Grenzkontrolle kommen sollte mit Kira an seiner Seite. Angeblich sollte die Prozedur dort fast drei Stunden dauern – wie sollten er oder Kira das aushalten? Sie beide waren mehr als nur erschöpft und brauchten dringend Schlaf.

Außerdem würde sich Kira sicher kein zweites Mal verwandeln wollen, wenn ihre Tierseele sie bei Hunger übermannte – und er selbst wollte das auch nicht. Adam kam zu dem Schluss, an die Seite fahren zu müssen, damit sie beide sich ausruhen konnten. Es ging nicht mehr anders. In diesem Zustand konnten er und Kira die Grenze nicht überschreiten. Adam ging in Verbindung mit seinem Raben: Corvus wartete brav an der Passkontrolle und starrte in die Dämmerung. Es waren noch keine Ursidae aufgetaucht, und „Doof" arbeitete bereits wieder, als wäre nichts gewesen. Sie konnten also etwas entspannen. „Einen Tag Vorsprung haben wir sicher. Vielleicht haben wir Glück. Jetzt müssen wir uns erst einmal ausruhen. Ich bin total erledigt."

„Ich auch", meinte Kira und nickte. „Aber ich muss unbedingt auf die Jagd!"

Zweifelnd blickte er in ihre grünen Augen.
„Ich habe ein ungutes Gefühl, dich da draußen allein zu lassen. Würde ein einfaches Essen nicht genügen?"

„Adam, der Panther in mir verlangt seine Nahrung, und ich möchte wirklich nicht hungrig mit dir allein sein. Ich habe schon einen Menschen getötet."

Da konnte er eigentlich nichts dagegenhalten, aber er versuchte es trotzdem: „Ich bin mir sicher, du würdest mir niemals etwas antun."

„Ich bin mir da gar nicht so sicher. Ich verliere momentan völlig die Kontrolle. Meine Tierseele übernimmt komplett die Zügel. Verstehst du, Adam? Ich traue mir selbst nicht, und ich werde deshalb jetzt jagen gehen."

Entschlossen packte sie den Türgriff und stieg aus.
Es drang kalte, klare Luft in den kleinen Raum.
Besorgt sah Adam ihr nach.

„Ich weiß ja bereits, dass du viele Jahrhunderte ohne mich zurechtgekommen bist", murmelte er in die Stille. „Mach schnell! Ich komme ohne dich nicht zur Ruhe." Er hoffte, sie würde es noch vor ihrer Wandlung hören.

Der Panther lief auf leisen Pfoten an dem Wohnwagen vorbei. Adam starrte ihm im Licht seiner Scheinwerfer hinterher, bis ihn die Dunkelheit des Waldes verschluckte.

Als Kira ein paar Minuten weg war, folgte er ihr nach draußen. Ein mit Sternen übersäter Himmel in einer unendlichen Weite spannte sich über die Landschaft. Fröstelnd umschlang Adam seine Oberarme und nahm wieder Kontakt zu Corvus auf.
Er blickte durch die Vogelaugen auf die Schatten, die die russische Passkontrolle umgaben.

Im Inneren der Grenzerhütte hörte er Geschirr klappern.
Alltägliche Geräusche, die auf einen normalen, ruhigen Ablauf hinwiesen. „Doof" hatte seinen Kollegen also nicht gefunden – noch nicht, aber nachts würde der wohl auch kaum hinter der Hütte herumlaufen. Adam war einigermaßen beruhigt. Seine Gedanken wanderten in den Kopf des Raben: *Du kannst jetzt schlafen. Ruh dich aus.*

≈∞≈

Mitten in der Nacht schlich sich Kira in den Wohnwagen zurück. Adam war trotz seiner Sorgen vor Erschöpfung eingeschlafen. Vorher hatte er etwas gegessen. Auf dem Tisch lagen noch wenige Reste herum.

Auch sie war nach einer erfolgreichen Jagd satt und war nun endlich wieder Herrin ihrer Sinne. Jetzt, da ihre Tierseele ihren Willen bekommen hatte, musste sie vorerst keinen Rückfall befürchten, wieder in diese ohnmächtige Situation zu geraten, in der sie ihre Selbstkontrolle verlieren würde. Nun durfte sie sich erlauben, müde zu sein und sich zu entspannen.

Dieser Augenblick in Adams warmem Wohnwagen fühlte sich an, als würde sie nach einer jahrhundertelangen Irrfahrt endlich nach Hause kommen. Sie fühlte sich aus tiefster Seele wohl, denn sie hatte in dieser Nacht nicht nur gejagt, sondern auch eine überaus wertvolle Begegnung gehabt …

Als sie Adam liebevoll beim Schlafen zusah, kam in ihr ein sehnsuchtsvolles Gefühl auf – der Wunsch, zu ihm ins Bett zu kriechen und sich an ihn zu schmiegen, um seinen Körper und die Wärme seiner Haut zu genießen. Bei diesem Gedanken drang ein leises, wohliges Schnurren aus ihrer Kehle, und sie lächelte glücklich. Nur wusste sie nicht, inwieweit sie sich diese Gefühle selbst erlauben durfte, ohne dass der Panther wieder hervorschoss und alles zunichtemachte.

Sie hatte keinerlei Erfahrungen mit so einer Situation. Niemals hätte sie gedacht, ein anderes Lebewesen einmal so sehr zu brauchen wie diesen Mann. Ihr ganzes Leben war sie frei und unabhängig gewesen, ohne auch nur einmal das Bedürfnis verspürt zu haben, irgendjemanden an ihrer Seite zu dulden, geschweige denn zu lieben.

≈∞≈ Feinde und Verbündete ≈∞≈

„Wach auf, du verdammter Hornochse!“
Ein Tritt in den Rücken weckte den tief schlafenden Grenzbeamten unsanft aus seinen Träumen.

„Was ist denn los?“
Verstört setzte er sich auf seiner Liege auf. Vor dem Bett hatten sich vier finstere Gestalten aufgebaut – drei bullige, riesige Kerle und ein kleiner, sehniger Blonder, der, wie es schien, das Sagen hatte. Verschlafen rieb sich der Beamte die Augen.

„Was los ist? Du wagst, das zu fragen? Wo ist dein Kollege? Anrufen, aber nicht sagen, wer dran ist und wo wir hinsollen. Der sollte uns verständigen, wenn die beiden Rebellen hier entlangkommen. Und hier stinkt es nach Panther, also waren die sogar hier in diesen Räumen. Außerdem liegt der Geruch von Blut in der Luft.“

Völlig verblüfft fragte der Grenzbeamte ahnungslos: „Was? Welche Rebellen? Was für ein Panther? Blut?“
Als ihm der Ernst der Lage bewusst wurde, wollte er von seinem Lager aufspringen, aber einer der hünenhaften Kerle drückte ihn schmerzhaft zurück auf die Liege.

„Antworte oder es wird dir bald sehr schlecht gehen!“, drohte der bärtige Hüne, und sein Blick ließ keinen Zweifel daran, dass man ihm etwas antun würde.

„Aber ich weiß von nichts! Mein Kollege ist gestern einfach verschwunden. Sonderurlaub, wahrscheinlich zu Sonja, seiner Lieblingshure. Er hat sich nicht einmal richtig abgemeldet.“

„Woher weißt du dann, dass er zu diesem Weib ist?“

„Doof“ zog vor Anstrengung beim Denken seine Stirn kraus.

„Ja, woher weiß ich das eigentlich?“ Verwirrt schüttelte er den Kopf. Er konnte sich einfach nicht erinnern.

„Gehirnwäsche, eindeutig! Der Mann, der bei dem Panther ist, muss ein Telepath sein“, fluchte Simon laut und spuckte auf den Boden.

„Ja, ich habe gehört, dass die Partner der Gestaltwandler immer irgendetwas Außergewöhnliches können“, murmelte der riesige Kerl mit den sandfarbenen Haaren.

„Halt's Maul, Iwan! Es gibt keine Partner“, fauchte der Blonde den Goliath an. „Seht lieber zu, dass ihr diesen anderen Grenzbeamten findet. So wie es hier nach Blut riecht, glaube ich nicht, dass er bei dieser Sonja ist.“

Die Hünen und der kleine Kerl verließen den Raum.
Der Zöllner empfand eine enorme Erleichterung, dass die anscheinend das Interesse an ihm verloren hatten. Er hatte vorerst nicht vor, sich hier wegzubewegen, um nicht wieder die Aufmerksamkeit auf sich zu lenken. Er sah die großen Typen durch sein Fenster, als sie das Gelände rund um das Gebäude durchstöberten, während der kleinere Typ genervt an dem schwarzen Jeep lehnte und die Gegend fixierte. „Doof“ durchsuchte seine Kammer. Hoffentlich fand er eine Waffe.

Simon inspizierte die Gegend, um die Lage einschätzen zu können, was sich hier abgespielt haben könnte.

Die Drecksarbeit ließ er seine Gefolgschaft erledigen. Er würde sich nicht die Finger schmutzig machen und nach einer Leiche suchen. Er tat nur das, was Spaß machte … zukünftige Gefangene jagen und sadistisch quälen zum Beispiel. Gestern hatte er auch diesen Asiaten Haru die banale Aufgabe erledigen lassen, herauszufinden, wer angerufen hatte. Simon wollte lieber handeln, anstatt blödsinnig in der Gegend herumzutelefonieren. Das hatte er nicht nötig. Also musste Iwan sein Geschäftshandy verwalten – nur hatte Simon nicht damit gerechnet, dass einer so blöd sein konnte, sich ohne Namen und Ort zu melden, und derjenige wurde dann wahrscheinlich auch noch von einem Panther abgeschlachtet. Obwohl Simon sehr erstaunt darüber gewesen wäre, wenn dieses Pantherweib es tatsächlich fertiggebracht hätte, einen Menschen zu töten.

So kaltblütig hätte er sie gar nicht eingeschätzt, da sie zur Delegation gehörte und sich scheinheilig für ein Leben mit den Menschen einsetzte. Das würde sicher noch sehr interessant werden mit ihr und ihrem Liebhaber. Simon spürte, wie seine Lieblingsgefühle in seinem Bauch aufloderten: sadistische Freude auf die Hetzjagd, Nervenkitzel und die Vorfreude darauf, sein ganz persönliches Vergnügen mit seinen Opfern auszukosten.

Als er sich nun genüsslich eine Zigarette anzündete und sich die Gegend genau einprägte, entdeckte er auf dem Dach einen Raben – oder war es eine Elster, die sich gelangweilt ihr Gefieder putzte? Er konnte den Vogel nicht genau erkennen, denn hinter ihm ging gerade die Sonne auf, sodass das Tier regelrecht erstrahlte. Irgendwie kam Simon das Vieh bekannt vor, aber momentan fiel ihm nicht ein, woher. Sein Blick wanderte den Graben entlang, und etwas Schwarzes erregte seine Aufmerksamkeit.

Lässig ging er hin und hob eine schwarze Pistole auf. Interessiert drehte und wendete er sie, öffnete sie, um zu sehen, wie viele Patronen noch darin waren, und grinste zufrieden:

„Voll, sehr gut!"

Er roch an der Waffe – sie gehörte dem dünnen Beamten, den er in der Kammer zurückgelassen hatte. Simon wägte ab, ob es sinnvoll sein würde, ihn zu erschießen, oder ob er sich die Munition sparen sollte. Aber damit würde er sich später befassen müssen, denn die Bären schleppten gerade etwas heran …

≈∞≈

Corvus rief seinen Meister. Adam schrak aus dem Schlaf hoch. Obwohl er noch sehr benommen war, konzentrierte er sich sofort auf den Raben.

Gerade schleppten die zwei Gestaltwandler, die Adam sehr wohl bekannt waren, die Leiche des getöteten Grenzers auf die Straße. Simon bückte sich und untersuchte den Toten. Corvus legte den Kopf schief, um ihn besser verstehen zu können.

„Zahnspuren, eindeutig von einem Raubtier. Ich rieche die Katze an ihm. Ich schätze, dieser Kerl ist schon seit mindestens zwölf Stunden tot. Eine Spur, der wir folgen können – sie haben nicht sehr viel Vorsprung, vielleicht einen Tag. Los, einsteigen! Wir hauen ab! Hier ist nichts mehr zu holen." Die vier Männer kletterten in den Jeep und fuhren in einer gelben Staubwolke Richtung Mongolei davon – in ihre Richtung.

Völlig verstört lief der andere Beamte auf die Straße und sah dem Wagen hinterher.

Er wollte sich das Nummernschild merken, doch leider konnte er bei all dem Staub nichts erkennen.

Sein entsetzter Blick fiel auf seinen toten Kameraden, der mitten auf der Straße lag. Der Mann schlug die Hand vor den Mund und rannte panisch ins Haus. Corvus hörte aus dem Inneren noch würgende Geräusche, bevor er sich in die Lüfte erhob, um zu seinem Meister zu fliegen.

Adam sprang auf und fiel prompt wieder zurück.
Der Wohnwagen war über etwas hinweggerumpelt.

Oh Gott, schoss es ihm durch den Kopf, *hat sich die Handbremse etwa gelöst?* Verwirrt stürzte er zur Schiebetür und riss sie zur Seite. Kira saß entspannt am Steuer und sah kurz zu ihm auf.

„Na?", fragte sie keck. „Ausgeschlafen?" Perplex starrte er sie an und sah dann mit zusammengezogenen Augenbrauen durch die Windschutzscheibe.

Nach einigen Sekunden fragte er verwirrt: „Wo sind wir? Und was ist mit der Grenze? Die wird doch bald kommen!"

Kira grinste: „Keine Panik, alles geregelt, entspann dich!"

„Wie das?" Seine Augen zogen sich vor Unverständnis zu Schlitzen zusammen.

„Tja, wie es der Zufall so will, hatte ich gestern nach dem Jagen eine nette Begegnung", sagte sie fröhlich und lächelte geheimnisvoll. „Diejenige war so freundlich, mir durch den Zoll zu helfen. Ach, es ist wirklich wundervoll, eine alte Bekannte zu treffen", sinnierte sie. Für einen Moment schwieg Adam, doch dann lächelte er breit.

„Du bist wirklich der Wahnsinn!“, sagte er glücklich.

Stolz lachte sie – das war ein magischer Moment für ihn. Er hatte sie bis jetzt noch nie so herzhaft lachen sehen. Entspannt ließ er sich auf dem Beifahrersitz nieder und betrachtete sie eine Weile von der Seite. Er war total verliebt in sie – nein, es war viel mehr als bloßes Verliebtsein, er liebte sie aus tiefstem Herzen. Aber leider war jetzt nicht die Zeit, sich ganz und gar diesen aufregenden Gefühlen hinzugeben, und daher fragte er sachlich: „Wie lange sind wir schon unterwegs? Simon und seine Handlanger haben vorhin die Passkontrolle überquert.“

„So ungefähr drei bis vier Stunden, schätze ich mal. Meine Bekanntschaft hat uns vor Sonnenaufgang durchgeschleust.“ Sie machte eine kurze Pause, bevor sie zögernd weitersprach: „Was ist mit den Beamten?“

„Den Toten haben sie gefunden, und den anderen haben sie leben lassen, was mich ziemlich erstaunt.“

„Hm, ja, das war dumm von ihnen! Der wird sicher an der Grenze anrufen. Ich weiß nicht, ob sie so schnell durch die Kontrolle kommen. Sie müssten die Beamten dort schmieren, und das kann dauern!“ Plötzlich grinste sie wieder. „Ihr kleiner Fehler kommt uns zugute, denke ich!“

„Wann erzählst du mir denn von deiner geheimnisvollen Begegnung, der wir unsere problemlose Grenzüberschreitung zu verdanken haben?“, fragte Adam.

Versonnen lächelte sie ihn an, sagte aber nichts. Er ahnte, dass er nicht weiter zu fragen brauchte. Daher beschloss er, einfach abzuwarten, bis sie von sich aus mit der Sprache herausrückte.

Sie waren den ganzen Tag durch sanfte, grüne Hügel mit weiten Talebenen und kargen Steppen gefahren, als sie in der Ferne schemenhaft, wie aufsteigende blaue Nebel, das riesige Altaigebirge erblickten. Vereinzelt leuchteten weiße Jurten in der Landschaft auf, vor denen Viehherden grasten.
Kinderlachen und Hundegebell drangen ab und zu an Kiras empfindliche Raubtierohren. Adam konnte diese Geräusche aus der Ferne nicht hören, aber ihm gefiel Kiras Reaktion darauf - ein warmherziges Lächeln stahl sich auf ihre vollen Lippen, wenn sie ihm davon erzählte. Sie unterhielten sich leichtherzig über Ereignisse aus ihren Leben. Adam fühlte sich, als würde er auf einer Wolke schweben, und vergaß sogar ihre Mission in diesen Stunden der Unbeschwertheit.

„Ist doch ein idealer Rastplatz hier, und außerdem haben wir die Straße gut im Blickfeld. Corvus hat wie immer eine super Arbeit geleistet", lächelte Kira zufrieden.

Stolz plusterte der Rabe sein Gefieder auf.
Er war irgendwann während der Fahrt neben dem Wohnmobil aufgetaucht, nachdem Adam ihn zu sich geführt hatte.

Und nun, in der beginnenden Dämmerung, hatte er den Vogel wieder losgeschickt, um hier in der Gegend einen geeigneten Rastplatz zu finden. Kira inspizierte die Lichtung, die der Rabe aus der Luft ausgemacht hatte. Das Raubtier in ihr stimmte der Wahl des Vogels zu. Von der Straße aus konnte der Platz nicht eingesehen werden, jedoch andersherum funktionierte dies sehr gut. „Gut, machen wir es uns gemütlich."

„Ein Feuer werden wir aber nicht anzünden", überlegte Adam, während er Planen auf den Boden und darauf Decken legte.

Er wollte, bevor die Nacht hereinbrach, noch ein Picknick machen, wenn auch nur ein Picknick für Arme, denn allzu viel hatte er nicht mehr dabei, was sie essen konnten.

Kira sah ihm bei der Vorbereitung zu: „Wenn es dir nichts ausmacht, wieder nur die kalten Reste zu essen. Ich brauche nichts Gebratenes, ich bin noch satt." Schalk blitzte in ihren Augen auf. „Und wärmen können wir uns ja gegenseitig. Als Katze bin ich sogar noch heißer", provozierte sie ihn.

Die Unbeschwertheit, die sie während der Fahrt mit Adam erlebt hatte, hatte sogar sie vergessen lassen, dass sie eigentlich auf der Flucht waren. Nach der Grenze war es ihr eher so vorgekommen, als machten sie eine abenteuerliche Reise in ein magisches Land. Sie war tiefenentspannt und glücklich – Emotionen, die sie bisher nie in diesem Ausmaß erlebt hatte.

„Ich bin froh, dass du mich gefunden hast", sagte sie ohne vorherigen Zusammenhang. Diese Worte waren einfach so aus ihrem Inneren herausgesprudelt. Für einen Moment versteifte sie sich. Ein wenig erschrocken war sie nun doch über ihre Ehrlichkeit, aber als sie zu ihm hinüberschaute, sah sie, dass er selig lächelte. Er sah sie mit so einem liebevollen Blick an, dass sie einen sanften Stich ins Herz bekam.
Sie schluckte, als er näherkam und direkt vor ihr stehen blieb. Sie befürchtete, sie würde wieder … nein, sie wollte nicht auf Abstand gehen.

„Ich weiß nicht, wie weit ich mich unter Kontrolle habe", warnte sie ihn leise.

Er zuckte nur mit den Schultern.

≈∞≈

Adam beugte sich vor und küsste sie fordernd auf den Mund, während er sie festhielt und diese innige Verbindung vertiefte. Sekundenlang genoss er ihren Geschmack und die Weichheit ihrer zarten Lippen. Es fiel ihm zwar unendlich schwer, aber er beendete den Kuss wieder, um zu sehen, wie Kira reagierte.
Ihre grünen Augen hatten sich bereits verändert, und ihr Blick war starr und alarmiert, aber sie blieb äußerlich noch ruhig.

„Lass uns warten, bis du dich wieder fängst, meine Süße", flüsterte er und zog sie fester an sich. So hielt er sie eine Weile, und als er merkte, dass sie sich entspannte, löste er die Umarmung leicht und sah ihr in die Augen. Endlich war ihre Regenbogenhaut wieder kleiner geworden und das strahlende Weiß des Augapfels wieder sichtbar.

Verschämt murmelte sie leise: „Es ist noch ein langer Weg, der vor uns liegt. Wenn ein Kuss schon so viel Selbstdisziplin von mir abverlangt, werde ich dich zerreißen, wenn wir jemals miteinander …" Plötzlich verstummte sie und hob ihren Kopf lauernd in die Höhe. Mit einem Handzeichen forderte sie Adam auf, ebenfalls zu schweigen, und zeigte auf das angrenzende Unterholz. Fragend zog er seine Brauen hoch und formte mit seinem Mund lautlos: „Bären?"

Kira schüttelte leicht den Kopf und flüsterte: „Riecht nach Mensch!"

Drohend wandte er sich an die grüne Nadelwand: „Komm raus da! Wir wissen, dass du dich im Unterholz versteckst!" Äste knackten prompt, und das Gestrüpp bog sich zur Seite.

Ein dunkelhaariger Mann in der typischen mongolischen Landestracht, dem Deel, trat auf die Lichtung.
Leicht humpelnd näherte er sich gemächlich den beiden. Der etwa vierzigjährige, bärtige Mann blieb aufrecht, ja, beinahe stolz, vor Adam stehen und grinste breit.

„Hey, Corbet, mein Freund!“, begrüßte er ihn. „Du hast deinen Metamorph also auch endlich gefunden. Aber so unheimlich jung, wie du aussiehst, liegt das Kennenlernen nicht allzu lange zurück.“ Erstaunt musterte Adam den Mann, und ein Erkennen erhellte sein Gesicht.

„Alexander?“
Laut lachend riss er den älteren Mann in seine Arme. Kira stand gespannt neben den beiden Männern, die sich gegenseitig kameradschaftlich auf die Rücken klopften, und schmunzelte.

Adam sagte überrascht, als er Alexander eingehender betrachtete: „Du hast deine andere Hälfte wohl schon länger, so wie du dich verändert hast. Ich sehe so einige Fältchen. Wenn ich daran denke, dass du damals so jung warst wie ich.“ Adam nickte anerkennend und wandte sich dann an Kira. „Kira, das ist Alexander MacDonald. Wir haben einige Jahre in Schottland verbracht, als wir unsere Seelenzwillinge gesucht haben. Geteiltes Leid ist halbes Leid. Aber der Krieg damals hat vieles zerstört und viele getrennt. Wir haben zusammen in Culloden gegen Cumberland gekämpft und haben trotz zahlreicher Einschusslöcher überlebt.“

„Nun, ich für meinen Teil habe mein Bein dort auf dem Hochmoor begraben.“ Um diese Aussage zu bekräftigen, klopfte Alexander mit seinem Langbogen auf sein rechtes Bein. Ein hölzernes Geräusch erklang.

„Tatsächlich?“, verwundert sah Adam hinab. „Da hatten wir uns offenbar schon aus den Augen verloren … kein Wunder, was Cumberland da abgezogen hat.“

„Stimmt, aber etwas Besseres hätte mir nicht passieren können.“ Alexander grinste selig, als er nachschob: „Ich traf meine andere Hälfte dort. Nachdem du und ich uns verloren hatten, flüchtete ich in die Highlands. Dort versteckte ich mich vor Cumberlands Schergen in einer Höhle. Hier hauste ich viele Tage, bis eines Nachts …“ Er brach ab und lächelte versonnen. „Es war das herrlichste Gefühl, das man sich vorstellen kann. Ich hörte in dieser Nacht Wölfe heulen und hatte den Eindruck, sie riefen nach mir, und so heulte ich zurück. In jener Nacht erschien im Höhleneingang, im Licht des Mondes, die schönste Wölfin, die auf Erden wandelt. Ihr Fell glänzte silbern und ihre Augen leuchteten im Dunkeln goldgelb.“ Ein verträumter, beinahe rauschhafter Ausdruck lag auf Alexanders weich gewordenen Gesichtszügen. Adam grinste, denn er kannte dieses berauschende Gefühl nur zu gut. Verstohlen sah er zu Kira, die aber zu seinem Bedauern keine Reaktion zeigte.

„Was treibst du hier?“, wechselte Adam das Thema.

„Ich bin auf der Jagd wie Atha, meine Wölfin. Wir trennen uns immer für ein paar Tage, und danach treffen wir uns wieder bei unserer Jurte. Sie ist immer schneller als ich. Kein Wunder, sie kann auch weitere Strecken zurücklegen.“

„Atha?“, rief Kira dazwischen. Ihre Augen weiteten sich erstaunt. „Atha ist dein Metamorph?“

„Ja, wieso? Kennst du sie?“

„Natürlich, sie war Mitglied bei der Delegation, als ich gerade angefangen hatte, aber sie ist nach meinem Eintritt ausgestiegen. Ich habe sie gerade erst wiedergesehen - sie hat mir mit ihren Freunden durch den Zoll geholfen. Ich hätte sie beinahe nicht mehr erkannt, aber jetzt weiß ich ja, wieso."

„He, Alex, willst du uns heute Nacht nicht Gesellschaft leisten? Wir haben uns sicher viel zu erzählen", fragte Adam daraufhin.

„Ja, gern, warum nicht?"
Kaum hatte Alexander zugestimmt, erklang der Ruf einer Eule über ihnen in den Wipfeln der im Wind schwankenden Bäume. Alexanders Blick erhob sich.

„Ist das etwa Nighteye?" Adam suchte das dichte Grün der Baumriesen ab.

„Ja, ohne mein Schutzschild lässt Atha mich nicht fort. Sie ist so ein Angsthase, obwohl sie eine Wölfin ist", schnaubte Alexander amüsiert. „Aber was tut man nicht alles für seine große Liebe. Hast du deinen Raben noch?"

„Ja, klar, der leistet deinem Schutzgeist wahrscheinlich irgendwo da oben Gesellschaft."

≈∞≈

Während sie es sich auf den Decken und Planen gemütlich machten, plauderten die Männer ohne Unterlass über vergangene Zeiten. Kira lächelte amüsiert. Sie hätte nicht gedacht, dass Männer so geschwätzig sein konnten. Aber was hatte sie in der letzten Zeit nicht alles dazulernen müssen … ihr ganzes Leben stand kopf!

Sie ließ sich neben Adam nieder und kuschelte sich an ihn. Alexander grinste seinen Freund anerkennend an, der vor Glück strahlte.

„Nun, mein Freund, was hast du dir für eine Meta geangelt? Obwohl ‚geangelt' eigentlich der falsche Ausdruck ist. Besser ausgedrückt - was hat das geheimnisvolle Schicksal dir für einen Gestaltwandler auserwählt?" Adam holte kurz Luft und wollte antworten, jedoch fiel ihm Alexander ins Wort: „Warte, lass mich raten." Der dunkelhaarige, schlanke Mann musterte Kira ausgiebig mit seinen warmen, braunen Augen. Sie grinste amüsiert, denn ihr war das überhaupt nicht unangenehm, dass der sympathische Mann sie so musterte. „Also, geheimnisvolle, grüne Augen, tiefschwarzes Haar, schmale Figur und sehr geschmeidige Bewegungen, wie ich bereits festgestellt habe. Ich denke, hinter der bezaubernden, menschlichen Fassade verbirgt sich eine Raubkatze. Liege ich richtig?"

Kira neigte hoheitsvoll den Kopf, um die Vermutung zu bestätigen. „Ja, ich bin ein Panther."

„Und selten ist sie auch noch!" Alexander freute sich sichtlich für Adam. „Gratuliere, mein Freund."

Adam grinste stolz. „Danke. Ja, sie ist etwas ganz Besonderes!"

Kira lächelte, und ein wohliger Schauer lief ihr den Rücken hinab.

„Warum seid ihr eigentlich mitten in der Mongolei unterwegs? Mit einem Wolf hierherzuziehen, war ja irgendwie logisch, aber ich dachte, Panther bevorzugen mehr die wärmeren Gegenden." Alex sah Kira interessiert an.

„Das nicht unbedingt … Ich habe die letzten Jahre in Schweden verbracht. Da war es auch nicht sehr kuschelig. Aber dieser Trip hier durch dieses Land passiert nicht so ganz freiwillig", erklärte sie und zog die Augenbrauen zusammen.

Erstaunt riss Alexander die Augen auf. „Wie das?"

„Kira war auf der Gestaltwandlerkonferenz in Irkutsk", fuhr Adam fort.

„Irkutsk? Im Kraftwerk? Ich dachte, die Konferenz sei dieses Jahr in Fairbanks, zumindest hat Atha das gesagt. Tashiba war kurz zuvor bei ihr zu Besuch gewesen, um sie deswegen um Rat zu fragen."

„Ursus Maritimus hat die Konferenzmitglieder entführt, ihre heiligen Amulette geraubt, um sie so zur Unterwerfung zu zwingen. Er fordert die alleinige Macht über die gesamte metamorphe und menschliche Welt."

Erschrocken sah Alexander in die Gesichter der beiden.
„Der Bär ist doch vollkommen irre geworden!"

„Es kommt noch schlimmer, Alex. Ursus verleugnet unter Strafandrohung die Existenz der Meia Saiwalos. Er ist der festen Meinung, dass wir ein Schwachpunkt im Leben der Metamorphe sind. Er geht in seinem Wahnsinn schon so weit, dass, wenn ein Gestaltwandler mit einer Meia zusammenlebt und erwischt wird, sie zusammen hingerichtet werden – zumindest konnte man das zwischen den Zeilen heraushören."

„Was?" Alexanders Stimme war nur noch ein Flüstern.

„Wie seid ihr da rausgekommen?“, fragte er. „Soweit ich weiß, soll das Kraftwerk ein einziges Labyrinth sein.“

„Wir konnten nur mit Hilfe aus dem unterirdischen Verlies entkommen. Die anderen hochrangigen Metamorphe sitzen noch in den Kellern fest“, erwiderte Adam und wich dem Blick seines Freundes betreten aus. Er wusste nicht, ob er Alex sagen sollte, was Tashibas Schicksal sein könnte – falls sie denn noch lebte, aber da Alex nicht nachfragte, fuhr er fort: „Als Nächstes plant Ursus die Gefangennahme der drei Ältesten – das sind die Urmetamorphe, die Oldthree. Kira und ich müssen schnell herausfinden, wo sie sich aufhalten, um sie zu warnen und um Rat zu fragen.“

Der durchdringende Ruf einer Eule hallte über die Baumwipfel der Nadelbäume und unterbrach Adam. Alexanders Kopf fuhr sofort alarmiert in die Höhe.

„Die Bären! Sie kommen in Tiergestalt. Ein Schakal ist auch dabei“, rief Alex. Auch Adam nahm sofort Kontakt zu Corvus auf, aber der Rabe konnte nicht wirklich etwas erkennen – so eine gute Nachtsicht wie Nighteye besaß er nicht.

„Das sind unsere Verfolger! Wie um alles in der Welt sind die so schnell hinter uns hergekommen?“, fluchte Adam.

Die beiden Meias sprangen auf.
Alexander spannte seinen Bogen, und Adam hechtete zum Wohnwagen und bewaffnete sich mit seinen Schwertern.
Kira verschwand hinter dem Wohnwagen und kam wenige Sekunden später als Panther hervor.
Anerkennend nickte Alex Adam zu, der in diesem Moment trotz der drohenden Gefahr stolz grinste.

Im nächsten Augenblick stürmten die Bären mit wildem Gebrüll durch das Unterholz auf die Lichtung, gefolgt von einem gelblich schimmernden Schakal. Alexander reagierte als Erster und zog seine Bogensehne straff, zielte, und ein langer Pfeil flog mit hoher Geschwindigkeit über die Lichtung, um den ersten der drei Ungetüme, einen sandfarbenen Bären, nahe der Brust zu treffen. Dieser jaulte auf und stürzte zur Seite.

Adam ließ einen Kampfschrei ertönen, als ein Braunbär sich auf ihn stürzen wollte. Er fuhr mit seinem Katana dem Braunbären in das rechte Schulterblatt. Sein Prankenhieb traf ihn aber trotzdem am Oberarm, sodass er seinen Dolch, den er mit diesem Arm führte, fallen ließ. Alexander, der ihm gefolgt war, bückte sich und hob die Waffe auf. Er warf seinen Bogen zur Seite und fuhr mit dem Dolch dem Braunbären, dessen Aufmerksamkeit noch immer Adam galt, quer über die Brust. Aus der klaffenden Wunde spritzte hellrotes Blut heraus, und der Bär sackte jaulend in sich zusammen. Inzwischen war der hellbraune Bär wieder auf den Beinen und versuchte, den Pfeil aus seiner Wunde zu ziehen, was ihm jedoch nicht gelang, da Alexander ihn bereits mit dem Wakizashi attackierte. Adam wandte sich zu Kira um und sah mit Schrecken, was passierte.

Alles geschah in Bruchteilen von Sekunden!
Simon, der Schakal, hatte es auf Kira abgesehen, denn er lief pfeilschnell über die Lichtung auf die schwarze Katze zu. Kira fauchte den Angreifer laut an, und Simon stürzte sich auf sie. Aber der Panther wich im letzten Moment geschmeidig aus, um den Schakal während einer Drehung in den Hinterlauf zu beißen, und versenkte seine langen, gebogenen Zähne tief in die Muskeln des Schakals.
Es knackte, und der Schakal winselte erbärmlich. Blut strömte aus seiner Wunde und tropfte Kira von ihren Lefzen.

Sie riss an seinem Hinterlauf und zog den Schakal auf diese Weise zu sich heran.Wütend rang sie den Gegner zu Boden und wollte ihm mit ihren krallenbewährten Pfoten den ungeschützten Bauch aufreißen, aber im nächsten Moment traf sie ein harter Prankenschlag, und sie schlitterte schmerzvoll über den Boden. Der Schakal blieb schwer verletzt liegen, aber sie musste sich einem neuen Gegner stellen. Der Schwarzbär war Simon zu Hilfe geeilt. Er war Adam und Alex, die mit seinen Kumpanen beschäftigt waren, geschickt ausgewichen und wandte sich nun voller Zorn Kira zu. Der riesige, schwarze Bär brüllte auf die Raubkatze nieder. Speichel spritzte ihr entgegen, seine Augen waren blutrot unterlaufen und starrten sie hasserfüllt an. Ehe sich Kira hochrappeln konnte, war der Bär auch schon über ihr, drückte sie mit seinen tellergroßen Pranken nieder und versuchte, ihr in die Kehle zu beißen.

Adam, der Kiras Panik spürte, stach mit seinem Katana in wilder Wut auf den Braunbären vor sich ein, der sich wieder erhoben hatte, und brachte ihn dazu, zurückzuweichen. Blitzschnell wandte sich Adam dem Schwarzbären zu, der noch immer Kira angriff, und sprang mit einem einzigen Satz in seine Nähe. Mit einem gezielten Schlag trennte er dem völlig von Sinnen erscheinenden Schwarzbären den Schädel vom Rumpf ab. Sofort sackte der schwere Körper in sich zusammen und begrub Kiras schmalen Katzenkörper unter sich.

Qualvoll jaulte sie auf. Mit ganzer Kraft versuchte Adam, den schweren Körper von ihr herunterzuwälzen. Obwohl es nur Sekunden dauerte, spürte er, wie Kira die Luft ausging und sie Todesangst erlitt. Er hatte damit zu kämpfen, dass ihre Panik nicht auch ihn lähmte. Schreiend hievte er den toten Körper so weit hoch, dass der Panther darunter mit allerletzter Kraft hervorkriechen konnte.

Kira sah erbärmlich aus: Ihr Fell war von dem dicken Blut des toten Bären getränkt und verklebte das sonst schwarz glänzende Fell zu hässlichen, rostbraunen Büscheln.
Außerdem hinkte sie am Vorderlauf.

„Abzug!“, erklang die gequälte Stimme des Schakals über den Kampfplatz.

Simon hatte sich in einen Menschen zurückverwandelt und kletterte mit großer Anstrengung auf einen der Bären, denn laufen konnte er nicht mehr. Sein Bein sah malträtiert aus. Die zwei noch lebenden Ursidae krochen von der Lichtung.

Auf beiden Seiten hatten alle Kämpfenden tiefe Verletzungen davongetragen: Adams linker Arm blutete stark, Kira hatte Quetschungen am ganzen Körper und Alex tiefe Kratzer auf dem Rücken erlitten. Dass Simon zum Rückzug aufgerufen hatte, hatte die drei vor Schlimmerem bewahrt. Der Kampf war kurz und brutal gewesen. Simon hatte sicher nicht damit gerechnet, dass einer seiner Gefolgsleute den Kopf verlieren würde. Ohne zu zögern, hatte Adam sein Katana eingesetzt, um seine Feloidea zu retten. Auch Alexander hatte den Bären erhebliche Wunden zugefügt. Die Meias der Krieger hatten sicher jetzt auch unerträgliche Schmerzen, egal, wo sie sich gerade auf der Erde aufhielten.

Nighteye verfolgte auf Befehl Alexanders den Rückzug der Gegner aus der Luft, bis sie in ihrem im Dickicht geparkten Fahrzeug verschwanden – in Bewegung setzte sich dieser Jeep jedoch nicht. Wahrscheinlich mussten sie erst ihre zahlreichen Wunden versorgen, und das konnte einige Zeit dauern, genau wie bei Adam, Alex und Kira. Sie hatten auch nicht mehr die Kraft, Simon und seine Bären zu verfolgen.

Erschöpft ließen sich die beiden Männer im rot gefärbten Gras nieder. Kira verschwand hinter dem Wohnwagen und kam dann mit blutverklebtem Haar wieder hervor. Im selben Augenblick stürmte ein Wolf aus dem Wald heraus und blieb mit gelb funkelnden Augen vor dem an den Waldrand gerollten Bärenkopf stehen.

„Atha, Liebling! Was machst du denn hier?“
Das Leben kam zurück in Alexanders Körper. Er sprang auf, lief zu der Wölfin und strich ihr zärtlich über den Kopf. Die Wölfin kehrte für einen Moment in den Wald zurück und erschien kurz darauf als eine attraktive, silbergrauhaarige Frau in einem eleganten Kleid, das an eine Wiese roter Mohnblumen erinnerte. Sie sah sehr besorgt aus.

„Alex, was ist geschehen? Es tut mir so leid, dass ich nicht früher gekommen bin. Was für ein schrecklicher Kampf hat sich hier abgespielt?“

„Ich bin sehr froh, dass du nicht schon eher hier warst!“, erwiderte Alex entschieden. Zweifelnd sah sie ihren Mann an und wandte sich dann an Kira. „Hallo, Kira.“

„Hallo, Atha“, erwiderte sie erschöpft, „schön, dich so bald wiederzusehen.“

Atha ließ ihre bernsteinfarbenen Augen über die mit Blut besudelte Lichtung schweifen. „Es tut mir so leid, dass ich zu spät gekommen bin, aber ich war einfach noch zu weit weg.“

Betroffen sah sie Alex an, der sie daraufhin liebevoll auf die Wange küsste. „Aber zum Glück lebt ihr, und es scheint euch trotz allem einigermaßen gutzugehen.“

Alex grinste breit. „Natürlich! Mach dir keine Sorgen, mein Schatz“, entgegnete er. „Wir sind ein eingespieltes Team, nicht wahr, Adam? Kira kennst du ja bereits, wie mir zu Ohren gekommen ist, und das ist mein Freund Adam. Ich habe ihn ein paar Jahre vor unserem Zusammentreffen kennengelernt. Wir hatten uns den Jakobiten angeschlossen, aber bei der Schlacht von Culloden haben wir uns dann aus den Augen verloren.“

„Du bist Adam Corbet!“, stellte Atha begeistert fest.

„Kennst du Adam etwa auch schon?“, fragte Alex sichtlich verwirrt.

„Liebling, da haben wir seit einem Jahr Satellitenfernsehen und sehen ihn ständig im Fernsehen, und dann meinst du, dass ich ihn nicht erkenne, wenn er vor mir steht? Er ist schließlich eine Berühmtheit! Er ist der Sänger der Rockband „Corvus“. Übrigens, wirklich tolle Musik!“, lobte Atha. „Hast du den Raben auch bei dir?“
Adam lächelte, hob den unverletzten Arm, und Corvus glitt wie ein dunkler Schatten aus den Baumkronen herab, um auf dem Arm seines Meisters zu landen.

„Ja, weiß ich doch, dass er eine Berühmtheit ist – eine Berühmtheit und mein Freund“, grinste Alex stolz.

Mit einem Klaps auf den Oberarm wandte sich Atha an Alexander: „Toll! Da kennst du einen Star und sagst es mir nicht einmal!“ Sie sah ihn gespielt verständnislos an.

„Ich hätte es dir schon irgendwann gesagt, du weißt doch, wie wir Männer sind …“ Alexander kam aus dem Grinsen gar nicht mehr heraus.

„Und außerdem war ich mir sicher, dass ich ihn dir eines Tages persönlich vorstellen werde. Das wollte ich mir doch schließlich nicht nehmen lassen, dich damit zu überraschen."

Atha schüttelte den Kopf: „Verstehe einer die Männer." Sie wandte sich an Adam und Kira: „Kommt, lasst uns hier schnell verschwinden! Eure Wunden sehen wirklich schlimm aus. Wir versorgen eure Verletzungen in unserer Jurte und reden dort weiter." Daraufhin drehte sie sich um und ging hinter die Nadelbäume – hervor kam sie wieder als Wölfin. Sie leckte Alexander, der sich zu ihr heruntergebeugt hatte, über sein bärtiges Gesicht und verschwand dann mit einem letzten Blick auf Adam und Kira im Unterholz.

„Oh Mann, das macht sie immer", beschwerte sich Alex und wischte sich über sein Gesicht. „Ich liebe sie, aber das Abgeschlecke einer Wölfin finde ich wirklich nicht so prickelnd …" Adam und Kira lachten. „Ihr habt es gehört. Sie wird querfeldein laufen, weil sie viel schneller ist als wir mit eurem Wohnmobil, und sie kann schon alles für uns vorbereiten. Also los, lasst uns abhauen!" Eilig sammelten die drei die Decken und Planen ein, die nicht voller Blut waren, und verstauten alles im Wohnwagen.

„Das Blut wird der Regen wegspülen, aber den Körper? Was machen wir damit?", fragte Adam ratlos.

„Wir lassen ihn liegen! Die Bären werden sich um ihn kümmern, schätze ich", erwiderte Alex, während er seinen Langbogen aufhob.

„Hoffen wir es! Simon ist nicht dafür bekannt, Anstand zu besitzen." Kira zog skeptisch die Augenbrauen zusammen.

≈∞≈

Alex zeigte Adam den Weg durch die unberührte Bergwelt des Altaigebirges. Währenddessen hielt er Verbindung mit Nighteye und beobachtete immer wieder schweigend, was bei den Verfolgern vor sich ging.

Während der Fahrt versorgte Kira provisorisch die Wunden der beiden Männer. Corvus beteiligte sich auch mehr oder weniger an dem Verarzten, indem er Mullbinden und andere Kleinigkeiten mit dem Schnabel hin und her trug. Kira musste ihm ab und zu die Sachen aus dem Schnabel ziehen, wenn sie merkte, dass er damit abhauen wollte. Corvus' Neckerei lockerte ein wenig die niederdrückende Stimmung auf, die in dem Wohnmobil herrschte – die drei waren durch ihre tiefen Verletzungen und das Erlebte sehr mitgenommen.

An manchen höher gelegenen Orten sah Kira von ihrer Arbeit auf und bewunderte den herrlichen Rundblick auf die großen, schneebedeckten Berge in der Ferne. Sie fuhren durch niedrige, glasklare Gebirgsbäche und erklommen mit dem Wohnmobil, so gut es eben ging, steile Anstiege.

Manche Strecken mussten sie umfahren, da sie unpassierbar für das klobige Vehikel gewesen wären, aber Adam war gerade jetzt wieder einmal sehr froh darüber, dass er sein Gefährt mit allen Schikanen nachgerüstet hatte. Sein Wohnwagen war ein Unikat, das es in dieser Art sicher nur einmal auf der Welt gab.

Er hatte keine Kosten gescheut, das alte Wohnmobil nach seinen eigenwilligen Vorstellungen herrichten zu lassen. Sein geliebtes Fahrzeug war für fast jede Streckenbeschaffenheit ausgerüstet.

Endlich erreichten sie am Ende einer tiefen Schlucht eine weitläufige Berglandschaft, in der eine einsame, weiße Jurte stand. Der typische Rundbau der mongolischen Nomaden leuchtete schneeweiß in der Hochgebirgsflora.
Als sie dort ankamen, wurde die Tür aufgeschlagen, und Atha trat lächelnd aus ihrer Behausung.

„Na, ihr habt ja ewig gebraucht", neckte sie sie freundlich. „Willkommen in unserem bescheidenen Heim."

„Danke, ich bin sehr froh, dass wir hier sein dürfen", entgegnete Adam erschöpft, während Kira und Alex nur müde lächelten.

Atha trat zur Seite, um sie in die liebevoll eingerichtete Hütte eintreten zu lassen. Ein feiner Duft nach Essen erfüllte die Jurte, und erst jetzt bemerkten die drei, dass sie sehr hungrig waren.

„Ich habe für euch eine Kleinigkeit gekocht und es warm gestellt, da ihr euch sicher erst mal frisch machen wollt, nehme ich an." Sie ließ ihren Blick über die blutverschmierte, lädierte Kleidung ihrer Gäste wandern. „Ich habe euch auch schon saubere Sachen zurechtgelegt. Ich hoffe, euch passen unsere Deels. Ihr seid zwar größer als wir, aber diese traditionellen mongolischen Mäntel sind weit geschnitten und sehr bequem. Ich denke, dass es wohl gehen wird."

„Was ist mit unseren Verfolgern?", fragte Adam seinen Freund beim Umziehen.

Alex grinste vielsagend: „Die sind genau wie wir außer Gefecht. Nighteye zeigt mir nur ihre sinnlosen Diskussionen. Wir können uns vorerst entspannen!"

„Das war wirklich sehr lecker. Endlich mal wieder etwas Warmes im Bauch.“ Zufrieden und gesättigt lehnte sich Adam auf den bunten Kissen zurück. Atha lachte.

„So ausgehungert wie du warst, hätte ich dir sicher auch Regenwürmer und Schnecken vorsetzen können, Hauptsache, sie wären warm gewesen. Da bezweifle ich, ob es wirklich meine Kochkunst war.“

„Ach was, es hat wunderbar geschmeckt“, widersprach Alexander grinsend.

„Ja, Liebling, aber du bist außer Konkurrenz. Dir schmeckt es immer, wenn ich koche.“ Zärtlich küsste sie ihren Mann ohne Scheu auf den Mund. Adam beobachtete das gespannt und sah dann zu Kira, wie sie das auffasste.
Auch sie betrachtete die liebevolle Szene interessiert, denn Atha verwandelte sich nicht und schien sich auch nicht sonderlich beherrschen zu müssen.

„Ähm, dürfen wir euch mal was fragen?“, begann Adam zögernd, als ihr Kuss beendet war.

„Natürlich.“ Alexanders Aufmerksamkeit galt sofort wieder seinen Gästen.

„Es ist etwas indiskret“, murmelte Adam verlegen.

„Nun schieß los! Früher warst du nicht so zimperlich!“

„Ja, also, ihr beide seht so entspannt aus … beim Küssen …, wenn ich das mit Kira mache, verwandelt sie sich sofort in eine Katze.“

Atha nickte verständnisvoll.

„Das kenne ich nur zu gut. Ich habe das jetzt besser im Griff, aber ich habe ja auch über zweihundert Jahre Vorsprung in meiner Beziehung mit meiner Meia. Am Anfang war es die reinste Katastrophe. Aber wenn die Leidenschaft zu groß wird, habe ich nach wie vor so meine Probleme. Es ist frustrierend." Alexander zuckte ratlos mit den Schultern, und Atha fuhr fort: „Eine Lösung, wenn es denn eine dafür gibt, haben wir auch noch nicht gefunden."

„Angeblich sollen die Oldthree wissen, wie man sich nahe sein kann", erzählte Adam.

Alexander sah ihn fragend an und erwiderte: „Ich weiß nichts über die Freunde."

Atha dagegen zog verwundert die Augenbrauen hoch, als er die Urmetamorphe erwähnte. „Ich hätte nicht gedacht, dass so ein Jungspund wie du noch die Oldthree kennt."

„Jungspund?", rief Adam verwirrt.

„Ja, ich kann riechen, wie alt eine Meia wirklich ist, und du bist noch jung!" Atha lächelte wohlwollend. „Das Wissen über die Oldthree ist über die letzten Hunderte von Jahren aus den Köpfen der jüngeren, also eurer Generation, völlig ausradiert worden."

„Weißt du etwas über sie, wo sie sich aufhalten? Wir müssen sie vor Ursus warnen. Er will sie gefangen nehmen und wer weiß was mit ihnen anstellen", erzählte Adam, und ein drängender Unterton schlich sich vor Aufregung in seine Stimme.

Atha zögerte, doch als Kira ihr alles erklärte, begann sie bereitwillig, aber sehr besorgt, zu erzählen.

„Ja, ich weiß etwas über sie …“

Gespannt beugten sich Adam und Kira fast gleichzeitig vor, und auch Alex sah seine Frau erwartungsvoll an.

„Sie leben freiwillig von ihren Meia Saiwalos getrennt. Die drei Urgestaltwandler leben seit der großen Katastrophe, dem Untergang von Atla Antissa, in Ägypten. Ihre Meias leben in Kanada bei den Canoidea. Diese uralten Weisen sehen sich nur drei Tage jedes Jahr. Dann trennen sie sich wieder, um nicht zu altern und um die Wahrheit am Leben zu erhalten. Leider sind diese Wahrheiten über die vielen Jahrhunderte untergegangen in der Schnelllebigkeit der Neuzeit und durch den Widerstand einiger Delegationsmitglieder, wie mir mein Vater erzählte. Er gehörte zu den alteingesessenen Mitgliedern. Nur sehr wenige Auserwählte, wie mein Vater, durften zwischen den Oldthree, den Meias und der Delegation vermitteln, und als das aufhörte, bewahrten sie Stillschweigen über den wahren Aufenthaltsort der Uralten. Ich bin erst spät in die Delegation eingetreten, nachdem mein Vater schon längst gegangen war. Er war einer der letzten Vermittler, nach ihm kam niemand mehr. Aber das, was ihr erzählt, ist ungeheuerlich. Ihr müsst baldmöglichst zu den Oldthree und sie vor Ursus warnen und ihnen erzählen, was in der Delegation inzwischen alles vor sich geht.“

Adam nickte, und Kira überlegte konzentriert, während Alex seine Frau über diese neuen Details ausfragte – er hatte das alles bisher nicht gewusst.

„Du wusstest also schon immer, dass es Meias gibt?“, fragte Kira sie nun erstaunt.

„Ja, vor über fünfhundert Jahren wurde darum noch nicht so ein Geheimnis gemacht. Ich verstehe die Beweggründe auch nicht, aber vor ungefähr vierhundert Jahren wurde ein Edikt erlassen, in dem es strikt verboten wurde, den neugeborenen Gestaltwandlern von ihren Meia Saiwalos zu erzählen. Es sollte über die Jahrhunderte in Vergessenheit geraten, was auch erfolgreich eingetreten ist."

Atha nippte kurz an ihrem Tee und fuhr ernst fort: „Wir, die es wussten, mussten uns zurückziehen und verstecken. Ich musste aus der Delegation austreten, um meine Geheimnisse zu wahren und um meine Meia und mein Wissen schützen, das mir mein Vater hinterlassen hatte. Es wurde zu gefährlich. Ich erinnere mich, dass die verbliebenen Alten immer tuschelten, wenn bei den Konferenzen von Ursus irgendein verrückter Vorschlag kam, der abgelehnt wurde. Letztendlich hat Ursus aber immer seinen Willen mithilfe drastischer Methoden durchgesetzt."

Atha verstummte, und ihr Blick verlor sich für einen Moment in der Ferne, als würde ihr noch etwas einfallen: „Einmal habe ich Clarence, einen alten Freund meines Vaters, nach einer wichtigen Abstimmung zur Rede gestellt. Er hatte durch seine Stimme einer irrwitzigen Idee von Ursus zum Erfolg verholfen. Er meinte wortwörtlich: ‚Ich habe allen jungen Unwissenden mit meiner Stimme das Leben gerettet.' Ich verstand zu dem Zeitpunkt nicht, was er meinte, aber jetzt wird mir so einiges klar. Ursus war immer der Meinung, dass Gestaltwandler eine Herrscherrolle auf der Welt einzunehmen hätten. Doch ein Herrscher, der unvollkommen ist, ist absolut inakzeptabel. Eine halbe Seele ist inakzeptabel! Also wurde es verboten, darüber zu sprechen, und die wissenden Mitglieder sind alle verschwunden – alle, die dagegenhielten.

Ich glaube, bei der Konferenz vor vierhundert Jahren musste Ursus die Mitglieder massiv unter Druck setzen, um ihre Stimmen zu seinen Gunsten zu gewinnen. Wer nicht mitzog, wurde getötet – nicht nur die Metamorphe wurden getötet, auch ihre Meias mussten sterben." Betrübt sah Atha zu Boden. Alex legte den Arm beruhigend um sie, denn sie war sehr aufgebracht. „Ich habe mich allem entzogen. Was mich wundert, ist, da ich indirekt immer noch ein wenig in die Verhandlungen hineinweiß durch Tashiba, dass über die Jahre so wenig durchgesickert ist von Ursus' Plänen – dass er seine Meinung vehement vertritt, war mir bekannt, aber dass er in diesem Ausmaß handeln würde, habe ich nicht erwartet."

„Ich denke, ich weiß, warum … oder zumindest habe ich da so meine Vermutungen." Kira stellte die kleine, zarte Tontasse mit dem dampfenden Tee auf den niedrigen Holztisch. „Wir sind die Nachkommen, junge Ratsmitglieder ohne Erfahrung. Ich bin mit meiner Volljährigkeit zwar schon in die Delegation eingetreten, aber im Grunde wusste ich nichts. Ursus hat uns gelenkt, wie es ihm Spaß machte. Ich finde es schrecklich, dass ich das nicht früher durchschaut habe!"

Kira redete sich in Rage, ihre Wangen röteten sich, und sie fuhr sich mit ihren Fingern immer wieder nervös durch ihre Haare. Sie hielt ihre innere Spannung nicht mehr aus und stand auf. Die Jurte war definitiv zu klein, um darin ausgiebig hin- und herzulaufen, aber Kira reichten auch drei Schritte hin und zurück. Die anderen folgten ihren angespannten Bewegungen mit fragenden Blicken.

„Kira, bitte setz dich wieder hin. Du machst mich ganz verrückt mit deinem Hin- und Hergetigere." Adam nahm sie an der Hand und zog sie zurück auf die bunten Kissen.

Widerwillig sah sie ihn an und wollte gerade protestieren, als Atha vehement sagte: „Wir begleiten euch! Ich habe eine Verantwortung zu erfüllen, die ich sehr vernachlässigt habe.“

Ihre raue Stimme klang fest und duldete keinen Widerspruch.

Alexander sah seine Gefährtin erst erstaunt an, nickte dann aber erfreut.

„Ja, das werden wir! Wir hatten schon eine ganze Weile keine Action mehr“, grinste er breit.

„Wirklich? Danke, danke, danke! Es ist viel besser, wenn wir zu viert sind. Nach Ägypten ist es noch ein weiter Weg, aber irgendjemand von uns wird es bis dahin sicher schaffen“, bedankte sich Kira erleichtert.

Sie hoffte, dass ihre Stimme überzeugend klang, denn Ursus' Schergen lauerten überall, und es würde schwierig werden, sie alle zu umgehen und sicher in ihr Heimatland zu kommen – vor allem, da Simon ihnen bereits auf den Fersen war.

„Wo genau in Ägypten befinden sich die Oldthree denn eigentlich?“, fragte Adam Atha nachdenklich.

„Irgendwo im Nildelta. Genau weiß ich das nicht, aber mein Vater hatte einen Verbindungsmann zu den Oldthree – ich hoffe, dass ich mit ihm in Kontakt treten kann.“

„Was ist eigentlich aus deinem Vater geworden?“, wollte Kira wissen.

„Ich weiß es nicht. Er hat seine Meia viele Jahre vor mir gefunden und ist mit ihr allein weitergezogen.“

„Bist du bei ihm aufgewachsen?“ Kira konnte ihre Neugier nicht zügeln, denn sie hatte sehr früh ihre Eltern verloren – zumindest ihre Mutter – von ihrem Vater wusste sie so gut wie nichts …

Atha tat ihr den Gefallen und erzählte weiter: „Nein, ich bin bei meiner Mutter aufgewachsen, sie war eine sehr einfache Frau. Mein Vater hat uns verlassen, weil er angeblich mit dem Bösen im Bunde gewesen sein soll, laut der Dorfgemeinschaft. Damals, als aus unserem Heimatdorf in Deutschland ein kleines Mädchen im Wald beim Ziegenhüten verschwand, war es natürlich ‚der böse Wolf‘. Und die Dörfler riefen zur Jagd auf die Tiere auf. Mein Vater weigerte sich, daran teilzunehmen, und zog sich damit den Unmut der Leute zu. Sie begannen, untereinander zu flüstern. Eines Nachts, ich mag vier oder fünf gewesen sein, war er dann plötzlich verschwunden.“

Gespannt hörte Kira zu. „Wie ging es dann weiter? Wie war das mit deiner Wandlung? Deine Mutter wusste sicher nichts über Gestaltwandler, oder?“

„Nein, sie wusste überhaupt nichts darüber. Es folgten entbehrungsreiche Jahre. Meine Mutter musste mich allein versorgen, und ich habe meinen Vater aus tiefstem Herzen gehasst. Erst viele Jahre später habe ich ihn verstanden.“ Atha seufzte leise: „Es war der Abend vor meinem achtzehnten Geburtstag, als er plötzlich wieder vor der Tür stand. Er sah genauso jung aus wie zu jener Zeit, als er uns verlassen hatte. Meine Mutter war achtunddreißig Jahre alt. Damals war man mit dem Alter schon eine alte Frau. Hunger und schwere Arbeit hatten sie sehr gezeichnet.“
Athas Blick wirkte wie verschleiert, als ihre Gedanken an jenen Abend zurückwanderten.

„Meine Mutter öffnete die Tür und schrie."

„Sie wusste sicher nicht, dass sie mit einem Gestaltwandler verheiratet gewesen war", stellte Kira fest.

„Nein! Er war zurückgekommen, um mich zu holen. Der achtzehnte Geburtstag ist für einen Gestaltwandler der wichtigste Tag – ja, er ist geradezu heilig."

Erstaunt schaute Adam Kira an. Als sie seinen Blick bemerkte, lächelte sie und nickte: „So ist es! In der Nacht zu unserem achtzehnten Geburtstag verwandeln wir uns das erste Mal. Bis dahin sehen wir die Verwandlung nur von unseren Eltern oder, wie es bei mir der Fall war, von meiner Tante, der Schwester meiner Mutter. Wir wachsen mit der Gewissheit auf, das auch selbst irgendwann einmal zu können. Ich glaube, eine Kinderseele ist stärker als eine Tierseele. Sie zieht ihre Kraft aus Vertrauen und Liebe und widersteht so dem Zwang der Tierseele, sich verwandeln zu müssen und das Raubtier freizulassen. Mit achtzehn bist du dann erwachsen und gibst den Widerstand gegen die Tierseele auf, in der Hoffnung, verantwortungsvoll damit umgehen zu können."

„Das wusste ich nicht!" Frustriert presste Adam die Lippen zusammen. „Ich weiß so vieles nicht von dir."

„So bleibt es doch spannend", neckte sie ihn, aber er fand das nicht lustig. Versöhnlicher meinte sie: „Wir werden uns schon noch besser kennenlernen und alles voneinander erfahren, aber das hat Zeit. Ich will wissen, wie es weiterging. Atha, wie hat deine Mutter darauf reagiert, dass dein Vater dich mitnehmen wollte?"
Atha räusperte sich.

„Meine Mutter hatte ja keine Ahnung von der Existenz der Gestaltwandler, genau wie ich damals. Mir war zwar bewusst, dass ich irgendwie anders als die anderen Menschen war, denn meine Sinne schienen schärfer zu sein. Ich hörte und roch besser, und in der Nacht sah ich genauso gut wie bei Tage, aber an eine Verwandlung in ein Tier hatte ich natürlich nicht gedacht. Ich weiß nicht, was passiert wäre, wäre mein Vater nicht gekommen, um mir bei der ersten Wandlung zu helfen …"

Sie lachte auf. „Witzigerweise versuchte er, meine Mutter zu beruhigen, indem er ihr eine Lüge auftischte. Er behauptete, ein Sohn meines Vaters zu sein und dass er den Auftrag hätte, mich, seine Schwester, zum Vater zu bringen. Meine Mutter weigerte sich, mich gehenzulassen, weil sie mich zur Verrichtung der Feldarbeiten brauchte. Erst als mein Vater eine Börse mit Gold auf den Tisch legte, gab sie nach. Sie hatte mich verkauft. Ich folgte meinem Vater in den Wald, in dem ich mich unter seinem Schutz im Mondschein um Mitternacht verwandelte. Es war ein Schock, nicht nur, als mir klar wurde, dass ich nicht nach Hause zurückkonnte, sondern auch die Verwandlung selbst. So etwas Schmerzvolles und absolut Verwirrendes hatte ich nie zuvor erlebt, und ohne die Begleitung meines Vaters wäre ich wohl dem Wahnsinn verfallen. All diese Eindrücke und Verhaltensweisen aus der Sicht eines Tieres zu verstehen und sich nicht selbst darin zu verlieren … das war nicht leicht. Ich folgte ihm überallhin und letztendlich bis nach Schottland."

„Hast du deine Mutter wiedergesehen?"

„Nein, nie! Sie hat mich nie sonderlich gemocht, und außerdem hatte sie mich ja verkauft." Für Atha war dieses Thema damit abgeschlossen.

Ihre Mutter war längst tot, und sie trauerte nicht um sie, erzählte sie zum Abschluss ihrer Geschichte. Sie lächelte und meinte dann, dass sie nun ins Bett gehen würde, weil sie erschöpft wäre. Auch die anderen gähnten herzhaft und legten sich schlafen.

Einige Kilometer östlich stand noch immer der schwarze Jeep der Bären am Wegesrand. Die Nacht war zwar mondhell, doch die Scheiben des Fahrzeugs waren von dem warmen Atem der Männer beschlagen. Nighteye, der es sich auf einem Ast eines alten Baumes gegenüber bequem gemacht hatte, konnte daher nur schemenhaft dunkle Gestalten erkennen. Eulen sehen jedoch nicht nur sehr gut, sondern auch ihr Gehör ist hervorragend. So unterschied der Vogel drei Stimmen im Inneren des Wagens und leitete immer wieder das Gehörte an seinen Meister weiter.

„Verdammt, diese Scheißkatze hat mir sämtliche Knochen meines Beines gebrochen“, fluchte eine helle Männerstimme aus dem Jeep, die von einem tiefen Bass unterbrochen wurde.

„Wo kam eigentlich dieser Kerl mit dem Bogen her? Der Pfeil steckt richtig tief in meiner Brust. Jemand muss ihn mir endlich herausziehen.“

Es raschelte im Auto, dann drang ein gequältes Stöhnen hervor und ein ekelhaft reißendes Geräusch.

Eine andere Stimme meinte daraufhin: „Stell dich nicht so an, Iwan! Vielleicht war das irgendein Hirte? Er war sicher kein Metamorph. Aber es schien so, als gehörte der dazu. Vorher war der noch nicht dabei, das hätte ich gerochen.“

„Verdammt, Sergej, du blutest das ganze Auto voll.“

„Das kann ich auch nicht ändern. Ich habe schließlich einen riesigen Schlitz in meiner Brust.“

„Was richtest du dich auch auf, wenn jemand mit einem Schwert vor dir rumfuchtelt?“

„Haltet jetzt eure blöden Schnauzen!“, wurden die beiden Streithähne von der helleren Stimme zurechtgewiesen. „Wir haben alle drei Glück gehabt. Michael hat schließlich seinen Kopf verloren. Wir haben nur Wunden, und die werden heilen. Nächstes Mal müssen wir das ganz anders angehen. Überraschungen können wir uns nicht mehr leisten. Scheiße! Zuerst die Schwierigkeiten am Grenzübergang und dann das! Ursus wird darüber nicht sehr erfreut sein, dass wir haufenweise Schmiergelder und Zeit vergeuden – ich hätte den Kerl von der Passkontrolle erschießen sollen. So, macht, was ihr wollt, nur haltet endlich eure dämlichen Fressen. Ich muss was überprüfen!“

Ein bläuliches Licht leuchtete in dem Jeep auf, und im Wageninneren war es eine Zeit lang still, bis ein ausdauerndes Schnarchen ertönte.

Da schloss auch die Eule ihre großen, gelben Augen, um sich ebenfalls etwas auszuruhen.

≈∞≈ Auf den Fersen ≈∞≈

In die frühmorgendliche Stille hinein erklang die klare Stimme des Nachrichtensprechers aus dem Fernseher, der im Hintergrund lief, während Atha und Kira so einige Proviantpäckchen zusammenpackten. Adam und Alex sahen sich die Nachrichten an.

„Gestern ist das bekannte Supermodel Cosima Delander während eines Fotoshootings von einem New Yorker Wolkenkratzer in die Tiefe gesprungen. Das Model war dreißig Jahre alt und berühmt dafür, sich ihr extrem jugendliches Aussehen bewahrt zu haben. Delanders faszinierendes Charisma, mit dem sie weltberühmt geworden war, machte vor allem ihre ungewöhnliche Ausstrahlung aus, dass sie, selbst wenn sie lächelte, melancholisch wirkte. Es umgab sie eine geheimnisvolle Traurigkeit, die weltweit die Betrachter ihrer Fotos in den Bann zog. Die anwesende Fotografin ist mit einem Schock ins nächstgelegene Hospital eingeliefert worden. Eine Augenzeugin berichtete, dass sich Cosima Delander während des Shootings plötzlich an den Hals gegriffen hatte und dass ihr Gesicht zu einer entsetzten Maske erstarrt war. Delander sprang ohne zu zögern von dem vierzehnstöckigen Haus."
Es herrschte beklemmende Stille in der Jurte, während vier Augenpaare auf das Bild starrten, welches im Fernseher eingeblendet wurde. Cosima Delander war eine rothaarige Schönheit mit faszinierenden himmelblauen Augen gewesen, die lasziv von dem Cover einer Vogue blickte.

Kira brach als Erste das bedrückende Schweigen: „Das war wohl die Meia des geköpften Schwarzbären."

„Es würde zeitlich und der Schilderung zufolge von der Augenzeugin auf jeden Fall passen. Was für ein Zufall, dass sie solch eine Berühmtheit war“, flüsterte Atha.

Adam unterbrach sie: „Kein Zufall! Wir Meia Saiwalos suchen heutzutage die Öffentlichkeit. Sieh mich an – ich habe eine Rockband gegründet. Die Chance, deinen Gestaltwandler zu treffen, steigt damit erheblich. Wenn man Glück hat, ist man weltweit bekannt. Überall hängen bestenfalls Poster und Plakate herum, im Fernsehen wird man gesehen – und das wirkt anziehend auf sie.“

Resigniert fuhr er leise fort: „Jetzt schweben wieder zwei verlorene Seelenhälften in der Zwischenwelt und warten darauf, gemeinsam auf die Erde zurückzukehren. Dann geht für die Meiaseele die Suche wieder von vorne los.“

Bestürzt sah Kira zu ihm hinüber.
Adam konnte diese Tragik sicher besser verstehen als sie, aber auch sie fand dieses Schicksal grausam.

„Die Ärmsten.“

≈∞≈

In der frühen Morgendämmerung wurde Nighteye aus seinem Schlummer gerissen, als aus dem Jeep lautes Fluchen zu vernehmen war. Das Fahrzeug schwankte dabei bedrohlich.

„Iwan, verdammt! Wir haben so schon keinen Platz in dieser Nussschale, und da musst du dich auch noch verwandeln?“

„Aber mir ist so kalt“, jammerte eine tiefe Stimme verzerrt, während der schmatzenden Verwandlung.

„Du bist so ein Weichei!“, erklang die hellere Stimme angewidert. „Wenn Ursus sein Reich auf Waschlappen, wie du einer bist, aufbauen müsste, dann …“

Plötzlich wurde sein Geschimpfe von dem schrillen Klingeln eines Handys unterbrochen. Sofort wurde eine Autotür grob aufgerissen, und der Kies auf dem Weg knirschte, als ein blonder, fast schmächtig wirkender Mann um den Wagen herumhumpelte und sich betont lässig an die Motorhaube lehnte. Er tippte eine Zahlenfolge in sein silbernes Handy, und seine Gesichtszüge wurden starr, während er den Anruf entgegennahm.

„Simon hier!“, meldete er sich zackig. „Nein, kein Erfolg. Der Zugriff ist fehlgeschlagen. Sie hatten Verstärkung. Wir haben Michael verloren.“

Simon zuckte zusammen, nahm ruckartig das silberne Handy vom Ohr und hielt es auf Armlänge von seinem empfindlichen Raubtiergehör weg. Eine schreiende Stimme, die sich vor Wut überschlug, drang selbst bis zu Nighteye vor.

Erst als die Stimme wieder einigermaßen normale Lautstärke angenommen hatte, legte Simon das Handy wieder an sein Ohr.

„Ja, ich werd's schon regeln!“, antwortete er beherrscht. „Wir wissen inzwischen, womit sie unterwegs sind, das macht es leichter. So ein Fahrzeug ist selten. Ich werde sie finden! Ich habe da so eine Ahnung, wo die hinwollen. Keiner unserer Spitzel an den Tankstellen hat bisher einen solchen Wohnwagen gesehen … sein Tank wird auch irgendwann mal leer sein.“

Der Mann beendete mit grimmigem Blick das Telefonat und klopfte auffordernd auf die Motorhaube.

„Los geht's! Zuletzt hat man den Wohnwagen westlich von hier gesehen."

≈∞≈

Adam, Kira und ihre Begleiter näherten sich der Stadt am Fuße des Altaigebirges. Ein Flieger glitzerte wie ein fallender Stern beim Landeanflug auf die Provinzstadt.

Die Mittagssonne brannte auf die Ortschaft und ließ die scharfen Kanten der Hochhäuser flimmern, sodass sie wirkten, als wären sie mit Weichzeichner übermalt worden. Die vier trafen gegen Mittag in Mörön ein. Sie wussten, dass ihre Verfolger ihnen auf der Spur waren – Alex hatte Nighteyes Beobachtungen sofort den anderen erzählt.

Adam war von Simons Intelligenz fast ein wenig beeindruckt, auch wenn er sehr beunruhigt war, denn seine Tankfüllung reichte tatsächlich kaum mehr bis zur nächsten Ortschaft. Der Reservekanister war auch schon längst leer.

Der Schakal und die Bären warteten seit dem frühen Morgen an der einzigen Tankstelle im Ort, die sich nordöstlich davon befand, und lauerten auf sie.

Nighteye war ihnen bis hierher gefolgt und war später von Corvus abgelöst worden, der nun den parkenden Jeep von einem Nachbargebäude aus beobachtete.

Adams Gruppe musste extrem vorsichtig agieren, aber sie brauchten dringend Verpflegung und Sprit. Außerdem wollte Adam noch etwas anderes erledigen … er parkte das Wohnmobil nahe genug am Markt, damit sie alles so schnell wie möglich abwickeln konnten.

„Wir beide", Atha nickte Kira zu, „werden uns um die Verpflegung kümmern. Hier in Mörön ist jeden Tag Markt, und der ist riesig. Wenn sich uns ein anderer Gestaltwandler nähert, werden wir es bestimmt riechen. Die Bären haben starke Ausdünstungen, die sogar den Menschen unangenehm auffallen." Atha reichte Kira einen großen Rucksack, schob sich selbst den Träger einer Tasche über die Schulter und stieg, gefolgt von Kira, aus. „Wir treffen uns dann später an der Tankstelle. Ich hoffe, bis dahin werden wir eine Idee haben, wie wir die Bären dort loswerden."

Die Männer blieben an Ort und Stelle, bis die beiden Frauen im Gewimmel der Marktbesucher verschwunden waren, dann fuhren sie zum Postamt. Adam betrat das Gebäude. Es war stickig und völlig überfüllt. Aber das war gut so! So wenig wie möglich auffallen, hieß die Devise. Er bat einen freundlich lächelnden Beamten zuerst um verschieden große Pakete, die er hinaus in den Wohnwagen hievte. Dann packte er alles Wichtige aus seinem Wohnwagen in die Pakete und ließ sie von Alex wieder hineintragen und verschicken. Danach ging er erneut in die Poststelle und bat bei einem anderen Beamten um eine Verbindung zu der Nummer, die er ihm vorzeigte, und betrat dann die ihm zugewiesene Telefonzelle. Es klingelte nur kurz, dann ging Peter ran.

„Ja? Hallo?", meldete er sich skeptisch.

„Hi, Peter. Ich bin's."

„Adam? Wieso …"

Doch weiter kam er nicht, denn Adam unterbrach ihn: „Nebensächlich! Wo seid ihr gerade?"

Überrumpelt antwortete er: „Moskau! Nachdem du mich letztens abserviert hast, machen wir nämlich Urlaub. Ich habe mich nicht um irgendwelche Gigs bemüht, wenn ich mir nicht sicher sein kann, dass du auch irgendwann daherkommst."
Er klang sauer.

„Ja, verstehe ich, dass du angefressen bist", antwortete Adam gehetzt. „Aber mir wäre es lieber, wenn ihr Russland ganz verlassen und nach Deutschland fliegen würdet … Berlin vielleicht. Dort könntet ihr euch im Hotel einquartieren und einen Gig auftun. Aber der Termin für den Auftritt sollte erst in etwa zwei Monaten sein. Ich werde mich bei Gelegenheit wieder bei euch melden."

Es herrschte einige Sekunden absolute Stille. Adam befürchtete schon, dass die Verbindung abgebrochen sein könnte.

„Sag mal, spinnst du total?!", kam es dann aber mit voller Wucht, sodass Adam den Hörer fast fallen gelassen hätte. „Adam! Was für eine gequirlte Scheiße laberst du da eigentlich? Bist du noch ganz dicht? Ständig schickst du uns in der Weltgeschichte umher, meldest dich sporadisch und reagierst auf keine WhatsApp oder Anrufe. Verliebtsein hin oder her, aber so kannst du nicht mit uns umspringen! Wir sind keine doofen Jasager, denen man Befehle erteilt und die dann brav folgen. Jetzt reicht's mir, echt wahr!"

„Mann, hör zu …", versuchte Adam, ihn zu beruhigen.

„Nein! Du hörst jetzt mir zu! Entweder du redest Klartext, was da für eine Scheiße bei dir abgeht, oder du kannst es vergessen, dass ich noch irgendwas tue, was du sagst!" Seine Stimme klang hart und unmissverständlich.

Adam wusste, so konnte er seinen Freund nicht umstimmen – wieder wünschte er sich, er könnte ihn einer Gehirnwäsche unterziehen.

„Es ist kompliziert …“, begann er matt. Er versuchte, sich irgendwie herauszureden, denn Peter würde ihn für absolut irre halten, würde er die Wahrheit erfahren. „Vertrau mir einfach, bitte! Ihr seid doch durch euer Vertrauen in mich bisher immer gut gefahren, oder?“

„Was zum Teufel soll das? In was hast du dich da reingeritten und offenbar auch uns, wenn du so dringend willst, dass wir Russland verlassen?“, wollte Peter aufgebracht wissen.

„Tut einfach, was ich sage, bitte!“, wich Adam aus. Er wusste, damit machte er es nicht besser. „Ich möchte, dass ihr in Sicherheit seid.“

„Schön, dass du das willst! Aber es interessiert mich nicht! Ich bleibe in Moskau, bis du mir sagst, was hier läuft, anders glaube ich dir deine ‚ach-so-heroische‘ Sorge um uns nicht.“

„Es ist zu gefährlich, wenn du Einzelheiten weißt. Ich habe nichts Kriminelles getan – das musst du mir endlich glauben, verdammt noch mal! Im Gegenteil …“, versuchte Adam, ihm aufgewühlt zu erklären. „Es tut mir leid, aber ich kann dir darüber jetzt nichts Genaueres sagen. Grüß Christian und Matthew von mir. Ich muss jetzt aufhören. Per Handy werde ich nicht mehr erreichbar sein.“

„Das ist nicht dein Ernst! Willst du mich jetzt echt abwürgen? Wenn du das tust, dann …“ Peter klang unsicher.

„Nein, Peter, nichts ‚dann'! Ciao!"
Adam beendete das Gespräch.
Seufzend strich er sich über sein Gesicht. Er fühlte sich für seine Band verantwortlich, und es belastete ihn, sie in Gefahr zu bringen. Wenn Simon herausfand, wer er wirklich war … daran mochte er nicht einmal denken. Bisher waren sie noch nicht dahintergekommen, dass er berühmt war, aber das würde früher oder später geschehen, da war er sich sicher.

Trotz seines schlechten Gewissens seinen Jungs gegenüber musste er jetzt an Kira denken – sie war das Wichtigste für ihn. Er musste sie beschützen.

Seine Freunde mussten sich selbst helfen – gewarnt hatte er sie ja, auch wenn das ein schwacher Trost für ihn war. Aber er hoffte, dass Peter doch noch zur Vernunft kam und seiner Bitte Folge leistete. Er war dann doch unsicher geworden zum Schluss. Anscheinend hatte er Adams echte Sorge gespürt. Die Jungs waren sicherer in Berlin. Wie wahrscheinlich war es, dass auf dem Pariser Platz Raubtiere herumstreunten?
Die Metamorphe mussten sich fast täglich einmal verwandeln, und das war in Berlin nicht so einfach. Blieb nur noch die Gefahr durch die Metafans. Aber er konnte jetzt von hier aus nichts weiter für Peter, Christian und Matthew tun. Adam hoffte auf die stets vorherrschende Vorsicht und akkurate Haltung seiner Jungs.

Kira und Atha fielen in der bunten Masse der handelnden Menschen auf dem Basar nicht auf. Gekleidet in ihren farbigen Trachtenmänteln und mit den tief ins Gesicht gezogenen Mützen sahen sie aus wie alle anderen umherschlendernden Mongolen.

„Wir brauchen westliche Kleidung für dich. Adam hat ja seine Sachen noch, wie du mir erzählt hast. Alexander und ich haben unsere Garderobe aufgehoben, als wir in den sechziger Jahren hierher in die Wildnis gezogen sind. Ich habe im Fernsehen gesehen, dass jetzt einige dieser Stücke sogar wieder in Mode kommen. Also sind wir hip!" Atha grinste schief. „Ich würde dir meine Kleidung ja leihen, aber die ist wirklich zu klein für dich. Das mag bei dem Deel nicht weiter auffallen, aber Hochwasserhosen sind nicht modern."

Kira nickte und erwiderte das schiefe Lächeln. Sie bezweifelte stark, dass Atha denselben Modegeschmack wie sie besaß, und Sechziger-Jahre-Mode war wirklich nicht ihr Style.

Als sie durch die vielen Stände schlenderten, machte Kira auch schon einen passenden Marktstand für sich aus. Gezielt steuerte sie darauf zu. Die junge mongolische Frau hinter der Verkaufsfläche lächelte sie bereits siegesgewiss an und breitete die schönsten Stücke vor ihr auf dem Tisch aus. Kira suchte sich eine hellblaue, ausgewaschene Jeans, ein rotes Sweatshirt, eine schwarze Weste und eine dunkelgraue Winterjacke aus. Für ihre Verhältnisse probierte sie in dem kleinen Zelt, das hinter dem Verkaufstresen aufgebaut war, die Sachen sehr langsam an – ihr Arm tat noch immer höllisch weh nach der Quetschung gestern. Die Jacke probierte sie nur kurz an, um sie sogleich wieder auszuziehen und in ihre Tasche zu stopfen.

Dann schlüpfte sie wieder in den weiten Deel, sodass die neue Garderobe darunter verborgen war. Auf dem Markt war es sicher besser, wenigstens aus der Ferne, als Einheimische durchzugehen. Schon mit gezückter Börse verließ Kira dann das kleine Zelt. Sie verzichtete auf das Handeln und zahlte ohne weitere Diskussionen.

Erstaunt nahm die Frau das Geld entgegen. Sie hatte sich offenbar auf ein zähes Verhandeln eingestellt. Die Verkäuferin verbeugte sich, während sie sich bei Kira bedankte.

Sie verließ den Marktstand, aber plötzlich waren all ihre Instinkte hellwach, als ein starker Geruch zu ihr herüberwehte. Sie roch andere Metamorphe ganz in ihrer Nähe und schaute sich suchend um. Und wirklich - vier Stände weiter machten die Menschen einen großen Bogen um zwei Männer, die scheinbar harmlos die Ware an einem Stand inspizierten. Die Menschen hatten einen sechsten Sinn, wenn sie sich in der Gegenwart von Gestaltwandlern befanden, ohne sich dessen bewusst zu sein. Und außerdem dünsteten die Bären eine Menge üble Gerüche aus, sodass sie sogar mit einer Schnupfennase noch zu wittern waren.
Wären die beiden Männer aufmerksamer gewesen, hätten sie Kira und Atha sicher auch entdeckt, aber sie waren damit beschäftigt, die angebotenen Messer zu vergleichen. Laut diskutierten sie mit dem Verkäufer über Qualität und Preis der Waffen. Die beiden Frauen nickten sich zu. Ohne ein Wort zu sagen, vergrößerten sie zielstrebig den Abstand zwischen sich und den fremden Ursidae. Am anderen Ende des Marktes suchten sie sich einen Stand mit Lebensmitteln und packten Brot, Wurst und Obst in ihre mitgebrachten Taschen. Sie kauften so viel sie schleppen konnten und verließen dann den Basar. Um zu ihren Männern zu gelangen, liefen sie einen großen Umweg, da sie befürchten mussten, verfolgt zu werden. Es war staubig in den Gassen der Stadt. Der Wind pfiff kräftig um die Hausecken und fuhr ihnen unbarmherzig in die Kleider, sodass sie den Staub auf ihrer Haut spüren konnten.

Atha hatte sich mental mit Alex verbunden und wurde so durch das Labyrinth der alten Wege geleitet.

Kira war fasziniert von dieser Fähigkeit. Atha erklärte ihr, je länger sie mit ihrer Meia zusammen war, umso näher waren sie sich im Geiste und mit ihren Seelen gekommen.

Als sie am Ende des Straßengewirrs auf den freien Platz vor der Tankstelle traten, kamen sie aus der entgegengesetzten Richtung, als die, die Simon und seine Gefolgschaft wohl vermutet hatten, und blieben so unbemerkt.
Einer der Bären befand sich in der Tankstelle. Simon und der andere standen versteckt an der Seite hinter den Mülltonnen. Ihr Auto hatten sie unbeaufsichtigt seitlich neben dem Gebäude geparkt – Atha und Kira ergriffen sofort ihre Chance und schlichen sich unauffällig an den parkenden Jeep der Verfolger heran. Reden durften sie nun nicht mehr, denn ihre Worte würden sofort ihre Herkunft verraten, also blieb nur die Zeichensprache. Das feine Gehör der Bären und des Schakals würde sonst jeden Mucks aufnehmen, auch wenn sie weiter wegstanden.

Atha beobachtete die Feinde, während Kira sich an den Jeep anpirschte. Die Wölfin ballte ihre Hand zu einer Faust, als ob sie einen Gegenstand hielt, und führte ruckartige Bewegungen mit der Hand aus. Kira verstand die Zeichen sofort und zückte ihr Taschenmesser, welches sie im Rucksack verstaut hatte. Vorsichtig, um keine Geräusche zu verursachen, ritzte sie tiefe Löcher in das Hinterrad, bis sie ein leises Zischen vernahm. Dann streckte sie den Daumen in die Höhe.

Als Nächstes mussten sie unbemerkt zu dem versteckten Wohnwagen ihrer Meias gelangen, der verborgen in einer Seitengasse stand. Weit genug weg, dass die Bären und Simon sie nicht riechen konnten. Einfach über den ausgestorbenen Platz spazieren, konnten die Frauen aber nicht.

Das wenig einladende, stürmische Wetter hatte die Einwohner, die nicht gerade den Basar besuchten, in ihre Häuser getrieben, und so wären die beiden viel zu sehr aufgefallen. Auf dem Platz tanzten Staubwirbel umher, und Kira wusste, würde der Wind ihren Geruch aufnehmen und in die falsche Richtung tragen, würden Simon und die anderen sich sofort auf sie stürzen. Aber sie mussten es wagen und warteten eine Weile ab, bis der Wind seine Richtung änderte. Dann war ihre Chance gekommen! Kira stopfte ihr langes schwarzes Haar unter ihre Mütze.

Atha war den Bären glücklicherweise noch unbekannt. Gezielt liefen sie auf einen Hauseingang auf der anderen Seite des Platzes zu, der sich in der Nähe ihres versteckt geparkten Wohnmobils befand. Sie spürten die bohrenden Blicke der Raubtiere in ihren Rücken. Es war einfach zu einsam hier, daher fielen sie so stark auf. Eilig betraten sie das große Wohnhaus und schlossen das Eingangstor hinter sich. Es war finster in dem Treppenhaus, und ihre Augen mussten sich erst an die ungewohnte Dunkelheit gewöhnen. Im ganzen Haus roch es nach frisch gekochtem Kohl.
Sie hörten die Geräusche der Bewohner, die ihren alltäglichen Verrichtungen nachgingen. Angespannt warteten sie eine Weile, dann bückte sich Kira und blickte durch das Schlüsselloch nach draußen. Der Jeep der Verfolger war noch an Ort und Stelle. Plötzlich humpelte der Schakal darauf zu, lehnte sich etwas unbeholfen gegen die Motorhaube und zündete sich eine Zigarette an. Kira grinste zufrieden, denn er musste große Schmerzen haben. Sie hatte also genau die richtige Stelle erwischt, um ihn zu peinigen. Demnach war er definitiv noch zu schwach für einen zweiten Kampf.

Simon schaute gelangweilt den Rauchwölkchen hinterher, die im Wind davontanzten. Er war siegessicher, obwohl er schon eine halbe Ewigkeit auf die Katze und ihren Lover warten musste.
Simon hatte einen sechsten Sinn dafür, dass die Pantherfrau und ihr Kerl auf jeden Fall hier tanken mussten. Es gab nur eine Tanke in Mörön, und bei den anderen möglichen Tankstellen war keiner aufgetaucht, laut seinen Spitzeln.

Außerdem hatte er den Raben bemerkt, der fast genauso lange hier campierte wie er und seine Crew. Simon hatte so getan, als hätte er das Vieh nicht wahrgenommen, hatte sich aber via Internet auf die Suche nach der Herkunft des Vogels gemacht, und siehe da – hier war er nicht beheimatet. Ihm war der Rabe schon an der Grenze aufgefallen, und als Simon länger darüber nachdachte, auch schon beim Ausladen der Verpflegung für die Gefangenen, und gleich danach war der Kerl dieser Panthertussi aufgetaucht. Das Federvieh stand also eindeutig in Verbindung mit denen. Das konnte kein Zufall sein, dass ihm ständig dieser Vogel folgte. Er überlegte, ob er den Raben nicht einfach abknallen sollte, und wägte ab, was ihm das einbringen würde, kam aber auf nichts Sinnvolles. Auf jeden Fall war das Tier der Beweis dafür, dass hier sicher bald etwas im Gange sein würde. Davon war Simon überzeugt.

Gespannt behielt er die Zapfsäulen im Auge. Iwan beobachtete aus dem Inneren die Überwachungskameras, auch wenn er so tat, als würde er Zeitung lesen. Sergej hatte sich hinter den Müllcontainern versteckt, und er selbst hatte alles im Blick von seinem Jeep aus. Er hatte kurz zuvor Sergej zurechtweisen müssen, weil dem Kerl die Warterei zu öde geworden war und er seinen zugigen Posten verlassen wollte, um in die nächste Kneipe zu gehen.

Gut, dass Iwan den älteren Tankwart immer wieder mit irgendwelchen Banalitäten belaberte. So fielen sie nicht allzu sehr auf. Ab und zu kamen Autos zur Tankstelle, aber bisher war nichts Ungewöhnliches geschehen. Simon langweilte sich fürchterlich.

Er beobachtete einen bärtigen, alten Mongolen, der die typische Landestracht anhatte und leicht gebückt auf die Tankstelle zu humpelte. Der Opa stellte einen riesigen Kanister direkt vor dem Tankwart ab, der sogleich herbeigeeilt gekommen war. Die beiden plauderten entspannt miteinander – man hatte den Eindruck, die kannten sich schon ewig.

Wieder nichts Auffälliges! Leise Satzfetzen drangen an Simons Schakalohren, aber er hörte nicht genau zu, denn es war nur belangloses Zeug. Dann füllte der Tankwart den Kanister und lachte über einen Witz des Käufers. Währenddessen kam ein unscheinbarer Wohnwagen auf den Platz gefahren. Simon beobachtete den Wagen genau und war zum Zugriff bereit, würde einer der Flüchtigen aussteigen, aber wieder nichts – nur eine ältere Frau und ihr Mann kletterten behäbig aus dem Wagen heraus. Der Ehemann ließ einen Kanister vollmachen, und sie tankte ewig lange ihr schäbiges Vehikel.

Simon verdrehte die Augen.
Diese Ödnis war kaum auszuhalten.
Er wandte seine Aufmerksamkeit wieder dem alten Mongolen zu. Als dessen Kanister voll war, bezahlte er, schleppte seinen schweren Tankbehälter über den Platz und verschwand in einer der Nebenstraßen. Simon kam irgendetwas verdächtig dabei vor … er warf seinen Zigarettenstummel in den Staub und sah der alten Frau zu, die gerade in das Gebäude ging und bezahlte.

Er kam einfach nicht darauf, was hier faul war.
Seine Gedanken waren zäh und langsam … dieser ruhige, abwartende Zustand tat ihm nicht gut. Bei so viel Stagnation war er nicht leistungsfähig. Resigniert gab er seinen Posten vor dem Auto auf und stieg in den klimatisierten Wagen.

„Draußen ist eine Schweinekälte, was?“, wandte sich Iwan per Handyanruf gähnend an den Schakal. „Wie lange wollen wir hier noch warten, Boss?“

Simon zischte: „Bis wir sie haben!“

Auch ihm gefiel die elende Warterei nicht, aber sie mussten dieses verdammte Pantherweibsstück mit ihrer Meia endlich erwischen, sonst würde ihnen die Hölle heißgemacht werden. Also hieß es warten und beobachten, so lange, wie es eben dauern würde.

Doch plötzlich dachte er wieder an den alten Kerl.

Jetzt fiel ihm auch endlich ein, was er auffällig gefunden hatte.
Hastig rief er Sergej an: „Hey, du hast doch auch den Alten eben vorbeihumpeln sehen, oder? Lauf dem nach! Mal sehen, wo der hinwill, ich habe da so einen Verdacht!“

„Alles klar!“, kam es knapp von dem Braunbären.
Simon beobachtete ihn, wie er nahe der Häuser entlanglief und dem Alten folgte. Wenig später rief der Bär zurück: „Da war nichts! Der hat den Kanister in seine Garage gestellt - das war's!“ Sergej hörte sich frustriert an.

„Komm wieder auf deinen Posten!“, antwortete Simon sehr gepresst.

≈∞≈

„Verdammt, wir sitzen in der Falle. Dabei steht unser Wohnwagen keine zwanzig Meter weg.“ Kira hatte die ganze Zeit durch das Schlüsselloch auf den Platz gestarrt. Ihr tränten die Augen, weil die Sonne sich extrem hell auf dem Sand brach. Sie musste einige Male zwinkern, ehe sie Atha wieder scharf sehen konnte. „Bewegt hat sich nicht viel da draußen. Einer der Ursidae hat eine Runde gedreht. Ich glaube, sie werden langsam ungeduldig.“

„Ich bin auch sehr ungeduldig! Vielleicht gibt es hier einen Hinterausgang?“ Beide Frauen drehten sich schnell um und inspizierten den Flur. Am Ende des Ganges konnten sie im Dämmerlicht eine Tür erkennen.

„Wir müssen jetzt auf jeden Fall etwas unternehmen! Es wird nicht besser, je länger wir warten. Die Zeit läuft uns davon …“ Kira wurde langsam nervös.
Atha versuchte, sie zu beruhigen. „Wir finden eine Lösung, ganz sicher!“

Sie liefen durch den Korridor und traten durch die hintere Tür in einen Schuppenanbau, der mit Gerümpel vollgestopft war. Helles Licht strömte durch große Fenster herein, und durch eine Tür gelangte man tatsächlich hinaus in einen Hinterhof. Auf der anderen Seite des Hofes sahen sie im Nachbarhaus ebenfalls eine Tür. Eilig überquerten sie den Hof. Sie hatten Glück. Die Tür war unverschlossen, und sie betraten das Gebäude. Hier sah es fast genauso aus wie im Nachbarhaus. Sogar die Geräusche und Gerüche waren ähnlich. An der Haustür angekommen, spähte Kira wieder durch das Schlüsselloch und konnte den Wohnwagen sehen.

Der Eingang lag also gute zehn Meter weiter links als die erste Tür, durch die sie den Platz verlassen hatten. Wenn sie Glück hatten, fiel es also nicht auf, dass es dieselben Personen waren, die das Haus Nummer zwei verließen.

„Drück uns die Daumen, dass die Bären genauso blöd sind, wie sie aussehen." Atha grinste Kira an.

„Die vielleicht schon, aber Simon?"

„Was soll's! Lass uns hier verschwinden! Ich habe Sehnsucht nach meiner Meia", lächelte Atha.

Kira grinste schief. Vorsichtig öffneten sie die Tür und betraten den Platz. Unter ihren Stiefeln knirschte der Sand viel zu laut, befand Kira besorgt. Gemeinsam hielten sie auf die Seitengasse zu, als plötzlich hinter ihnen eine Haustür quietschend aufging und wenige Sekunden später hysterisches Geschrei ertönte.

„Joko, Joko! Bleib hier!", kreischte jemand hinter Kira.

Sie drehte sich um und sah einen winzigen Terrier blitzschnell auf sie zuschießen. Er kläffte ununterbrochen und schnappte dann wütend nach ihrem Deel. Eine alte Frau schrie nach ihrem ungehorsamen Hund. Atha knurrte den Winzling gefährlich an. Der gebärdete sich immer wilder und zerrte an dem Seidenstoff, bis er mit einem lauten Geräusch zerriss. Erschrocken blickte Kira zu dem Jeep der Verfolger. Simon war aus dem Auto gestiegen und beobachtete die Szene. Mit Entsetzen bemerkte Kira, dass sie einen fatalen Fehler begangen hatte, aber es war bereits zu spät …

Simon wurde stutzig – dass diese Frau trotz des Spektakels um ihren Deel ihm ihre Aufmerksamkeit schenkte, war mehr als verdächtig. Seine Augen wurden schmal, und er fixierte die beiden Frauen genauer. Er hielt seine Raubtiernase witternd in die Höhe. Der Wind hatte die Richtung geändert und blies die Gerüche geradewegs in seine empfindliche Nase.
Eindeutig eine Katze! Und das andere war eine Canoidea.
Wo kam die plötzlich her? Egal!

„Iwan!", rief er laut und winkte knapp in die Tanke hinein. „Sergej! Da ist das Weibsstück! Los, los!", trieb er den Bären an, sprang auf den Fahrersitz und startete den Motor, der laut aufheulte. Er würde den Weibern den Weg versperren!

Iwan stürzte hektisch aus der Tankstelle heraus und folgte Sergej, der ein wenig mehr Vorsprung hatte, und direkt auf Atha und Kira zuhielt, die nun beide mit dem wildgewordenen Hund rangelten. Der Terrier flog winselnd im hohen Bogen über den Platz, und Kira und Atha rannten zu dem ihnen jetzt entgegenrasenden Wohnmobil, aber Simon war schneller und versperrte mit einem gekonnten Drift den Fluchtweg. Das Wohnmobil wich schwankend aus und musste eine weitläufige Kurve fahren, um sich wieder zu fangen. Die Frauen waren nun gezwungen, dem Wohnwagen nachzulaufen.

Die Bären hatten sie fast erreicht, und Simon stand direkt vor ihnen.

Kira sah aus dem Augenwinkel, dass er etwas Schwarzes zückte, und plötzlich fühlte sie einen stechenden Schmerz im rechten Bein. Sie wankte für einen Moment, lief aber mit allem Aufgebot ihres Willens weiter und sprang mit Atha in die geöffnete Seitentür des dahinrasenden Wohnmobils.

Der Motor heulte blechern auf, als das behäbige Gefährt mitten in einer Staubwolke über den Platz donnerte und in die Straße zur Überlandfahrbahn einbog.

Kira sah keuchend aus dem schmalen Rückfenster hinaus und beobachtete, wie Simon die Bären einsteigen ließ und die Verfolgung aufnahm.

Weit kam er jedoch nicht.
In der ersten Kurve gab es einen ohrenbetäubenden Knall, und die gesamte Luft entwich aus dem Hinterreifen. Simon verlor die Kontrolle über das Fahrzeug, schleuderte Richtung Graben und kippte mit dem Jeep auf die Seite.

≈∞≈ Raserei und Einsamkeit ≈∞≈

„Die sind wir erst einmal los!" Erleichtert sah Atha zu den vorne sitzenden Männern. Sie alle hatten den kleinen Unfall der Verfolger mit Genugtuung beobachtet. Kira runzelte die Stirn und betrachtete ihre brennende, leicht blutende Wunde. „Ich glaube aber nicht, dass sie das lange aufhalten wird", murmelte sie.

„Ach komm, Kira, du Schwarzseherin. Vorerst haben wir einen kleinen Vorsprung. Ehe die ein neues Fahrzeug aufgetan haben, sind wir ein ganzes Stück …" Plötzlich brach Atha abrupt ab, als sie Kiras Schusswunde sah. „Lass mal sehen!", sagte sie ernst.

„Nicht so schlimm, war nur ein Streifschuss. Das heilt sogar schon wieder. Erstaunlich, wie schnell das geht …", wunderte sich Kira.

Atha nickte und erklärte: „Kira, je länger du und Adam zusammen seid, umso schneller heilt ihr." Die Wölfin wandte sich wieder nach vorne und fragte die Männer aufgekratzt: „Und, wie geht es jetzt weiter? Wohin fahren wir?"

So eine Aufregung hatte sie seit hundert Jahren nicht mehr verspürt. Eigentlich war sie sehr glücklich darüber, dass die beiden jungen Leute gerade auf sie gestoßen waren. Natürlich war sie sich der Gefährlichkeit der Lage bewusst, aber sie war auch froh über die spannende Abwechslung in ihrem Leben, das sich in den letzten Jahren eher in der Einsamkeit abgespielt hatte. Ihr fehlte der Austausch mit anderen Gleichgesinnten sehr.

Alexander drehte sich zu seiner Frau um. Er konnte ihre Aufregung und Freude spüren. Sorgen plagten ihn sogleich, denn er wusste, dass Atha ein Heißsporn war, und er hoffte, dass sie nichts Unüberlegtes tat und dieses Abenteuer gut ausgehen würde.

„Wir fahren zu Mila und Timur. Du weißt doch, dass die beiden ein kleines Flugzeug haben. Adam und ich sind uns einig, dass wir einfach zu langsam mit dem Wohnwagen sind. Und die Tankerei wird nicht immer so glimpflich ausgehen, obwohl wir andere Leute manipuliert haben, das für uns zu tun."

„Ach so, dann werden wir ja noch ein wenig unterwegs sein, ehe wir bei den beiden ankommen", sagte Atha zufrieden und machte es sich auf einem der Sessel bequem. Sie waren vielleicht gerade einmal fünfzehn Minuten auf der einsamen Straße unterwegs, als die beiden Frauen hochschreckten und aufmerksam lauschten. Adam, der Kira im Rückspiegel beobachtet hatte, bemerkte sofort ihre angespannte Haltung.
„Was ist los?"

„Hört ihr das nicht?"

„Nein, ich höre nichts." Adams Blick wanderte fragend zu Alexander. Der zuckte nur mit den Schultern.

„Da kommt etwas sehr Lautes auf uns zu! Ich glaube, ein Helikopter", erwiderte Kira besorgt. Adam kurbelte daraufhin schnell das Fenster herunter und horchte.

„Die werden doch wohl nicht einen Hubschrauber haben?", fragte Alexander ungläubig.

„Vielleicht ist es nur ein Rettungshubschrauber oder einer von der Armee?“, hoffte Atha.

Jetzt konnten auch die Männer das Rotorgeräusch vernehmen. Adam behielt den Seitenspiegel im Auge, und tatsächlich tauchte am Horizont ein glitzernder Helikopter auf.

„Ich glaube, das mit der Armee können wir vergessen. Das Ding hält eindeutig auf uns zu.“

„Und jetzt?“ Die Frauen starrten aus dem Heckfenster, und durch ihre Anspannung verwandelten sich ihre Augen in gelbe und grüne Raubtieraugen. Aber auch mit diesem Vorteil konnten sie in dem Hubschrauber nichts Genaueres erkennen.

„Die Sonne blendet so, ich sehe nur Schatten im Cockpit.“

„Ich auch.“

Alex hatte den Frauen zugehört und verstand, wo das Problem lag. „Ich könnte versuchen, den Piloten zu beeinflussen, um zu sehen, was er vorhat. Ich kann spüren, ob es sich um einen Metafan oder einen unserer Verfolger handelt!“

„Einen Versuch wäre es auf jeden Fall wert“, meinte Adam. Alexander konzentrierte sich auf den Hubschrauber, und seine Augen wurden ganz fern.

„Sie sind es!“, sagte er nach einigen Sekunden. „Adam, ich brauche deine Hilfe, um sie abzulenken – es ist zu schwierig alleine!“

„Okay! Kira, übernimm das Steuer!“
Plötzlich knallte es vor und hinter ihnen, und Staub wirbelte in die Luft.

„Sie schießen auf uns!“
Atha war fassungslos und sah Alex mit großen Augen an.

„Zumindest vorerst nur auf unsere Reifen. Wir müssen etwas unternehmen, sonst sitzen wir hier in der Wildnis fest, selbst wenn wir die vom Himmel holen.“

Kira und Adam hatten den Platz gewechselt, und sie fuhr unvorhersehbare Kurven, um den Kugeln auszuweichen. Adam und Alexander konzentrierten sich auf den Helikopter und konnten verschiedene Gedankenströme erkennen. Mit drei davon konnten sie nichts anfangen - dort fanden sie nur Wortfetzen und extreme Gefühle. Sie konnten keine klaren Gedanken herausfiltern, aber die vierte Person, der Pilot, war eindeutig ein perfektes Opfer für ihren mentalen Angriff. Der Pilot konzentrierte sich auf seine Instrumente und versuchte, den Hubschrauber ruhig und sicher zu fliegen.
Die Geschehnisse um ihn herum waren ihm völlig gleichgültig. Adam konnte erkennen, dass er ein Metafan aus Leidenschaft war, der sich gern den Bären unterordnete, ja, sich sogar Vorteile davon versprach. Den musste niemand dazu zwingen, anderen Wesen zu schaden, der fühlte sich wohl in seiner Metafanhaut. Umso besser, denn dann mussten sie nicht auch noch auf einen Unschuldigen Rücksicht nehmen.

Simon verzog seine dünnen Lippen zu einem zynischen Grinsen. Diese Hetzjagd machte ihm Spaß. Jetzt saßen sie in der Falle! Sie konnten unmöglich noch einmal entkommen. Das zuvor war reines Glück gewesen. Gut, dass Ursus hier einen Helikopter stationiert hatte. Wenn sie das Wohnmobil zum Stehen gebracht hatten, dann würden sie die Metamorphe mit ihren zwei Meias überwältigen.

Als Simon vorhin bewusst geworden war, dass sie es nun schon mit vier Leuten zu tun hatten, hatte es ihm einen kleinen Stich der Unsicherheit versetzt. Dieser andere Mann, der mit dem Bogen, war offensichtlich die Meia von der Canoidea. Da hatten sich also zwei Pärchen zusammengefunden, die sich zu verteidigen wussten. Nach kurzer Grübelei siegte jedoch sein überzogenes Selbstbewusstsein, und er war sich sicher, dass sie auch mit vier von dieser Sorte fertig werden würden.
Den Sieg der anderen im Wald vor zwei Tagen schrieb er nur deren Glück und dem Überraschungsmoment zu. Denn eine Überraschung war es schon gewesen, als plötzlich eine dritte Person aufgetaucht war. Aber er, Simon, bester Mann von Ursus, hatte schon ganz andere Situationen gemeistert. Und langsam nahm er die Sache da unten sehr persönlich. Es steigerte seine Wut ins Unermessliche. Jede Vorsicht wurde von ihm von nun an außer Acht gelassen.

„Flieg näher ran! Sergej, mach einen Schweizer Käse aus dem beschissenen Wohnwagen, aber pass auf! Überleben sollen sie schon noch, damit ich aus ihnen herauskitzeln kann, ob bereits andere Metamorphe eingeweiht sind.“

Simon grinste bei seinen Worten so sadistisch, dass Iwan ihm einen verstohlenen Blick zuwarf. Sergej zielte erneut auf die Reifen des panisch hin und her rasenden Wagens.
Bis jetzt hatte er noch nichts anderes außer der Seitenwand getroffen, aber sie hatten ja Zeit. Die Straße vor ihnen gab keinerlei Deckungsmöglichkeiten. Sie war hügelig, einsam und karg. Kein Baum, kein Busch, nur sandige, kalte Leere.

Plötzlich ruckelte der Hubschrauber unkontrolliert.

Simon wandte seine Aufmerksamkeit dem Piloten zu.

„Was ist? Ist was mit dem Heli?“, brüllte er unwirsch, aber er bekam keine Antwort. „Hey, du Idiot, antworte gefälligst, wenn ich dich etwas frage!“ Die einzige Antwort, die er bekam, war ein Sturzflug des Helikopters, als ob ein Stein in die Tiefe fallen würde. Bis auf den angeschnallten Piloten stürzten alle im Cockpit umher. Simon rappelte sich wieder auf und stürzte sich auf den Metafan. „Bist du irre? Willst du uns umbringen?“

Der Pilot reagierte auf seinen Wutausbruch nicht.
Simon konnte sehen, dass die Augen des Piloten völlig leer waren, und er hörte ihn leise irgendwelche Worte murmeln. Mit seinem Raubtiergehör schnappte Simon „abstürzen“ und „Instrumente zerstören“ auf.

„Was macht der denn?“, brüllte Iwan aus dem hinteren Bereich des Cockpits.

„Der will uns umbringen!“, brüllte Simon zurück und griff dem Metafan in den Steuerknüppel. Er versuchte, ihn gegen seinen Widerstand nach hinten zu ziehen. Der Pilot erwachte jedoch plötzlich aus seiner Erstarrung und schlug Simon die Faust ins Gesicht.

„Der ist doch total wahnsinnig!“, schrie Sergej wütend, da er fast aus dem geöffneten Bereich weggeschleudert worden wäre.

„Nein, der steht unter dem Einfluss dieser Meia. Der betreibt mit dem eine Gehirnwäsche“, stellte Simon frustriert fest. Ihm war klar, dass sich diese Situation nicht mehr retten ließ. „Raus hier! Sofort! Gegen Verbrennen sind wir nicht immun.“
Die drei Metamorphe sprangen keine Sekunde zu früh aus dem Heli.

Fast gleichzeitig schlugen die drei und der Helikopter auf dem Boden auf. Allerdings mit mehreren Metern Abstand von der Maschine, um mit heiler Haut davonzukommen.
Die Metamorphe waren, abgesehen von Knochenbrüchen und einigen Fleischwunden, unversehrt. Der Pilot jedoch hauchte sein Leben gemeinsam mit dem Helikopter in einem riesigen Feuerball aus. Durch die schwarzen Rußschwaden, die vom Boden aufstiegen, konnte Simon das davonrasende, klobige Wohnmobil der Rebellen gerade noch erkennen.

≈∞≈

„Das war aber einfach!", meinte Adam lakonisch, nachdem er mit Kira wieder den Platz getauscht hatte. „Dieser Metafan ließ sich wirklich spielend manipulieren."

„Gibt es da Unterschiede bei den Menschen?" Die Neugier stand Atha ins Gesicht geschrieben.

Alex antwortete ernst: „Natürlich gibt es da Unterschiede. Menschen, die sehr intelligent und selbstbewusst sind und die in jeder Situation zu einhundert Prozent präsent sind, kann man fast nicht beeinflussen. Man schafft es zwar manchmal, aber wenn, dann nur mit sehr viel mehr Anstrengung. Es gibt aber Menschen, die überhaupt nicht manipulierbar sind – das sind vor allem jene, die psychologisch geschult sind. Denen kann man nichts vormachen! Auf die haben wir so gut wie keinen Einfluss. Oder auch, wenn du gleichzeitig mehrere Menschen mit deiner Telepathie bezwingen willst, wird es schwierig, da viel zu viele Gedanken auf einmal unter Kontrolle gebracht werden müssen."

Kira horchte auf.
Ihr schossen die Bilder aus der Unigalerie durch den Kopf.

Da musste Adam eine Meisterleistung vollbracht haben. Wie viele Leute waren in diesem Saal gewesen? Doch mindestens zehn bis zwölf. Stolz schaute sie zu ihm nach vorne. Sie hatte wirklich riesiges Glück gehabt, diesen Mann getroffen zu haben. Nein, das war kein Glück – das war Schicksal! Es war ihnen vorbestimmt, dass sich ihre Wege kreuzten. Adam sah in diesem Moment zu ihr und bemerkte ihren Blick. Ein liebevolles Lächeln huschte über sein Gesicht, und sie musste wegsehen, denn sie fühlte, wie sie rot wurde. Irgendetwas musste in ihrem Gesicht sichtbar sein, das ihn so schauen ließ. Sie ahnte, was es für ein Ausdruck war – sie war nicht nur stolz auf ihn, sondern auch total verliebt. Es war Liebe, die er in ihren Augen gesehen hatte …

Atha unterbrach das stille Turteln der beiden: „Also war der Pilot dumm?"

Adam schüttelte den Kopf und antwortete: „Sagen wir mal so – er war voll aufs Fliegen konzentriert. Unsere telepathische Kraft ist extrem stark … und wenn jemand auch nur ein bisschen abgelenkt oder zu gutgläubig ist, dann schlagen wir zu. Dann haben wir ein leichtes Spiel, uns in dessen Kopf einzuloggen. Viele Menschen sind sehr gutgläubig. Eigentlich war der Pilot ein armer Kerl. Du siehst ja, wie schnell ihn seine tollen Freunde im Stich gelassen haben. Die sind einfach abgesprungen und haben ihn abstürzen lassen."

„Das hätte er sich überlegen müssen, bevor er sich mit solchen Verbrechern eingelassen hat", warf Alexander ein und fuhr fort: „Der war doch total verblendet und war auch noch stolz darauf, zu diesem Clan zu gehören – endlich fühlte er sich auch mal wichtig und mächtig. Und er war tatsächlich nicht der hellste Stern am Himmel, was Intelligenz betrifft."

„Ja, du hast schon recht.“ Trotzdem war Adam zerknirscht. Er hasste es, zu solch drastischen Maßnahmen greifen zu müssen. Aber was für eine Wahl hatte er gehabt? Keine! Der Tod eines Menschen war für ihn nicht einfach so vom Tisch zu wischen. Simon und seine Gefolgschaft sahen das sicher anders. Schnell wurde der zerborstene Hubschrauber im Rückspiegel kleiner. Bald erkannte man nur noch tiefschwarze Rauchschwaden am hellgrauen Himmel.

„Zu wem fahren wir noch mal?“, wandte Adam sich an Alexander.

„Zu Mila und Timur. Timur ist ein sibirischer Tiger, und seine Meia ist wirklich eine Schönheit“, erklärte Alexander seinem Freund augenzwinkernd. Von der Rückbank war ein deutliches böses Knurren zu vernehmen. „Aber natürlich kommt sie an die Schönheit meines Wolfsmädchens nicht im mindesten heran“, fuhr Alex mit einem schelmischen Grinsen fort. „Schatz, du brauchst doch wirklich nicht eifersüchtig zu sein. Du weißt ganz genau, dass ich dir total verfallen bin.“

„Ja, ich weiß … und trotzdem …“, schmollte Atha. „Als Frau hört man es nicht gern, wenn der eigene Mann eine andere Frau als Schönheit bezeichnet. Stimmt's, Kira?“

Diese Frage überrumpelte Kira.
Darüber hatte sie noch gar nicht nachgedacht, denn dafür war ihre Beziehung viel zu frisch. Sie runzelte die Stirn.

„Ich glaube schon, dass mich das stören würde. Aber ich bin mir seiner Liebe eigentlich sicher.“

„Das musst du auch – bei den zahlreichen Groupies. Das könnte ja sonst Tote geben“, lachte Alexander.

„Was weißt du denn von meinen Fans?“, fragte Adam erstaunt.

„Nichts, ich habe nur mal was darüber gelesen – dass die Mädels reihenweise in Ohnmacht fallen und dich halbnackt hinter dem Bühneneingang erwarten und …“

„Ja! Ist ja schon gut!“, wimmelte Adam ihn genervt ab.

Kira lauschte interessiert dem Gespräch der Männer, und jetzt, da Adam so abweisend reagierte, hakte sie nach, denn da musste wohl etwas Wahres dran sein: „Halbnackt hinter der Bühne also?“

Adam wich ihrem Blick aus und murmelte unverständliches Zeug. Sie fixierte ihn und irgendwann, nachdem er mehrmals kurz zu ihr sah, murmelte er verlegen: „Nun ja, sie hatte nur einen Slip an und darüber eine Jacke, die sie dann schwungvoll geöffnet hat.“ Trotzdem konnte er ein Grinsen nicht verbergen, als er sich daran erinnerte.

„Ich glaube, ich bin doch eifersüchtig – wenn ich dieses Weib in die Finger gekriegt hätte!“, fauchte Kira ebenfalls grinsend. Aber ihr war bewusst, dass sie nur versuchte, ihre Eifersucht herunterzuspielen, denn tatsächlich spürte sie dieses hässliche Gefühl in ihrem Herzen – trotz dieser Lappalie. Sie wunderte sich immer mehr über sich selbst, denn nie zuvor war sie eifersüchtig gewesen. Wieso auch? Und jetzt überschwemmte sie dieses bisher unbekannte, widerliche Gefühl geradezu – wegen nichts!

„Du brauchst nicht eifersüchtig zu sein. In den hunderten von Jahren habe ich niemals ein Mädchen angefasst.

Ich wusste immer, dass ich mich nur noch unglücklicher und leerer gefühlt hätte, hätte ich mich mit irgendeinem Mädchen eingelassen, das ich nicht liebe. Ich habe mein Leben lang nur nach dir gesucht."

„Du hast also nichts für den Weiterbestand der Meias getan?", fragte sie spitz.

„Nein!", erwiderte er entschieden. „Noch konnte ich mit meiner Einsamkeit leben. Ich war ja nie allein, wenn auch sehr einsam. Ich habe mir außergewöhnliche Menschen gesucht, denen ich mich anschließen konnte: Gaukler, Zigeuner, Schauspieler und Sänger. Ich war immer in irgendwelchen Gruppen unterwegs und hatte viele Leute um mich herum – aber … vielleicht wäre irgendwann die Zeit gekommen …", sinnierte Adam, „und ich hätte es nicht mehr ausgehalten. Dann hätte ich mir vielleicht irgendeine Schwarzhaarige gesucht, die mir nichts bedeutet hätte, Hauptsache, sie hätte dir ein wenig ähnlich gesehen. Aber ich hätte damit denselben Fehler begangen wie meine Mutter – und alle Beteiligten wären unglücklich geworden. Dieses Schicksal wollte ich mir so lange wie möglich ersparen."

Seine Stimme war immer leiser geworden, und als er den Satz beendet hatte, herrschte betretene Stille im Fahrzeug.
Jeder hing seinen Gedanken nach.
Die Stille wurde aber unterbrochen, als neben dem Wagen das fordernde Krächzen von Corvus ertönte, weil er hereingelassen werden wollte. Adam kurbelte das Fenster herunter, und der Vogel glitt elegant herein. Hopsend kam er zum Stehen, stakste zielstrebig zu seiner Vogelstange, auf der Nighteye den Tag verschlief, und drängte sich frech daneben. Kira war von Adams Geständnis sehr berührt.

Sie legte ihre schmale Hand auf die Schulter ihrer Meia, beugte sich vor und hauchte ihm ins Ohr: „Ich hätte dir verziehen. Sicher hätte ich mich über diese andere Frau geärgert und wäre furchtbar eifersüchtig gewesen, aber ich hätte dir verziehen, weil ich gewusst hätte, dass du sie nicht liebst. Ich weiß, wie es ist, einsam zu sein. Ich habe wenigstens meinen Panther, aber du bist ohne mich nur eine halbe Seele." Eine Träne lief ihr über die Wange, und sie sagte noch einmal voller Mitgefühl: „Ich hätte dir verziehen – denn niemals kann es richtig sein, den Weg von Ursus zu gehen, der seinen Zwilling hasst und verdammt – der deine Mutter verdammt."

Adam schluckte schwer, als er an seine Mutter dachte, die diesem Ungeheuer ausgeliefert war.

„Warte mal, was meint sie mit deiner Mutter?", hakte Alex nach.

Verbittert antwortete Adam: „Sie lebt bei diesem Monster Ursus, unserem selbst ernannten ‚König'. Er ist ihre zweite Hälfte. Die Hälfte, nach der sie ihr ganzes Leben gesucht hat. Und er hasst sie genauso wie die anderen Meias."

„Oh, nein!"

„Oh, doch!" Adams Lippen waren zu schmalen Schlitzen zusammengepresst.

„Das macht die Sache aber ganz schön kompliziert – kompliziert und hässlich." Alexander war sehr betroffen.

„Wem sagst du das, Alex." Grimmig starrte Adam auf die Straße.

≈∞≈ Neue Wege ≈∞≈

Nachdem Alex und Adam viele Stunden unterwegs gewesen waren, die Kira und Atha nutzten, um zu schlafen, zeigten sich am Horizont die ersten Umrisse von einigen Jurten. Als Alexander auf eine Anhöhe fuhr, konnten er und Adam die gesamte Ansammlung der gedrungenen Gebilde überblicken. Sie waren recht übersichtlich in einem Talkessel angesiedelt. Alexander gähnte und blinzelte durch die Frontscheibe des Wagens.

„Ah, endlich da! Timur und Mila leben ein wenig außerhalb, in der Nähe eines kleinen Flughafens. Sie fliegen mit einer Sondergenehmigung von dort aus mit ihrem kleinen Flieger, einer Beechcraft King Air B200."

Adam korrigierte seinen Freund mit einem amüsierten Augenzwinkern: „Na, so klein ist eine King Air ja auch wieder nicht. Ich glaube, da haben mindestens acht, wenn nicht gar mehr Personen Platz." Er fixierte die Gegend vor sich, um das Fluggelände zu erspähen. In der Ferne sah man einen grauen Platz, der etwas außerhalb lag und ein Flughafen sein konnte.

„Ist das ein Flugplatz da hinten?"

Alexander kniff die Augen zusammen.

„Das könnte er wohl sein. Wir waren selbst noch nie hier. Wir haben Timur und Mila immer im Wald getroffen, wenn Mila ihren Tiger auf der Jagd begleitet hat", erklärte er Adam.

Alex gab Gas und umfuhr das Tal.

Recht schnell kam er auf das freie Gelände und fühlte sich bestätigt: Es war der alte Flughafen.

Der Zaun, der das Gelände einst umgeben hatte, stand nur noch teilweise an seinem Platz. Viele Zaunfelder lagen kreuz und quer in der Gegend herum, und das ganze Umfeld machte einen sehr verwahrlosten Eindruck.

„Und du meinst, deine Freunde fliegen von hier aus wirklich noch?“ Adam runzelte skeptisch die Stirn, und Alex zuckte mit den Schultern.

„Was ist los? Warum halten wir?“, kam es schläfrig von hinten. Atha lehnte sich zwischen den beiden Männern nach vorne und sah aus dem Vorderfenster. „Das soll der Flughafen sein? Wohl eher eine verkommene, löchrige Piste mit uralten Bruchbuden drumherum - ganz schön runtergekommen, wenn ihr mich fragt“, murmelte sie entgeistert.

„Das haben wir auch schon festgestellt.“

Sacht rüttelte Atha Kira wach, die genüsslich gähnte und sich dehnte, ganz wie man es von Katzen kannte.

„Komm mit, lass uns rausgehen und uns umschauen.“

Kira nickte gähnend und schwang sich elegant aus dem Sessel.

„Wir helfen euch und …“, begann Adam sofort, dem es überhaupt nicht gefiel, dass seine Freundin alleine umherlief, wenn man ständig irgendwelche Verfolger befürchten musste.

„Auf keinen Fall! Wir können das sehr gut alleine“, fuhr Kira dazwischen. „Wenn hier noch irgendjemand auf dem Gelände lebt, werden wir ihn mit unserem feinen Geruchssinn am ehesten finden.“

„Eben!“, bestätigte Atha.

„Außerdem solltet ihr euch auch mal ausruhen. Wir zwei Hübschen schaffen das schon, wir sind stark, wie ihr wisst."

Kira öffnete daraufhin die Tür.
Nebelwölkchen bildeten sich sofort vor ihrem Gesicht, und ihre Nasenflügel bebten, als sie die eisige Luft in sich einsog.
„Oh Mann, ist das kalt! Also, ich werde mich verwandeln."

Atha tat es ihr gleich, nachdem sie die Schiebetür, die die Fahrerkabine vom restlichen Teil des Wohnwagens trennte, zugemacht hatte. Kiras wilde Tierseele forderte ihre Freiheit, und sie selbst brauchte die Wandlung auch. Zudem hatte sie keine Lust, sich wieder zügeln zu müssen, wenn Adam da draußen herumlief - mit Atha war das etwas ganz anderes, denn zwischen Metamorphen herrschte stillschweigendes Verstehen. Man fühlte das andere Tier und ging so, wenn man sich gut verstand, Konflikten aus dem Weg.

Die Männer verließen das Fahrzeug ebenfalls nach der Verwandlung der beiden und wollten ihren Frauen eigentlich folgen, als die gemächlich davonliefen. Adam schlang die Arme um seinen Körper und trat auf der Stelle.
„Ganz schön kalt heute."

Auch Alexander fror sichtlich.
Er klopfte mit den Händen auf seine Oberarme, um sich zu wärmen. Den beiden Gestaltwandlerinnen machte die Kälte keine Probleme, denn ihre Körpertemperatur lag höher als die der Meias, und so liefen sie völlig entspannt über das Flugfeld, während sich Alex und Adam wieder in das Vehikel verzogen. Die Kälte hatte sie recht schnell von ihrem Plan abgebracht, den beiden zu folgen. Kira schnupperte in die Luft, und es schlich sich der Geruch einer anderen Feloidea in ihre Nase.

Timur war ein Tiger, also könnte er es sein. Aufgeregt gab sie einen kurzen Laut von sich, um Atha auf sich aufmerksam zu machen. Die Spur war schwach. Timur musste schon ein, zwei Tage nicht mehr hier gewesen sein. Vorsichtig folgten sie dem fremden Katzengeruch. Plötzlich blieben beide stehen, denn hier an dieser Stelle vor einer Scheunentür ballte sich der Geruch. Sie tapsten Schritt für Schritt weiter. Der Boden schwankte leicht unter ihren Pfoten. Urplötzlich gab die weiche Erde nach, und die beiden versuchten erschrocken, die feste Erde wieder zu erreichen. Aber sie waren zu langsam, der Boden unter ihnen fiel einfach in sich zusammen. Jaulend fielen die beiden Raubtiere in eine sehr tiefe Grube und schlugen hart auf dem Grund auf. Kira drückte es die Luft aus der Lunge, und sie atmete gepresst. Die Wölfin war etwas weicher auf Kiras Oberkörper gelandet. Sofort erhob sich Atha und half Kira beim Aufstehen.

Scheiße, was war das denn?, dachte Kira verstört und blickte, wie auch Atha, nach oben. Ganz offensichtlich war das eine Falle, eine sehr tiefe Falle, die für große Tiere gegraben worden war.
Kira versuchte mehrmals, hinaufzuklettern oder mit Anlauf hinaufzuspringen, aber die Erdwände waren zu bröselig und glatt – sobald sie ihre Krallen in die Oberfläche schlug, riss sie nur feuchte Klumpen heraus. Sie versuchte, sich das Gerümpel zunutze zu machen, um diese Hürde zu überwinden, aber die abgebrochenen, morschen Holzbretter und Balken waren glitschig vom feuchten Moos. Ihr kam der Verdacht, dass Timur vielleicht auch hier unten gefangen gehalten worden war, denn auch hier war sein Geruch wahrnehmbar.

Als Atha begriff, dass sie hier ohne Hilfe nicht herauskommen würden, konzentrierte sie sich augenblicklich auf Alexander.

≈∞≈

Der saß warm und entspannt im Wohnwagen. Er hatte sich genüsslich zurückgelehnt und döste mit geschlossenen Augen. Genauso verhielt sich sein Freund auf dem Nachbarsitz – Adam gähnte und hatte die Augen ebenfalls geschlossen. Die beiden wollten wenigstens ein paar Minuten ausruhen, solange ihre Frauen die fremde Gegend inspizierten. Plötzlich schoss Alexander wie von einer Tarantel gestochen in die Höhe.

„Sie sind in Schwierigkeiten! Atha ruft nach mir!"

Sofort riss es auch Adam. „Was? Wo?"

„Die beiden stecken in einem Erdloch fest, das neben einer Scheune sein soll."

„Wo genau?", fragte Adam pragmatisch.

„Irgendwo außerhalb des Geländes, schätze ich. Atha kann ihre Gedanken nicht klar formulieren, wenn das Tier die Oberhand hat. Da kann ich meist nur ihre Instinkte spüren."

„Ich werde Corvus losschicken! Von oben hat man mehr Überblick", entschied Adam.

Eigentlich wünschte er sich nichts sehnlicher, als mit Kira endlich allein zu sein, um ihre Beziehung zu vertiefen. Aber diese ganze Ablenkung und Action ließen nie eine echte Annäherung zu. Er mochte Alexander und Atha sehr, aber er hatte sich insgeheim schon mehrmals gedacht, ob es für Kira und ihn nicht besser gewesen wäre, alleine weiterzuziehen. Auch wenn es gemeinsam mit seinen Freunden rein strategisch für den Kampf gegen Ursus von Vorteil war, wenn sie Mitstreiter hatten – aber für ihre Beziehung galt das nicht.

Adam hatte das unangenehme Gefühl, dass Kira sich nur allzu gerne von der Beziehung mit ihm ablenken ließ – und das gefiel ihm überhaupt nicht. Er wollte nicht immer wieder von vorne anfangen müssen mit ihr.

„Ich bleibe mit Atha verbunden, damit ich sehen kann, ob jemand kommt. Ich hoffe, die Grubengräber werden nicht auf ihre Beute aufmerksam", erwiderte Alex besorgt.

Das war wieder so ein Punkt, der Adam einen Stich ins Herz versetzte – Alexander schien über sehr weite Distanzen mit Atha verbunden zu sein und die Verbindung auch halten zu können. Er selbst war nicht in der Lage dazu – mit Corvus, ja, aber das war eine andere Geschichte. Adam wollte auch die uneingeschränkte Verbindung mit Kira haben, fest mit ihr verwoben sein und nicht diese bruchstückhafte, zerrissene und störanfällige Verbindung, die sie immer noch miteinander hatten. Wie er diese Scheiße mit Ursus satthatte!

Hätte er bloß nie dieser Konferenzgeschichte zugestimmt, dann wären sie jetzt nach wie vor in Schweden und könnten sich näherkommen. Obwohl … irgendwann hätte sie dann doch alles wieder eingeholt … seinem Schicksal konnte man nun einmal nicht ausweichen, aber vielleicht … er schüttelte den Kopf über seinen eigenen Frust und stieg zu Corvus nach hinten. Der beschwerte sich lautstark, als er aufgeweckt wurde.

„Hilft nichts, mein Freund. Wir müssen Kira finden, auf geht's! Ich werde dir bei Gelegenheit was Leckeres zu futtern besorgen", lockte er den Vogel, der sich überzeugen ließ und recht schnell in eine luftige Höhe aufstieg, bei der er einen guten Überblick über das Gelände bekam. Adam inspizierte die Umgebung und dirigierte die Flugbahn des Vogels.

Solange sie nicht die richtige Richtung gefunden hatten, nutzte es ihnen nichts, sich vom Wagen zu entfernen. Corvus zog seine Kreise und näherte sich dabei immer mehr dem Erdboden. Auf diese Weise konnte Adam genauere Details ausmachen. Eine huschende Bewegung erregte plötzlich seine Aufmerksamkeit - da unten lief jemand geduckt und immer wieder Deckung suchend auf einen alten Schuppen zu. Adam konzentrierte sich auf das Gelände um den Schuppen herum und entdeckte einen schwarzen Fleck, der sich beim näheren Heranfliegen von Corvus als eine Grube herausstellte.
Langsam flog der Rabe über diese Stelle, und sofort erhielt Adam eine Reaktion von Alexander, der mental mit seiner Frau verbunden war: „Corvus ist gerade über die Grube geflogen!"

„Wir müssen schnell machen! Irgendjemand ist ebenfalls auf dem Weg dorthin - mit einem Gewehr", stellte Adam mit angespannter Miene fest.

Alexander riss entsetzt die Augen auf, griff blitzschnell nach seinem Langbogen und warnte Atha mental: „Ihr müsst euch verstecken! Irgendjemand ist auf dem Weg zu euch! Er wird eher dort sein als wir, und er hat eine Waffe."

≈∞≈

Atha zwängte sich hastig unter die Holzbalken und Bretter, die teilweise an den Wänden lehnten, und deutete Kira mit einer Kopfbewegung an, ihr zu folgen.

Kira spürte Athas Nervosität und Angst - etwas Bedrohliches musste im Gange sein. Ohne Rücksicht auf spitze Nägel und Holzsplitter kletterte der Panther der Wölfin nach in den Hohlraum und zog sich dabei eine tiefe Kratzspur quer über die linke Wange zu, die sogleich stark blutete.

Aber sie achtete nicht auf den Schmerz.
Die Raubtiere pressten sich an die Wand und versuchten, so still wie möglich zu sein. Besorgt lauschten sie auf die sich nähernden Schritte und warteten angespannt auf ein Zeichen ihrer Meias.

„Was zum Teufel …!", knurrte plötzlich eine aggressive Stimme, und es war ein Klicken zu vernehmen, das den beiden mitteilte, dass im Lauf eines Gewehres nun scharfe Munition war. Die Frauen erschraken. Waren sie entdeckt worden? „Hände hoch! Das ist Privatgelände! Kapuzen runter! Ich will eure Visagen sehen, bevor ich euch ins Jenseits schicke." Kira und Atha hörten ein Rascheln und dann einen erleichterten Ausruf. „Alexander? Was tust du denn hier?"

„Timur! Mann, hast du uns einen Schrecken eingejagt!"

„Ja, und?! Was schleicht ihr hier auch so rum! Ich wusste ja nicht, dass ihr es seid." Es war ein leichtes Grinsen in der Männerstimme zu erkennen. „Und wer ist dein Freund da?"

„Das ist Adam, wir kennen uns schon ewig", lachte Alex erleichtert. Angespannt lehnte sich Adam über den Rand der Grube und sah hinunter. Er sah nur Gerümpel.

„Kira?", rief er besorgt. „Atha, alles okay?"

„Ah, sind die beiden mir etwa in die Falle gegangen?", fragte Timur hörbar amüsiert.

Wutentbrannt schnellte Adam herum. „Das ist deine Falle? Warum baust du Fallen? Du kannst deine Nahrung wohl nicht jagen? Ich denke, du bist ein Tiger?"

Adam war sehr aufgebracht.

Timur knurrte tief und gefährlich, seine dunklen Haare fielen ihm ins Gesicht, und seine braunen, mandelförmigen Augen veränderten sich zu gelben Raubtieraugen. Dies wirkte in dem asiatischen Männergesicht mit den hohen Wangenknochen und schmalen Augen sehr furchterregend. Adam ließ sich jedoch nicht einschüchtern, seine Wut trieb ihn an. Drohend ging er einen Schritt auf den Tiger zu.

„Hey, hey!“, ging Alex dazwischen und versuchte, die beiden zu beruhigen.

Da ertönte aus der Tiefe der Grube ein lauter Ruf von Kira: „Hey! Holt uns endlich hier raus!“

Sofort wandte Adam seine Aufmerksamkeit wieder der Grube zu, aber Timur bekam zuvor noch einen bösen Blick von ihm, der aber nicht minder aggressiv zurückstarrte. Adam sah, wie Kira vorsichtig unter einem Holzbalken hervorlugte, aber ein Teil ihres Gesichtes war verdeckt. Schnell zog er seine Jacke aus und warf sie hinunter, damit sie sich anziehen konnte. Alex tat es ihm gleich. Als die beiden Frauen notdürftig angezogen waren, kamen sie hervor. Adam bemerkte auf Kiras Gesicht den tiefen Kratzer, und wieder kochte sein Zorn hoch. Erneut warf er Timur einen wütenden Seitenblick zu, der aber gerade damit beschäftigt war, eine Leiter aus dem Schuppen zu holen. Adam mochte diesen Tiger nicht!
Er konnte aber nicht einordnen, ob das an seiner eigenen frustrierten Stimmung lag oder ob er den Kerl tatsächlich zuwider fand. Aber er schob diese Gedanken beiseite, als Timur die Leiter vorsichtig hinunterließ, die um ein paar Zentimeter zu kurz war.

Adam beugte sich in die Grube hinein und reichte Kira die Hand. Mit seiner Hilfe und einem kräftigen Satz sprang sie aus der Grube heraus. Dann half er auch Atha aus dem Verlies zurück ins Licht.
Alexander überließ es Adam, den Frauen zu helfen.
Er versuchte in der Zwischenzeit, unauffällig in Timurs Kopf vorzudringen.

„Hey, lass das! Ich mag es nicht, wenn du in meinem Schädel rumwühlst!“, knurrte Timur plötzlich.

„Ich wollte sicher sein, dass du dich nicht zwischenzeitlich den Bären angeschlossen hast und nun auf uns Jagd machst.“

„Was soll das heißen, ‚den Bären angeschlossen‘? Euch jagen? Wieso sollte ich?“ Timur runzelte verständnislos die Stirn. „Wir beide sind Freunde! Hast du das vergessen? Ich glaube, gleich werde ich wirklich wütend! Zuerst der unverschämte Typ da, und jetzt sagst du auch noch so etwas! Ich dachte, wir vertrauen uns?!“

„Tut mir leid, Timur, aber wir sind auf der Flucht vor den Schergen von Ursus Maritimus. Simon, der Schakal, ist uns dicht auf den Fersen, und ich muss wissen, wem wir trauen können. Ich weiß ja nicht, wie du und Mila zu Ursus steht.“

Timur beruhigte sich und kratzte sich am Kinn.
„Also hatte ich doch recht. Dieser größenwahnsinnige Bär plant tatsächlich einen Aufstand. Mila wollte es mir nicht glauben, sie meinte, ich wäre hysterisch.“

„Wieso? Was ist passiert?“ Alarmiert mischte sich Atha in das Gespräch ein.

„Vor ein paar Tagen sind hier Metamorphe aufgetaucht, Bären aus Mörön. Sie fragten mich, ob ich eine Meia hätte und ob ich Ursus die Treue schwören würde und lauter so dummes Zeug. Ich stellte mich natürlich dumm, behauptete, nicht zu wissen, was eine Meia sei und so weiter."

Kira warf Adam einen vielsagenden Blick zu und hörte Timurs Erzählung zu. „Nachts hörte ich sie um unser Haus schleichen - was Bären als ‚schleichen' bezeichnen. Für einen Tiger ist es eher ein Trampeln. Daraufhin habe ich Mila versteckt und dem Kamin in unserem Haus so richtig Zunder gegeben, damit er raucht und qualmt, um Milas Geruch zu überdecken. Ich tat so, als würde ich allein in unserer Wohnung hausen. Die Bären sind darauf hereingefallen und sind am nächsten Morgen abgezogen. Ich habe mich dann gleich darangemacht, ein paar Gruben auf dem Weg zu unserer Unterkunft zu graben, um gewarnt zu sein, sollten wir wieder ungebetenen Besuch bekommen."

Kira erzählte Timur kurz und knapp, was die letzten Tage in Irkutsk passiert war.
Der Tiger machte ein sehr besorgtes Gesicht. „Dann ist es ja noch schlimmer, als ich gedacht hätte. Ich muss zu Mila! Ich hoffe, sie hält sich noch immer im Haus auf. Was ihr schildert, gibt mir stark zu denken!" Er drehte sich um und lief einen Hügel hinab auf einen versteckten Flachbau am Ende des Weges zu.

Die vier anderen folgten ihm unaufgefordert.

„Mila?" Timur rief nervös nach seiner Meia. Sie trat aus dem Hinterzimmer in die Stube, die noch immer scharf nach Rauch roch.

„Ich weiß schon alles - ich habe deine Gedanken wieder gelesen. Also hattest du doch recht. Entschuldige, dass ich deinem Instinkt nicht vertraut habe“, lächelte die blonde Frau reumütig ihren Mann an, bevor sie sich ihren Gästen zuwandte. „Hi, Atha, Alexander.“ Dann sah sie zu Kira und Adam. „Hallo, ihr zwei, ich bin Mila.“

Adam stellte sich und Kira vor und musterte die große, schlanke Frau interessiert. Mila war auf eine besondere Weise sehr schön. Sie hatte hellblondes, langes Haar, das sie in schmalen Zöpfen nach hinten geschlungen hatte. In ihrem markanten Gesicht stachen ihre graublauen Augen hervor, die an eine stürmische See erinnerten. Adam fand sie auf Anhieb sympathisch, was Kira mit Argwohn bemerkte.

„Ich kenne dich! Du bist dieser Rockstar aus Schottland. Deine Musik ist toll! Irgendwann werde ich auf eines deiner Konzerte gehen, ganz sicher!“, lachte Mila begeistert.

„Da schleppst du mich aber nicht mit“, murrte Timur eifersüchtig. Auch Kira sah nicht sehr glücklich aus, als sie sah, wie diese fremde Frau ihren Freund anstrahlte. Adam fühlte sich geschmeichelt, und dass er Timur damit eins auswischen konnte, machte ihm noch mehr Freude.

„So, Alex, was wollt ihr eigentlich hier?“, lenkte der Tiger ab. „Ganz ehrlich, wenn ihr auf der Flucht seid, dann ist das hier nicht gerade die beste Lösung.“

Alex erzählte ihm von Ursus‘ Plänen und vor allem die Sache mit den Oldthree. Er beendete seine Erzählung mit der Bitte: „Wir wollten euch fragen, ob ihr uns nicht mit eurem Flieger so weit wie möglich Richtung Ägypten bringen könntet?“

Timur brauchte gar nicht lange zu überlegen, denn er antwortete sofort: „Das kommt mir gerade recht! Ich habe auch schon daran gedacht, diese Gegend zu verlassen. Das hat mir zu schaffen gemacht, was hier in den letzten Tagen passiert ist. Durch eure Schilderungen bin ich noch mehr bestärkt worden. Lasst uns verschwinden, bevor diese Bärenspitzel hier erneut auftauchen und Mila in Gefahr bringen. Mila, pack gleich die wichtigsten Sachen ein! Ich werde den Flieger volltanken, und dann hauen wir ab."

„Die wichtigsten Sachen sind dann wohl meine Streitaxt und dein Bogen", schmunzelte Mila.

„Genau, mein Schatz, wir verstehen uns wie immer ohne Worte", grinste Timur.

„Nur fast ... ich habe deine Gedanken gelesen", tat Mila unschuldig. „Ich muss noch schnell Epona Bescheid sagen. Sie muss uns begleiten. Hier ist es zu gefährlich für sie."

Milas Blick schien in die Ferne zu schweifen, und ihre Augen wurden für einen Augenblick starr. Dann lächelte sie und nickte zufrieden. „Sie ist auf dem Weg und wird in einer Viertelstunde hier sein."

„Wer ist Epona?", mischte sich jetzt Atha ein, die das Paar schon lange kannte.

„Meine Tochter." Mila lächelte stolz.

„Ihr habt eine Tochter?" Völlig verwirrt wurde Alexander regelrecht laut und auch die anderen drei bekamen große Augen.

„Nicht wir, ich!", korrigierte Mila ihn.

„Ach so, dann ist Epona auch eine halbe Seele?", fragte Atha, während Timur hinaus in die Kälte verschwand.

„Ja, sie ist auch auf der Suche nach ihrer anderen Hälfte und ist dementsprechend sehr traurig und sensibel. Ich schätze, es wird sie sehr freuen, dass wir endlich weiterziehen. Sie hält es normalerweise nicht lange an einem Ort aus und streift viel herum, in der Hoffnung, ihrem Seelenzwilling zu begegnen."

„Aber du hast nie von einer Tochter gesprochen."
Atha konnte es nicht fassen - jetzt kannten sie sich schon so viele Jahre, aber von einer Tochter war nie die Rede gewesen.

„Ich weiß!" Mila nickte reumütig. „Aber Epona ist sehr schüchtern, und sie wollte nicht, dass ihr oder irgendein anderer Metamorph von ihr erfahrt. Sie wollte nicht bedauert werden, und sie wollte auch nicht euer Glück sehen. Sie ist schon damit überfordert, uns zusammenzusehen. Wir beide waren so viele Jahre allein und teilten unser Schicksal, das Schicksal der Einsamkeit … und die Suche nach dem Seelenzwilling, aber dann traf ich Timur, und alles änderte sich. Es war eine schwierige Zeit zu dritt." Sie lächelte traurig. „So glücklich ich mit meiner anderen Seelenhälfte bin, so sehr trauere ich mit meiner Tochter, weil sie dieses Glück noch nicht gefunden hat."

„Aber wie kommt es, dass du noch mit ihr zusammen bist? Ich kenne keine Meia, die ihr Kind nicht verlassen hat, um weiter nach ihrem Metamorph zu suchen. Die Kinder werden doch immer bei dem menschlichen Elternteil zurückgelassen." Adam war sehr erstaunt.

„Ich hätte sie niemals zurückgelassen! Sie war noch zu klein, und ihr Vater war tot", setzte Mila an, während sie eifrig ihre Sachen einpackte. „Etwas Zeit haben wir noch, bis Epona hier eintrifft, also kann ich euch ein wenig von ihr erzählen. Sie ist die Tochter eines Wikingerkönigs, der uns beide sehr liebte, aber noch mehr liebte er die Macht und den Krieg, und so kam es, wie es kommen musste – er wurde in einer brutalen Schlacht erschlagen. Nach seinem Tod packte ich meine Sachen, nahm meine kleine Tochter und verließ mit ihr zusammen das Wikingerlager. Wir waren dort nie willkommen gewesen. Die Frauen konnten mir meine ewige Jugend und die Schönheit meiner Tochter nicht verzeihen. Ich wusste immer: Wenn mein Mann sterben sollte, sind wir diesen missgünstigen Menschen ausgeliefert. So flohen wir zuerst zu den Dänen, und dann segelten wir mit anderen Leuten auf den Flüssen nach Sibirien. Epona und ich ließen uns in der Einsamkeit der sibirischen Wildnis nieder, und dort wuchs sie zu einer wunderschönen Frau heran."

„Aber hattest du, nachdem sie erwachsen war, nie den Drang, zu gehen?", fragte Adam, der mehr als nur überrascht war, dass jemand sich dieser fatalen Tradition widersetzen konnte. „Viele halten es nicht lange aus in einer normalen Familie und gehen zum Teil schon viel früher."

Mila nickte.

„Natürlich hatte ich das tiefe Verlangen, wegzugehen, um meinen Meta zu suchen, aber es hätte mich umgebracht, mein Kind einfach zurückzulassen in dieser Einöde. Außerdem gab es niemanden, der sich um sie kümmern konnte. Da wir in diesem einsamen Land nur zusammen überleben konnten, blieben wir beieinander.

Die Menschen, die unsere Wege kreuzten, hielten uns für Schwestern, und dank unserer mentalen Fähigkeiten, die wir gemeinsam ausbildeten, wurden wir von allen Übergriffen verschont. Wir lernten, mit unserer tiefen Trauer und unserer Sehnsucht umzugehen, und ließen uns durch die Jahrhunderte treiben. Wir zogen ständig um. Mal lebten wir hier, mal dort. Wir bereisten die ganze Welt. Unser gemeinsames Schicksal schweißte uns fest zusammen – bis eines Tages die Türken mit einem Mongolen im Schlepptau vor unserer Hütte standen und ich so auf Timur traf."

Im selben Augenblick wandte sie ihren Blick zur Tür, die aufschwang, und eine blonde, junge Frau trat ein. Sie war das Ebenbild ihrer Mutter. Wären da nicht ein paar zarte Fältchen um Milas Augen gewesen, hätte man sie für Zwillinge halten können.

„Hallo, mein Schatz", begrüßte Mila ihre Tochter liebevoll.

„Hallo, Mom", erwiderte Epona zögerlich und sah die ihr unbekannten Leute misstrauisch an. „Wer sind die?"

„Epona, unsere Freunde hier", sie hob die Hand und wies auf die Gäste, „haben besorgniserregende Neuigkeiten. Wir sind in Gefahr und müssen sofort dieses Land verlassen."

„Wieso?", fragte ihre Tochter kurz angebunden.

„Wir werden von den Bärenmetas unter Führung von Ursus Maritimus bedroht. Die Bärenspione letzte Woche waren nur die Vorboten. Jetzt müssen wir schnellstmöglich den Flieger nehmen und verschwinden. Ich denke, wir kommen mit einer Tankfüllung vorerst bis Astana."

Epona nickte nur, und ein leises Lächeln stahl sich auf ihre Lippen. Eine zarte Hoffnung flammte in ihren Augen auf.

„Gut“, meinte sie schließlich und ging in ihr Zimmer. Mila nickte bedächtig und schob Timurs Bogen und ihre Streitaxt in einen großen, braunen Fellsack.

„In Astana hat Timur einen sehr alten Freund, der für uns sicher eine Tankfüllung organisieren kann. Er kontaktiert ihn gerade.“ Sie lächelte verschmitzt, als ihre graublauen Augen in eine unbestimmte Ferne sahen. Adam wusste sofort, dass sie wieder in dem Kopf des Tigers war.

„Einen sehr alten Freund? Im Sinne von sehr, sehr alt?“, fragte er.

„Ja, in diesem Sinne. Er hat mir erzählt, dass er mit ihm zusammen unter Dschingis Khan gedient hat.“

„Okay, das ist wirklich sehr alt. Da muss ich nicht fragen, ob er vertrauenswürdig ist.“ Adam nickte erleichtert.

„Nein, musst du nicht. Baatar ist vertrauenswürdig. Er hat seit zweihundert Jahren eine Meia an seiner Seite, die er vergöttert. Die wird er sich nicht von einem übergeschnappten Bären wegnehmen lassen.“

„Das ist sehr gut!“

Epona kam aus ihrem Zimmer und sah ihrer Mutter beim Hantieren zu, die sie fragte: „Hast du alles?“ Epona nickte lächelnd. „Gut, dann gehen wir jetzt zu Timur.“ Mila ging mit ihrer Tochter voraus, und die anderen folgten ihr mit ein wenig Abstand. Kira und Atha konnten hören, dass Mila ihre Tochter über alles aufklärte, was ihr erzählt worden war.

Sie liefen zum Flugplatz und Mila steuerte auf eine uralte Halle zu, aus der ein kontinuierliches Summen drang. Als sie hineingingen, nahm das Summen deutlich zu. Timur ließ die Tankpumpe laufen, während er seine Maschine und die Instrumente überprüfte. Danach schwang er sich herunter und bereitete alles für den Start vor. Zwischenzeitlich holten Alexander und Adam den Wohnwagen und hievten ihre Sachen in die Maschine.

Adam musste sich eingestehen, dass ihm das Herz blutete, als er sein Gefährt so leergeräumt sah und vor allem, dass er es hier zurücklassen musste. Er hatte in Mörön alles verschickt, weil er unbeschwerter unterwegs sein wollte und seine Musikinstrumente in Sicherheit wissen wollte. Auch hoffte er, wenn die Verfolger sein Handy in den Paketen orten würden, sie der falschen Fährte folgen würden. Unausweichlich konnten sie über sein Wohnwagenkennzeichen, das sie ja nun selbst an der Tankstelle gesehen hatten, alles über ihn herausfinden. Er hatte geahnt, dass der Tag kommen würde, an dem er sich von seinem Wohnmobil trennen musste. Nur hatte er nicht gedacht, dass es so bald sein würde. Er sah Timur zu, wie er die Maschine aus der heruntergekommenen Halle hinaussteuerte, und setzte sich dann ein letztes Mal hinter das Steuer seines Gefährts und rangierte es in die leere Halle. Schweren Herzens stieg er aus – er konnte nur hoffen, dass Simon den Wagen nicht finden würde, denn er würde ihn zerstören. Als er nun sein treues, geliebtes Vehikel so verloren in der Halle stehen sah, musste er schwer schlucken. Mit einem Mal fühlte er Kira neben sich, die ihn mitfühlend ansah. Sie sagte nichts, aber er konnte in diesem Moment eine tiefe Verbundenheit mit ihr spüren. Beide standen schweigend vor seinem Wohnwagen. Tröstend nahm sie seine Hand und zog ihn sanft mit sich. Er ließ es geschehen und wandte sich nur noch einmal beim Schließen des Tores um.

Adam hätte nicht gedacht, dass er so emotional auf den Abschied von seinem treuen Gefährt reagieren würde.
„Er war dein Zuhause", sagte Kira leise.
Damit hatte sie recht, das war er für eine sehr lange Zeit gewesen. Adam zog sie in seine Arme. Ein wohliges Gefühl durchströmte seinen Körper, als er flüsterte: „Jetzt habe ich ja mein wahres Zuhause gefunden - dich!"

„He, kommt ihr jetzt endlich? Wir müssen noch unseren Reiseplan ausarbeiten." Der innige Moment wurde von Timur unterbrochen, und Adam konnte sich nicht helfen, ihm wieder einen vernichtenden Blick zuzuwerfen. Er hatte es ganz und gar nicht mit diesem Tiger, aber der grinste nur spöttisch und breitete eine Karte vor den anderen aus, um ihnen die Route zu erklären.

„Zuerst fliegen wir nach Astana. Dort wird mein Freund auf uns warten. Von Astana aus möchte ich in die Türkei fliegen. Das wird zwar knapp, aber es wird schon irgendwie gehen und dann nach Ägypten", erklärte Timur konzentriert und rechnete leise die Flugstrecke für sein Flugzeug aus. Prüfend sah er in den Himmel. „Wir sollten bald starten, es dämmert schon."

Alle stiegen daraufhin wortlos ein.
Corvus beäugte misstrauisch die Inneneinrichtung.
Adam konnte seine Unruhe und sein Unbehagen spüren. Kein Wunder, der Rabe war jahrelang das Wohnmobil gewohnt gewesen. Selten hatte er in ein Hotelzimmer mitgemusst ... und nun das! Adam beruhigte ihn im Geiste und warf Alex einen Blick zu, der offenbar genau dasselbe mit Nighteye tat.

Timur betätigte einige Hebel. Langsam reagierte die Maschine darauf und setzte sich in Bewegung.

≈∞≈ Verfolgung und Verzögerung ≈∞≈

„Verdammte Scheiße!", brüllte Simon auf dem schäbigen Flughafen ins Nichts. Er spuckte auf den Boden. „Wo sind die hin? Verdammte Scheiße! Wenn ich die erwische!"

Wie ein begossener Pudel stand Iwan etwas entfernt von dem tobenden Schakal. Er würde sicher nichts sagen, wenn sein Boss so wütend war, dass er sich nicht mehr unter Kontrolle hatte. Und er wollte nicht als Simons Sandsack enden, auf den er endlos einprügelte - oder gar Schlimmeres. Iwan war sich sicher, dass Simon ein Wahnsinniger war und es besser war, ihm bedingungslos zu gehorchen und sich unterzuordnen.

Dieser Mann war ihm unheimlich.

Der Unfall in Mörön hatte ihn schon total ausrasten lassen, und dann erst der Hubschrauberabsturz, und nun auch das noch! Hätte er sich bloß nicht dieser Einheit angeschlossen.
Iwan wusste im Nachhinein nicht mehr, was ihn geritten hatte, ausgerechnet zu Simons „Spürhunden" zu gehen. Ihm waren zwar die vielen Gerüchte über seine Foltermethoden zu Ohren gekommen, aber er wollte damals gar nicht alles glauben, was man da zu hören bekam. Wie naiv er doch gewesen war!

Was Iwan jedoch ernsthaft Kopfzerbrechen bereitete, war die Tatsache, dass es immer mehr Aufständische gab. Erst waren es nur die Pantherfrau und dieser Sänger gewesen - jetzt wussten sie ja über ihn Bescheid, nachdem sie das Kennzeichen des Wohnmobils herausgefunden hatten. Keiner hätte gedacht, dass der Typ berühmt war. Dann kamen noch diese Meia mit dem Holzbein dazu und die Canoidea.

Und jetzt schien es so, dass sich zwei weitere Verbündete, die hier in dem Bungalow gelebt hatten, der Rebellengruppe angeschlossen hatten. Hier roch es sogar stark nach einer anderen Feloidea. Eine weitere Katze war also im Spiel.

Die beiden Bären, die hier vor ein paar Tagen spioniert hatten, meinten, es wäre ein Tiger. Sie hatten den Verdacht, er könnte eine Meia haben, waren sich aber nicht sicher gewesen. Sie waren auch diejenigen gewesen, die Simon, Sergej und ihn vom Unfallort abgeholt und in ihre geheime Spionagehütte mitgenommen hatten. Und dort war dann das ganze Drama losgegangen: Der dritte Bär hatte die Flugpiste, die in der Nähe des Tiger-Bungalows lag, überwacht, hatte aber durch die Ablenkung der neuen Besucher den Posten unbeaufsichtigt gelassen. Er erledigte etwas, was ihm Simon aufgetragen hatte, und hatte ihn zu spät informiert über die Besucher des Tigers. Die Ausreißer hatten dadurch genügend Zeit, mit dem Flieger mit unbekanntem Ziel zu entkommen.

Die drei Bärenspione lagen jetzt halb tot mit gebrochenen Knochen in ihrer Behausung und hatten sicher einige Tage mit den Schmerzen zu kämpfen, die ihnen der wütende Schakal beigebracht hatte. In Iwan keimte immer mehr der Verdacht, dass er sich einem eiskalten Monster angeschlossen hatte, das weder Freund noch Feind unterschied, sondern nur, wer ihm nützlich sein konnte. Es gab kein Zurück mehr für Iwan.
Er war gefangen und wollte nur noch lebend aus dieser Sache herauskommen, also musste er gehorchen. Er hielt sich so gut es ging zurück und ließ Simon toben. Der hatte zuvor den Bungalow in Schutt und Asche gelegt und machte sich inzwischen über die Halle her, in der der Wohnwagen dieses Sängers stand. Der Tobsüchtige riss die Möbel darin um und zerstörte alles, was zu finden war.

Die Sessel und Stühle vernichtete er, indem er sie auf den Tisch drosch, sodass die Stuhlbeine davonflogen.
Iwan hatte ihm diese Kraft gar nicht zugetraut bei seiner eher schmächtigen Statur.

≈∞≈

Irgendwann war Simons Wut verraucht, und seine Kräfte ließen durch die Raserei nach. Schwer atmend blieb er mitten in dem völlig zerstörten Wohnwagen stehen.

Der rote Schleier, der sich vor seinen Augen während des Wutanfalls herabgesenkt hatte, lüftete sich, und er konnte allmählich wieder klar denken. Der Schakal sprang aus dem Wohnwagen, sah sich in der Halle um, bückte sich und hob Papiere auf, die versteckt hinter einem Regal lagen.

Konzentriert las er die Bauanleitung eines Flugzeugteils für eine King Air und ließ dann die Anleitung wieder fallen. Nun wusste er, womit sie durch die Gegend flogen. Beherrscht zischte er: „Wir müssen alle Zielflughäfen kontaktieren, die man mit so einer Klapperkiste erreichen kann. Und sollten da solche Versager sitzen wie hier in diesem Nest, dann Gnade ihnen Gott!" Zornig klappte er sein silbernes Handy auf und wählte eine Nummer in Irkutsk.

„Ich bin's! Gib mir Haru! Sofort!" Während er ungeduldig wartete, fixierte er mit boshaft blitzenden Augen Sergej und Iwan. „Los, fackelt den hässlichen Wohnwagen und die Halle ab. Die sollen nichts mehr vorfinden, falls sie jemals hierher zurückkommen sollten." Zynisch grinste er, was auf Iwan sehr gespenstisch wirkte. „Haru, verdammt noch mal, was dauert da so lange?! … Ist mir scheißegal! Ruf alle Flughäfen an, die mit einer King Air B200 von Nähe Mörön aus zu erreichen sind.

Sie sollen mich sofort anrufen, wenn eine Gruppe von drei Frauen und drei Männern landet. Iwan schickt dir gleich alle Einzelheiten zu, die uns bekannt sind über die sechs, klar? Und informiere all unsere Kontakte, dass sie einen Adam Corbet ausfindig machen sollen. Ich brauche sämtliche Infos über den Kerl: Handynummer, Anrufe, Aufenthaltsort des Handys, Kontaktpersonen – alles!" Damit legte er zornig auf und rief zu den beiden geschäftigen Ursidae hinüber: „Wenn ihr endlich fertig seid, hauen wir ab und warten im nächsten Hotel auf Rückmeldung." Er ging mit großen Schritten zum dunklen Auto und zischte: „Wie ich das hasse, warten zu müssen!"

Haru legte bedächtig den Hörer auf und blickte sich im Büro der Zentrale um. Er war allein. Keine Zeugen, sehr gut!

Lächelnd lehnte er sich in seinem Bürosessel zurück. Dann warf er einen Blick auf die Uhr. „Oh, Mittagszeit."

Er würde jetzt erst einmal zu seiner Meia nach Hause fahren und genüsslich speisen.
Schließlich stand ihm seine Mittagspause zu, und ein kleines Schläfchen würde ihm sicher auch guttun. Die Anrufe konnte er dann immer noch tätigen. Er durfte es nur nicht übertreiben mit der Unterwanderung der Befehle. Schließlich wollte er noch einiges zum Gelingen der Revolte beitragen. Jetzt würde er Kaja über den Stand der Dinge unterrichten. Die arme Frau konnte jede Aufmunterung in ihrem Gefängnis gebrauchen. Ihr Sohn machte sich sehr gut.
Schließlich hatte er schon einen Vorsprung herausgeholt und Simon und seine Gefolgschaft abgehängt.

Der Flieger befand sich seit einer Stunde über Kasachstan, und Timur hatte den Autopiloten eingeschaltet. Wenn alles gutging, würde Timur in einer Stunde den Landeanflug einleiten können. Er inspizierte nochmals die Instrumente und lehnte sich dann zurück. Alles prima! Der Treibstoff würde bis nach Astana reichen, und jetzt musste er Baatar noch einmal anrufen.

„Hier, Liebling, dein Handy." Eine schlanke Hand legte sich auf seine breite Schulter. Dann wurde er zärtlich auf die Wange geküsst.

„Mila, du hast wieder meine Gedanken gelesen", brummte Timur leise.

„Verzeih, aber du sahst so gestresst aus." Liebevoll lächelte die hellblonde Frau ihren Mann an.

„Hm, hast ja recht. Ich hoffe, Baatar kann uns wirklich mit einer Tankfüllung aushelfen. Lange sollten wir uns nicht auf dem Flughafen aufhalten. Ich habe so meine Befürchtungen, dass der auch von Ursus überwacht wird."

„Ruf ihn an, dann bist du schlauer." Mila küsste ihn auf den Mund und drückte ihm sein Handy in die große Hand.

„Danke, mein Schatz. Was wäre ich nur ohne dich?"

„Allein mit deiner Tierseele und einfach nur schutz- und hilflos", meinte sie schelmisch grinsend. Er lachte.

„Dafür habe ich mich aber die Jahre vor dir allein ganz gut durchgeschlagen."

„Du wusstest es bloß nicht besser." Mila zwinkerte ihrem Mann zu und verließ die Pilotenkabine.

Epona, die auf dem Co-Pilotensitz lümmelte, hatte während des Gesprächs ihrer Mutter mit dem Tiger mit den Augen gerollt und sich dann zu guter Letzt genervt eine blonde Strähne aus dem Gesicht gepustet. „Wie zwei Teenager, also wirklich. Diese ständige Flirterei, als ob ihr euch erst gestern getroffen hättet und nicht schon seit ein paar hundert Jahren ein Paar wärt."

„Epona, halt die Klappe! Ich werde dich daran erinnern, wenn du erst deinen Meta gefunden hast, was hoffentlich bald der Fall sein wird. Dann bin ich ja mal gespannt."

Sie warf ihrem Stiefvater einen hochmütigen Blick zu. Grimmig wählte Timur die Handynummer seines Freundes in Astana.

„Schon gut, beruhig dich wieder! Aber ich werde bestimmt nicht so ausflippen wie ihr beide." Epona wandte sich den vielen Instrumenten zu, um sie während des Telefonats zu überwachen. Timurs finstere Miene hellte sich auf, als er nach einigen Sekunden die Stimme von Baatar vernahm.

„Hallo, hier ist Timur. Ich werde in ungefähr einer Stunde auf deinem Flughafen landen. Am besten wäre es, wenn der Tankwagen dann schon vor Ort wäre und wir sofort mit dem Auftanken beginnen könnten, und das so heimlich wie möglich. Hast du deine Meia gewarnt, nach allem, was ich dir erzählt habe über Ursus' Pläne? … Hm, ja, wir fliegen dann sofort weiter. Ihr könnt mit uns kommen oder ihr sucht euch einen anderen Unterschlupf … okay, also bis gleich, und sei vorsichtig. Ursus hat überall seine Spione."

≈∞≈

„Man hat mir diese Handynummer gegeben und gesagt, ich solle mich melden, wenn eine King Air hier landet.“ Der junge Mann starrte durch ein Fernglas hinaus in den Regen, der wie ein grauer Schleier vor dem Tower auf die Landebahn strömte. Ganz in der Ferne und kaum zu erkennen, auf einer der äußeren Landebahnen, die fast nicht genutzt wurden, stand ein kleineres Flugzeug.

Ein Tankwagen wurde dort seit einer halben Stunde geleert. Der Anruf aus Irkutsk war kurz zuvor hier eingegangen. Der Metafan hatte sofort zum Handy gegriffen, um das Flugzeug zu melden. Er hatte schon seit geraumer Zeit den Tankvorgang beobachtet und sich gewundert. Aber auf Nachfrage wurde ihm der Tankvorgang von Natsagiin Baatar als autorisiert bestätigt. Daraufhin hatte er sich anderen Dingen zugewandt, aber dann kam dieser Anruf …

„Ja, dort wird gerade ein Tankwagen geleert. Oh, warten Sie …“ Er hob abermals das Fernglas und visierte den Flieger an.

Dann nahm er den Hörer wieder auf: „Jetzt sind sie fertig. Der Laster fährt wieder in den Hangar. Das Startmanöver ist schon eingeleitet … nein, ich kann da nicht einschreiten. Ich bin dafür nicht autorisiert … nein, ich weiß auch nicht, wohin der Flieger geht … Richtung Norden, glaube ich …“

„Ich hoffe sehr, die haben es gefressen, meine Ablenkung.“ Zufrieden lehnte sich Timur in seinem Pilotensessel zurück.

Die Aktion hatte besser funktioniert als gedacht.

Sie hatten damit gerechnet, viel eher entdeckt zu werden, aber der Metafan im Tower hatte anscheinend geschlafen oder in Ursus' Spionagegetriebe hatte sich Sand eingeschlichen. Hoffentlich schaffte es Baatar rechtzeitig, mit seiner Meia unterzutauchen.

„So, jetzt kannst du die Richtung ändern. Ich denke, wir haben den Metafan genug getäuscht. Auf in die Türkei! Der Flughafen hier ist vom Standort her der beste." Epona zeigte Timur den Landeplatz auf der Landkarte und legte sie dann zurück.

Alexander richtete sich daraufhin in seinem Sitz auf und nahm Athas Hand. „Ich habe mir überlegt, dass wir beide euch in der Türkei verlassen und dann Richtung Kanada weiterreisen, damit wir eine falsche Fährte legen. Die Reise werden wir so gestalten, dass uns die Bären verfolgen können und sich hoffentlich voll auf uns konzentrieren werden. Das verschafft euch vielleicht einen weiteren Vorsprung."
Verwundert sahen die anderen auf.

Kira entgegnete zögerlich: „Okay, seid ihr euch wirklich sicher, das tun zu wollen?"

Alex und Atha nickten ernst.
„Das wird euch sicher eine große Hilfe sein. Wir müssen alle Möglichkeiten ausschöpfen, die Oldthree so gut es geht zu beschützen. Und auch die Meia Saiwalos der Oldthree müssen informiert werden, sonst sind die Metas erpressbar, falls Ursus sie vor uns finden würde", erklärte Atha.

„Du hast recht." Kira nickte betroffen. An die Meias hatten sie alle noch gar nicht gedacht.

Die Oldthree würden ihre Seelenhälften nicht einfach den Bären überlassen.Sie würden sich ergeben, sollten ihre Partner als Geiseln in den Kellern von Ursus verschwinden.

„Aber wie sollen wir uns mit den Oldthree in Verbindung setzen ohne dich? Das Nildelta ist groß ...“, fragte Adam und sah Atha zweifelnd an.

„Ich kann euch nur den Namen des Kontaktmannes sagen, aber wie ihr ihn findet ... keine Ahnung. Ich habe mir schon eine Weile den Kopf zerbrochen, aber ich weiß es einfach nicht“, gab sie zerknirscht zu.

Adam sah ihr ihren Zwiespalt an und meinte dann: „Okay, ich werde euch einige meiner Kreditkarten geben. Damit könnt ihr eine Spur legen und gleichzeitig habt ihr genug Geld, um eine wirklich rasche Reise zu finanzieren.“ Er grinste breit. „Und ich meine, wirklich rasch! Bucht euch einen Helikopter oder einen Privatjet – Geld ist genug da. Das ist der Vorteil von Millionen verkauften CDs weltweit.“

„Wir werden uns bemühen, aus dir einen armen Mann zu machen“, lachte Atha erleichtert.

„Das ist gar nicht so dumm“, schaltete sich Mila ein. „Wir lassen die King Air am Flughafen stehen, und tun so, als hätte es ein Problem gegeben, und jeder denkt, wir mussten uns eine andere Maschine nehmen. Wir fahren derweil mit dem Auto weiter und setzen mit der Fähre über nach Ägypten.“ Ihre Augen blitzten verschwörerisch.

„Genauso habe ich mir das gedacht“, meinte Alexander augenzwinkernd.

≈∞≈

„Wir haben sie schon wieder verloren!"
Simon stieß wutentbrannt seine Gabel in die schmutzige Tischplatte eines kleinen Restaurants, in dem sie Rast machten. „Wieso hat dieser Trottel in diesem Tower so spät angerufen? Was denkt der eigentlich? Dass wir zaubern können?"

Sergej brummte irgendetwas vor sich hin, und Iwan wich den irren Blicken von Simon aus. Nur nicht reizen! Der Schakal war schon wieder auf hundertachtzig.

„Sie fliegen Richtung Norden. Wohin wollen die?"
Simon sprach mit sich selbst. Er wusste nicht weiter, wollte aber auch keinen Kontakt mit Irkutsk aufnehmen. Die Schande und die Schmach würde er nicht ertragen. Noch nie waren ihm seine Opfer so lang und so weit voraus gewesen wie dieses verdammte Panthervieh mit ihrer verteufelten Meia. Er musste die beiden einfangen und mit einem Triumphzug zurück nach Irkutsk bringen. Er musste seine Ehre wiederherstellen … er musste!

Simon hatte Mühe, die Bestie in sich zu beruhigen. Er spürte schon die Krallen in seinen Fingerspitzen. Den Blick durfte er jetzt auf keinen Fall mehr heben. Sonst hätte die Kellnerin, die jetzt mit vor Schmutz starrender Schürze vor ihrem Tisch stand, um zu kassieren, in zwei gelbe Schakalaugen geblickt – und dann hätte dieses dumme Luder sicher angefangen, hysterisch zu schreien. Er musste seine Wut daher unbedingt bezwingen …

„Du zahlst!" Knurrend warf er Iwan den Geldbeutel zu und rannte wie von Geistern gejagt aus dem Restaurant.

Hier draußen an der frischen Luft konnte er abkühlen, und sein Verstand begann wieder zu arbeiten.

„Wir werden als Erstes nach Astana fliegen und den blöden Metafan befragen. Es muss irgendwelche Aufzeichnungen geben, woraus man ablesen kann, wohin der Flieger unterwegs ist. Richtung Norden … vielleicht wollen die nach Fairbanks zu den verdammten Hunden. Aber die werden sie auch nicht retten können. Aber warum flüchten die nicht zu den Katzen? Ach, verdammt noch mal, ich weiß es einfach nicht!"

≈∞≈

„Laut dieser Radaraufzeichnung hat die King Air abgedreht und ist in die Türkei weitergeflogen."

„Zeig her!" Simon riss dem Metafan die Unterlagen aus der Hand, der schon ganz verstört war, denn mit solch wütenden Metamorphen hatte er es noch nie zu tun gehabt. Als er damals von denen angeworben worden war, waren sie großzügig, sehr freundlich und umgänglich gewesen.
Hätte er diesen Abend vorhersehen können, wäre er nie auf das Angebot eingegangen, die ganzen An- und Abflüge auf diesem Flughafen für diese Metamorphe zu überwachen. Aber was war da eigentlich los? Es war besser, er wusste es nicht.
Wer zu viel wusste, begab sich in Gefahr. Das wurde ihm in dieser Stunde mehr als bewusst. Also bemühte er sich, diesem zornigen Kerl behilflich zu sein, damit er und seine Kumpane endlich wieder den Tower verließen. Eingeschüchtert schielte er zur Tür. Dort standen die beiden anderen Metamorphe wie Schränke und bewachten den Eingang.

≈∞≈

„Hm, gut. Das scheint wirklich unsere Maschine zu sein. In die Türkei also – flüchten sie etwa zu den Katzen?"

Grübelnd strich sich der Schakal über seinen Dreitagebart.

„Zu welchem Flughafen in der Türkei kommt diese Art Maschine mit einer Tankfüllung, wenn sie sich nach Süden richtet?“, blaffte er dann den ängstlichen Metafan an. Der machte sich hastig und nervös daran, verschiedene Daten in seinen Computer zu hämmern.

„Maximal bis in diesen Bereich, denke ich.“
Er zeigte dem Schakal die Flughäfen, die der Flieger anfliegen könnte, und erklärte sehr hastig: „Also, dieses Flugzeug kann ungefähr zweitausendneunhundert Kilometer zurücklegen, und berücksichtigt man, dass es einen halbwegs ausgebauten Flughafen ansteuert … dann schätze ich, dass es diesen hier wählen könnte und …“ Der Metafan zeigte zitternd auf den Bildschirm und hoffte inständig, dass er recht hatte.

„Ja, ja, ja …“, unterbrach ihn Simon gereizt. „Ich wollte keinen Roman hören, sondern präzise Angaben haben! Sieh nach, wann die nächste Maschine dahin geht, und buch uns drei Plätze!“

Wieder hämmerte der junge Mann auf seine Tastatur. Als er die Abflugzeit las, konnte er ein erleichtertes Ausatmen nicht unterdrücken.

„Die Maschine geht in einer halben Stunde! Sie müssen sich also sputen! Ich buche Sie gleich darauf. Auf welche Namen?“

Simon legte dem Mann drei gefälschte Pässe vor und grinste böse. „Und das nächste Mal, wenn du einen Auftrag erhältst, dann reagierst du sofort und lässt dir nicht so viel Zeit, sonst kann ich für nichts garantieren!“

„Aber ich habe … habe sofort an… angerufen, als ich den Auftrag erhielt“, versuchte sich der junge Mann, stotternd zu verteidigen.

„Quatsch nicht! Sei froh, dass wir keine Zeit haben, um dir Manieren beizubringen!“ Simon schnappte sich die Pässe und trieb die beiden Bären zur Eile an.

≈∞≈

Die Tür fiel laut krachend in ihr Schloss, und der kalkweiße Metafan begann nun, am ganzen Körper zu zittern. Der Schock kam recht spät, aber er war sich im Klaren darüber, dass er gerade noch einmal davongekommen war.

Auf was hatte er sich da bloß eingelassen?

Wie hatte seine Großmutter immer gesagt?

„Wer sich mit dem Teufel ins Bett legt, muss damit rechnen, dass man ihm die Hölle heißmacht.“

Hätte er doch bloß auf sie gehört …

≈∞≈ Die Zurückgebliebenen ≈∞≈

„Der Tower gibt uns seine Landeerlaubnis!“, rief Timur zu den anderen nach hinten und grinste zufrieden. Ein einvernehmliches Seufzen drang von Kira und Atha nach vorne. Timur war auch sehr erleichtert.
Der Flug war wirklich anstrengend gewesen, und er war froh, sich endlich ausruhen zu können. So viele Stunden waren verstrichen, und er hatte Hunger. Aber eine etwas andere Art von Hunger … nach frischem Fleisch. Er hatte gespürt, dass auch die anderen Metamorphe langsam unruhig geworden waren - so auf engstem Raum zusammen zu sein, war nicht unbedingt von Vorteil. Ihre Meia Saiwalos hatten tief und fest geschlafen. Sie wurden ja nicht getrieben von Fleischgelüsten und waren entspannt erwacht. Es war eintönig gewesen, in der Dunkelheit der Nacht zu fliegen. Langsam dämmerte es, und sie waren nun alle sehr nervös geworden. Der Tiger landete und setzte sich mit dem Tower in Verbindung, während der Flieger auf der Landebahn zum Stehen kam.

Jetzt gab es viel zu tun: Der Tank musste aufgefüllt werden, und Timur musste einen Defekt an der Maschine vortäuschen. Außerdem brauchte das Flugzeug einen sicheren Parkplatz, wenn er jagen gehen wollte.

„So ein Mist!“, beschwerte er sich wenig später. „Wir haben zwar jetzt die Erlaubnis, unser Flugzeug hier zu parken, bis wir zurückkommen, aber natürlich kostet das eine Kleinigkeit …“
Der Tiger verzog wütend das Gesicht, doch dann fiel ihm etwas ein. „Aber du hast ja haufenweise Geld, wenn ich das Gespräch von gestern richtig in Erinnerung habe.“
Er grinste Adam spöttisch an.

Der lächelte genauso „freundlich“ zurück. „Es wird schwer sein, das komplette Vermögen durchzubringen. Tut euch also keinen Zwang an“, gab sich Adam gnädig.

Kira sah zwischen den beiden Männern hin und her. Sie spürte schon wieder die angespannte Stimmung zwischen ihnen – offensichtlich mochten sie sich nicht. Wahrscheinlich hatte Adam Timur seine Falle nicht verziehen, und Timur fühlte sich anscheinend von Adams Art ihm gegenüber provoziert. Kira schüttelte verständnislos den Kopf und versuchte, die beiden voneinander abzulenken.

„Mir war überhaupt nicht bewusst, dass ich nicht nur einen supernetten, gut aussehenden und talentierten Mann an der Leine habe, sondern noch dazu einen steinreichen“, lächelte sie charmant und zwängte sich elegant zwischen die beiden. Sie schmiegte sich in Katzenmanier an Adam und, wenn man die Ohren spitzte, konnte man sogar ein leises Schnurren hören.

„Ich hoffe, du liebst mich nicht nur wegen meines Geldes“, lachte der junge Mann, der sich offensichtlich gerne von dem Zwist mit Timur ablenken ließ.

„Nein, wegen deiner strahlend blauen Augen“, schnurrte sie. Adam strich ihr liebevoll eine Strähne aus dem Gesicht und dann über ihre samtigen Haare.

Innerhalb von Sekunden hatte sich zwischen ihnen wieder diese knisternde Atmosphäre aufgebaut.

Als er aber den Arm um ihre Hüften legte, war sie mit einem Mal wieder sehr nervös. Sie war überrascht, wie schnell sie auf ihn reagierte, kaum dass er sie berührte.

„So, Schluss jetzt! Für euren Flirt ist hier weder die richtige Zeit noch der richtige Ort. Wir haben noch viel vor uns", unterbrach Timur die beiden und verdrehte genauso wie Epona die Augen. Kira zog einen Schmollmund.

„Du und Mila seid euch schon viel länger nahe. Wir kennen uns gerade einmal ein paar Tage …"

„Es sei euch ja gegönnt, aber eben nicht jetzt! Ihr werdet noch genügend Zeit haben." Timur schüttelte den Kopf und ging voraus. Adam warf ihm einen finsteren Blick hinterher.

„Du magst ihn nicht besonders, oder?", fragte Kira, als sie sich sicher war, dass der Tiger, seine Meia und Epona sie nicht mehr hören konnten. Adam pfiff nur kurz verächtlich und drückte sie gleichzeitig fester an sich.

„Ich will nicht, dass unsere Liebe immer zu kurz kommt. Ich habe so lange auf dich gewartet und nun Verzögerungen über Verzögerungen. Das macht mich wahnsinnig!"

„Hast ja recht", lenkte sie leise ein. „Aber unsere Liebe ist schließlich der Grund für das alles hier."

Adam gab nur ein unwilliges „Hm" von sich und vergrub sein Gesicht in ihren Haaren. Sie fühlte dasselbe wie er, aber sie waren noch immer nicht am Ziel ihrer Mission. Bevor sie dann hoffentlich endlich ihre Beziehung genießen und sich nahe sein konnten. Widerwillig löste sie sich von ihm, aber auch sie musste dringend jagen und lief den anderen hinterher.

„Bis nachher!", rief sie ihm über die Schulter zu und verschwand hinter einer Hausecke.

Adam wandte sich ab, denn es gab viel zu erledigen.

Später an diesem Morgen übergab er Alexander mehrere Kreditkarten. „Meine PIN ist für jede Karte 1669."

„Okay, leicht zu merken, danke, mein Freund", erwiderte Alexander und steckte die Karten in ein sicheres Fach seines Rucksacks.

Kira lächelte. „Unser Geburtsjahr."

Adam streichelte ihr sanft über den Rücken und sogleich breitete sich wieder ein wohliger Schauer in ihrem Körper aus. Dann wandte sich Adam seinem Freund zu, und Kira spürte, wie sehr ihr seine Berührungen fehlten.
Wie groß ihre Sehnsucht nach ihm war und wie sehr auch sie sich wünschte, endlich mit ihm allein zu sein …

„Alex, ich habe mich, während du mit Atha und den anderen weg warst, um einen Hubschrauber gekümmert. Er steht samt Pilot auf dem Landeplatz für euch beide bereit. Er wird euch erst einmal bis nach Berlin bringen, und dort trefft ihr hoffentlich auf meine Band im Adlon - ich habe sie vorhin angerufen und mit ihnen alles besprochen. Ich möchte, dass sie mit euch nach Kanada weiterreisen, damit auch sie außer Gefahr sind. Ich wünsche euch allen viel Glück. Seid bitte vorsichtig!" Alexander umarmte ihn dankbar, während sich die Frauen ebenfalls umarmten.

„Euch auch viel Glück und bis bald!" Atha liefen Tränen über ihre Wangen, und auch Kira hatte Tränen in den Augen.

Nighteye, der mit Corvus auf einem Dach des Towers gesessen hatte, flog seinem leicht hinkenden Meister auf die Schulter, um mit ihm die Reise fortzusetzen.

Adam drehte sich zu den vier übrig gebliebenen Mitstreitern um und hob triumphierend einen Autoschlüssel in die Höhe.

„Ich habe einem alten Mann vor dem Flughafengebäude einen klapprigen Jeep für einen vollkommen überteuerten Preis abgekauft." Er grinste breit, als er an das Gesicht des Alten dachte. „Der konnte sein Glück kaum fassen und hat sich sofort aus dem Staub gemacht, wohl aus Angst, ich könnte mir die Sache wieder anders überlegen. Ich denke, der lässt sich die nächsten Tage hier nicht blicken. Also kann ihn Simon auch nicht befragen. Zur Sicherheit habe ich ihm zusätzlich den Gedanken eingepflanzt, dass ihm sein überteuerter Jeep von einer ahnungslosen Frau abgekauft wurde."

Adam war sichtlich stolz auf seinen Streich. „Mit dem Jeep können wir bei Bedarf auch mal die Hauptstraße verlassen und durchs Gelände abkürzen. Bis zum nächsten Hafen sind es noch ein paar Stündchen. Ich hoffe mal, die alte Klapperkiste schafft es bis dorthin."

Ein Blick von Adam zu dem Dach des Towers veranlasste Corvus, auf den ausgestreckten Arm seines Meisters zu fliegen.

„So, mein Freund, du wirst vorerst hierbleiben. Such dir einen guten Aussichtspunkt, und sei mein Auge und mein Ohr, wenn Simon und seine Bande hier eintreffen sollten. Wenn wir wissen, was die planen, darfst du uns folgen."

Er streichelte seinem Schutzgeist über die glänzenden Federn zum Abschied.

„Ach ja, ich bin dir ja noch etwas schuldig …", sagte er und holte eine Handvoll Leckereien für den Vogel aus seiner Jackentasche. „Na, wie findest du das?"

Corvus schien sichtlich begeistert zu sein, und ratzfatz war alles weg. Dann gab ihm Adam durch Hochreißen des Armes Schwung, und so hatte der Schildrabe keine große Mühe, wieder seinen Beobachtungspunkt auf dem Dach des Towers einzunehmen. Dort plusterte er sich zufrieden auf und richtete sich sichtlich auf eine längere Wartezeit ein, denn er entspannte sich und hatte die Augen auf Halbmast.

„Na, dann mal los! Wir haben noch einige Kilometer vor uns", sagte Adam energisch.

≈∞≈

„Sie waren hier und haben einen Hubschrauber gemietet und sind nach Berlin damit abgehauen", berichtete Sergej Simon stolz die Ergebnisse seiner Recherche.

„Und das wurde dir einfach so erzählt? Ob das so auch stimmt?", warf Iwan zweifelnd ein.

„Natürlich nicht so einfach!", brummte der Braunbär den anderen an. „Da musste ich in einem Hinterzimmer schon etwas nachhelfen. Die müssen jetzt auf jeden Fall erst einmal aufräumen und einen Arzt konsultieren."

Simon hatte das Gespräch der beiden Bären ohne eine Miene zu verziehen, verfolgt. „Sehr gut, Sergej, du bist ein gelehriger Schüler. Du wirst es in der Gefolgschaft von Ursus Maritimus zu etwas bringen. Dein Freund hier", damit wies er spöttisch auf Iwan, „ist dafür wohl ein bisschen zu zimperlich."

„Nein, das bin ich nicht! Aber muss man denn immer so viel Aufsehen erregen?", versuchte Iwan, die ungute Sache etwas zu beschwichtigen.

„Außergewöhnliche Aufträge benötigen außergewöhnliche Taten. Wir nehmen keine Rücksicht! Vor allem, wenn wir in Eile sind, und das sind wir ja wohl!“, schnauzte der Schakal Iwan an. Der kniff den Mund zu einem Strich zusammen und nickte unwillig.

„Also, Berlin …“ Simons Augen wurden zu gelben, schmalen Schlitzen. Der Jäger hatte die Spur seiner Opfer wieder aufgenommen. „Die wollen nach Fairbanks zu den Hunden. Suchen wir uns einen Flieger nach Berlin.“

Die drei wandten sich um, um das Flughafengebäude zu betreten. Aus dem Augenwinkel sah Iwan eine übergroße Elster auffliegen, die sich an einem Mülleimer ganz in ihrer Nähe um Essensreste mit anderen Vögeln gestritten hatte. Irgendwie kam ihm dieser Vogel bekannt vor …

„Iwan! Wir haben es eilig!“
Simons Stimme klang schneidend, und der Gedanke an den auffälligen Vogel war vergessen.

≈∞≈

„Haha!“ Adam lachte laut auf, sodass Epona, die vor ihm saß, erschrak. Kira hatte schon die ganze Zeit auf eine Reaktion ihrer Meia gewartet und blieb deshalb ruhig, denn sie hatte beobachtet, wie Adam mit Corvus in Verbindung getreten war. Er wurde dann immer ganz still, und sein Blick konzentrierte sich dabei auf einen fernen Punkt.

Epona drehte sich erbost um. „Mann, wie kannst du mich so erschrecken!“ Sie und Mila waren im Jeep eingedöst. Bisher waren sie gut vorangekommen und hatten einige Kilometer zurückgelegt, der Jeep hielt tapfer durch.

Die fünf Verbündeten hatten sich alle hundert Kilometer abgelöst, und jetzt war Timur am Steuer.

Adam jauchzte: „Simon ist darauf hereingefallen! Sie steigen gerade in einen Flieger nach Berlin. Der Schakal denkt, wir sind auf dem Weg zu den Canoidea. Das verschafft uns einen schönen Vorsprung."

„Na prima!", knurrte Timur. „Hoffen wir mal, dass Atha und Alexander auch so geniale Tricks draufhaben wie wir, damit sie ihm nicht in die Pfoten fallen. Hab gehört, der geht mit Gefangenen nicht gerade feinfühlig um."

Adams Freude schlug augenblicklich um. Er mochte Timurs Ton nicht. Sofort verteidigte er seine Freunde: „Da hast du richtig gehört! Aber Alex ist ein ausgezeichneter Kämpfer, der schon viele Schlachten geschlagen hat. Und Atha ist schlauer als so manch anderer hier …"

Wenn Timurs Blicke hätten töten können, wäre Adam jetzt tot umgefallen. Kira schaltete sich ein: „Mein Gott! Reißt euch doch mal zusammen! Ist ja nicht zum Aushalten!"

Mila kam ihr zu Hilfe: „Ja, aber wirklich! Bisher ist doch alles glattgegangen, und bis jetzt sieht es auch gut aus. Atha und Alex haben ein paar Stunden Vorsprung. Sie werden sich nicht einfangen lassen."

Nach kurzem Schweigen entgegnete Adam versöhnlich: „Ja, eben, und meine Jungs werden sich ihnen anschließen. Meine Hoffnung ist, dass sich die Spur in Berlin für die Jäger verliert."

„Das hoffen wir auch."

Mila lehnte sich wieder in das Polster zurück und sah aus dem Fenster, Epona tat es ihr gleich, und Kira kuschelte sich an ihre Meia.

„Ist jetzt Corvus auf dem Weg zu uns?"

„Ja, er hat den Flughafen schon hinter sich gelassen." Adam legte den Arm um Kira und zog sie noch näher an sich heran. Dann gab er ihr einen Kuss auf ihr duftendes Haar. Sie lächelte und schloss wohlig die Augen.

≈∞≈

Epona saß am Steuer des Jeeps, als sie im Hafen einfuhren. Die Abenddämmerung lag über dem Hafen, aber es war trotzdem noch viel Betrieb auf dem Gelände. Die Schiffe schaukelten sacht auf den Wellen, und ein leises Plätschern war zu hören. Alle anderen im Wagen schliefen tief und fest. Timur schnarchte leise, und ihre Mutter hatte sich in die Arme ihres Mannes fest eingekuschelt. Auch das Pärchen im hinteren Teil des geräumigen Autos lag aneinandergeschmiegt und schlief, wie ihr ein Blick in den Rückspiegel bestätigte.

Ein kleiner Stich des Neides traf ihr Herz.
Würde sie auch irgendwann ihre große Liebe finden und dann so glücklich sein wie diese beiden Paare? Sie hoffte es so sehr!

Eine Ahnung, was für ein Tier ihr zugeordnet war, hatte sie nicht. Sie wusste nur, dass sie auf große, kräftige Männer stand – was für einen Bären sprechen würde. Aber auch ihr Stiefvater war groß und muskulös. Eine Tigerseele brauchte eben auch viel Platz. Manchmal kam sie sich so erbärmlich vor, wenn sie ihre Mutter und Timur beneidete. Sie spürte zwar, dass ihre Mutter sie liebte, aber das nagende Gefühl, das fünfte Rad am Wagen zu sein, konnte sie ihr auch nicht nehmen.

Epona kam sich wie ein Störfaktor vor und spielte schon lange mit dem Gedanken, sich einfach aus dem Staub zu machen, damit ihre Mutter und Timur ihre Ruhe hatten … und sie selbst auch. Sie fühlte sich so zerrissen, dass sie diesen Schmerz sogar körperlich fühlen konnte. In den letzten Tagen, in denen sie wieder rastlos umhergestreift war, war es ihr sehr schlecht gegangen. Höllische Kopfschmerzen hatten sie geplagt, und ihre Knochen waren bleischwer gewesen. Sie wusste nicht mehr ein noch aus.

Und dann waren plötzlich diese Fremden dahergekommen und haben ihr ganz neue Möglichkeiten eröffnet, um ihre Seelenhälfte zu finden. Diese Flucht war zwar sehr gefährlich, aber das war es ihr wert, um endlich diese Einöde verlassen zu können und weiterzuziehen, um ihrem Meta zu begegnen. Ihren wehmütigen Gedanken nachhängend, beobachtete sie die riesigen, beeindruckenden Schiffe, die den Hafen verließen oder dort anlegten. In dem Moment erwachte ihre Mutter. Mila gähnte und schaute ihre Tochter liebevoll an.

„Oh, mein Schatz, sind wir schon da?“ Mila nahm sie von hinten in den Arm. „Du wirst bald glücklich sein. Da bin ich mir ganz sicher!“

„Mom! Lies nicht immer meine Gedanken! Das ist mir echt peinlich!“

„Epona, ich muss nicht deine Gedanken lesen. Ich bin deine Mutter – ich fühle deine Traurigkeit.“

Epona konnte sich die aufsteigenden Tränen nicht verkneifen, die in ihren Augen plötzlich heftig brannten. Sie hasste es, so gefühlsduselig zu sein.

Meistens konnte sie es hinter ihrer unnahbaren, coolen Fassade versteckt halten, aber sobald ihre Mutter in der Nähe war, fiel diese Fassade einfach in sich zusammen.

„Ach, meine Süße, es tut mir in der Seele weh, dich so zu sehen“, sagte Mila leise. Ihre Tochter wischte sich schnell die Tränen aus den Augen, denn nach und nach kam Bewegung in das Auto. Alle wachten auf, gähnten und streckten sich. Epona wollte nicht riskieren, vor den anderen zu weinen, denn dafür waren die ihr viel zu fremd.

„Sind wir da?“ Adam beugte sich nach vorn.

„Ja, gleich“, antwortete Epona so neutral wie möglich und vermied es, in den Rückspiegel zu sehen. Als sie wenige Minuten später auf einen Parkplatz fuhr, schmiedete Adam schon wieder Pläne. Epona war überzeugt davon, dass er gern die Zügel übernahm und alles kontrollieren musste.

„Ich werde mich um ein Schiff oder eine Fähre kümmern. Vielleicht können wir das Auto mit nach Ägypten nehmen“, überlegte er laut. „Es scheint ganz gute Dienste zu leisten. Wir werden wohl noch einige Kilometer in Ägypten zurücklegen müssen, bis wir den Kontaktmann finden.“

„Tu das, mein Held“, grinste Kira keck. Übermütig stieg sie aus und begann, die Gepäckstücke auszuräumen.
Epona verfolgte verstohlen ihre geschmeidigen Bewegungen und beobachtete Adam dabei, wie er Kira ansah. Er konnte sich offenbar gar nicht sattsehen an ihr. Ständig klebten seine Augen an der Feloidea.
Epona konnte sich nicht vorstellen, jemals so besessen zu sein, falls sie ihre große Liebe finden sollte.

Ja, sie kannte diesen Blick auch von Timur, wenn er ihre Mutter ansah, aber anscheinend gab es da Unterschiede, wie intensiv solche Blicke sein konnten. Timur schien gelassener zu sein als dieser Adam. Der Sänger war ihr viel zu anstrengend mit seiner beherrschenden, ungestümen Art.

„Gut, Adam, wir werden hier warten", sagte ihre Mutter freundlich und stieg ebenfalls aus, um sich zu strecken.

Adam suchte nun das Büro des Hafenmeisters auf dem unübersichtlichen Gelände, das endlos zu sein schien. Im Hafen lagen unzählige Schiffe. Es war ein ständiges Kommen und Gehen von Touristen, die diese Riesenkähne verließen oder betraten. Endlich hatte er das Gebäude gefunden und ging hinein. Am Tresen saß eine junge Frau und starrte ihn an, als wäre er eine Erscheinung aus einer anderen Welt. Zuerst war er etwas irritiert, doch dann wurde ihm bewusst, dass er vollkommen vergessen hatte, dass er ein Star war. Er musste lächeln über diese Tatsache, die ihm bei all der Aufregung völlig entfallen war.

„Hi, mein Name ist …" Er konnte in ihren Gedanken lesen, wie sie seinen Satz fortsetzte: *Adam Corbet.* Sie hatte ihn erkannt – gar nicht gut! Laut sagte er daher: „James Stewart."

Enttäuschung breitete sich auf den Gesichtszügen der jungen Angestellten aus. Ihre Gedanken schrien laut: *Verdammt, ich hätte schwören können … diese Ähnlichkeit! Ich werde ihn aber nicht darauf ansprechen, das machen bestimmt alle. Na ja, wenn ich es recht betrachte – er sieht nicht so traurig aus wie das Original."*

Adam lächelte charmant und gab sich betont lustig.

„Mann, ist hier viel los! Der Hafen schläft wohl nie, was? Haha! Hoffentlich bekomme ich noch einen Platz auf einer Fähre nach Ägypten bei diesem Betrieb."

„Oh, da muss ich mal schauen. Viel Hoffnung kann ich Ihnen jedoch nicht machen." Die junge Frau tippte konzentriert auf der Tastatur herum und überprüfte augenscheinlich einige Daten. Adam lehnte sich vor und konzentrierte sich auf das Mädchen.

Ein Platz auf der nächsten Fähre für fünf Personen und ein Auto. Los! Storniere eine andere Buchung. Komm schon!

Hypnotisiert löschte die Frau eine Buchung und sah dann verstört auf. „Ich hätte schwören können, wir sind ausgebucht, aber hier ist noch ein Pkw-Platz frei."

„Prima, ganz toll! Ein Pkw und fünf Personen. Ich zahle bar." Er lächelte dankbar und sah der jungen Frau an, dass er ihr gefiel. Schnell wandte er den Blick ab.

Bloß keine Komplikationen heraufbeschwören!

Er legte das verlangte Geld auf den Tresen und nahm die Bordkarten entgegen.

„Das Schiff läuft in einer Viertelstunde vom Pier A aus", seufzte die junge Frau.

„Danke und tschüss." Schnell verließ er das Büro und eilte zu dem Jeep zurück. Ein schwarzer Schatten fiel auf den Weg vor ihm und im selben Augenblick landete Corvus auf seiner Schulter.

„Ah, da bist du ja, mein gefiederter Freund. Du kannst dich jetzt ausruhen. Wir fahren mit dem Schiff weiter."

≈∞≈

„Schade, ich hätte schwören können, dass das Adam ist." Laut murrend schob die junge Frau im Büro des Hafenmeisters die Papiere auf ihrem Schreibtisch zusammen.
Sie war sehr enttäuscht.

„Führst du Selbstgespräche, wenn du alleine bist?"
Ein älterer Mann in einer grauen Uniform betrat das Büro.

„Weißt du, ich war mir sicher, dass Adam Corbet gerade durch meine Tür gekommen ist. Aber es war nicht der Sänger der Band ‚Corvus', sondern nur irgendein James Stewart."

Interessiert hatte der Mann bei dem Namen Adam Corbet aufgehorcht. Das war doch der Name aus dem Rundschreiben aus Irkutsk, das vor wenigen Stunden als E-Mail auf seinem privaten Computer aufgetaucht war. Die Mails gingen an alle Metafans weltweit. An der Mail hingen Fotos dran, auf denen ein junger Mann mit einer bildschönen, schwarzhaarigen Frau zu sehen war.

„Äh, Adam wer?", stellte sich der Kollege doof, um mehr zu erfahren. Überrascht schaute die Büroangestellte auf.

„Sag bloß, du kennst Adam Corbet nicht?"
Dann verstummte sie kurz und fuhr grinsend fort: „Na gut, du bist vielleicht schon etwas zu alt, um diese Band zu kennen."

„Und dieser Adam ist wohl recht gut aussehend, weil du so aus dem Häuschen bist?"

„Gut aussehend ist untertrieben. Er ist einfach fantastisch! Der Wahnsinn, verstehst du? Warte, ich werde ihn dir zeigen! Das Netz hat bestimmt tausende Fotos von ihm."

Genau darauf wollte ihr Kollege hinaus.
Er brauchte ein Bild und am besten noch ein Vergleichsfoto von der Überwachungskamera. Er musste sich absolut sicher sein, den Richtigen erwischt zu haben.

„Hier." Die Frau drehte ihren Bildschirm um und er sah dem Mann von dem angehängten Foto seiner Mail ins Gesicht.

„Aber es war nur irgendein James Stewart, oder?"

„Ja, nur ein James Stewart auf dem Weg nach Ägypten. Aber auch den hätte ich nicht abgewiesen, er sah genauso toll aus. Aber jetzt wird er schon mit vier anderen Leuten auf der Fähre nach Port Said sein."

Ergeben setzte sie sich wieder auf ihren Platz und starrte noch einen Moment auf den Bildschirm, bevor sie das Foto von Adam und seiner Band wegdrückte.

Der Alte verließ das Büro, ohne ein weiteres Wort zu sagen, ging hastig zum Überwachungsraum und erbat unter einem Vorwand ein Bild von der Kamera.

Vollkommene Übereinstimmung!

Er eilte zum nächsten Münztelefon, wählte die Durchwahl in Irkutsk und verlangte nach einem Verbindungsmann.

≈∞≈ Hinterhalt ≈∞≈

„Ahhhhh!" Simon raufte sich die Haare.
Er war schon wieder ausgetrickst worden von dem Pack! Wie konnte das nur passieren?

Simon warf sein Handy auf das Hotelbett und trat an das Fenster des Wolkenkratzers.
In der Ferne sah er den Fernsehturm und den Potsdamer Platz. Sie saßen jetzt schon eine Ewigkeit hier fest. Er konnte seinen Zorn fast nicht mehr bändigen. Seine glühenden Schakalaugen starrten ihm aus der klaren Fensterscheibe des Hotelzimmers entgegen – er brauchte dringend ein Ventil für seine Wut, sonst würde er nicht klar denken können. Plötzlich klopfte es.

„Zimmerservice!", rief eine freundliche Stimme. Die kam ihm gerade recht! Schwungvoll öffnete er die Tür, riss die überrascht dreinblickende Frau zu sich herein und biss ihr in den Hals. Das Zimmermädchen gab nicht mehr als ein Gurgeln von sich. Er ließ sie achtlos auf den Boden fallen und sperrte das Zimmer zu. Dann gab er sich seinem Blutrausch hin. Als er seinen Blutdurst gestillt hatte, putzte er sich die Hände und den Mund an dem Kleid des Opfers ab und fluchte: „Scheiße, wir sitzen hier in Berlin rum und diese verdammte Bande ist auf dem Mittelmeer unterwegs! Kein Wunder, dass wir sie hier nicht finden!"

Bis zum Hubschrauberlandeplatz hatten sie also nur Phantome verfolgt. Simon hatte sich bereits gewundert, keinen vertrauten Geruch aufnehmen zu können, und hatte anderweitig schon versucht, Corbet und seinen Panther hier ausfindig zu machen. Aber alle Spuren verliefen im Sand. Bis jetzt!

Der Anruf aus Irkutsk war unmissverständlich gewesen – die Gesuchten waren auf dem Weg nach Ägypten zu den Katzenviechern. Simon angelte sich sein silbernes Handy von dem Bett und wählte eine Nummer in Sibirien.

„Haru! Haben wir einen Metafan auf dieser Fähre nach Ägypten? Na los, beeil dich! Ich warte dieses Mal nicht! Schick mir sofort die Nummer! Und besorg uns einen Privatjet! Ich habe keinen Bock mehr auf Passagierflieger! … Ursus fragst du nicht! Ist das klar?!“ Er beendete das Gespräch grußlos.

Wie er das hasste, zum Bittsteller degradiert zu werden. Ausgerechnet er!

Aber sein eigenes Geld würde er sicher nicht anrühren, um die Katze und ihren Lover dingfest zu machen. Das durfte Ursus bezahlen, genau wie die ewige Fliegerei.

Bisher hatte er sich zurückgehalten und fast ohne Ursus' Geldmittel gearbeitet – die Sache an der Grenze war nicht ohne Bestechung gegangen, aber der Zweck heiligte die Mittel. Der Heli, der später während der Verfolgung draufgegangen war, war auch nur ein banaler Schaden gewesen. Nichts, worüber man sich aufregen müsste. Aber ein mulmiges Gefühl hatte Simon doch. Bei Geldfragen waren sie beide – Ursus und er – schnell auf hundertachtzig. Deswegen umging er Ursus' Meinung dazu, um es zu vermeiden, in die Bredouille zu geraten. Es hatte schließlich seine Gründe, warum er die Narben im Gesicht hatte …

Einen Moment später piepte sein Telefon, eine WhatsApp war gekommen. Simon wählte die angegebene Handynummer und wartete.

„Bist du Achmed? Ursus hat einen Auftrag für dich! Es wurden an alle Metafans Fotos von einem Mann und einer Frau versandt. Sind die auf deinem Boot? … soso, mit noch drei anderen Personen … du wirst dafür sorgen, dass die Ägypten nicht erreichen werden. Wie, ist mir egal! Die beiden auf dem Foto müssen am Leben gelassen werden, die anderen … lass dir gefälligst was einfallen! Melde dich, wenn du die Sache erledigt hast!"

Simon legte auf, verließ das Zimmer und suchte Sergej und Iwan. Er fand sie an der Hotelbar. Sie flirteten mit der jungen Bardame, die sehr geschmeichelt wirkte.

„Was tut ihr Dummköpfe hier eigentlich?", fauchte er die Bären an. Die drehten sich überrascht nach dem Schakal um, und die Bardame verschwand erschrocken im Hinterzimmer. Simon zog die beiden grob mit sich, und als sie weit genug von irgendwelchen Zeugen entfernt waren, zischte er genervt: „Wir checken aus und fliegen nach Ägypten. Wir müssen los! Sergej, besorg uns neue Pässe! Die alten Identitäten werden nicht mehr gebraucht."

Epona und Mila genossen die Meeresluft. Sie standen an der Reling und ließen sich den Wind durch die Haare wehen. Man konnte sich gut vorstellen, wie sie früher auf Wikingerschiffen über die Meere gesegelt waren und fremde Kontinente erobert hatten.
Kira und Adam waren seit einigen Minuten unter Deck. Sie hatten einen Computerraum gefunden und versuchten, eine Unterkunft in Zagazig, Kiras Heimatstadt, zu buchen. Von dort aus wollten sie die Suche nach den Oldthree vorantreiben. Timur ging es auf der Fähre nicht gut.

Er hockte an der geöffneten Balkontür seiner Kabine und versuchte, die Übelkeit zu besiegen. Er war seekrank. Mila hatte zwar Mitgefühl mit ihm, aber die Melancholie, die sie auf dem Meer empfand, lenkte sie von ihm ab.

„Mom, es ist herrlich! Wie habe ich das vermisst!" Epona strahlte Mila glücklich an. „Weißt du noch, wie Vater uns das erste Mal mit auf See genommen hat? Kein Sturm konnte ihm zu heftig sein. Er liebte es, mir so gut wie alles über die Seefahrt beizubringen."

„Ja, ich weiß, Liebling. Du warst sein Augenstern. Er hat dich sehr geliebt."
Mila versank in ihren Erinnerungen. Sie dachte daran, dass der Wikingerkönig sie ebenfalls vergöttert hatte. Und je mehr die Menschen im Dorf gegen sie intrigiert hatten, umso mehr hielt er zu ihr, seiner ewig jungen und schönen Frau. Ein echter Vorteil, eine Meia Saiwalo zu sein, war, dass der menschliche Partner sich mit Haut und Haaren auf sie einließ. Komme, was da wolle.
Mila hatte ihr Bestes getan, um das Umfeld ihrer Tochter durch Suggestion, Gedankenmanipulation und Bestechung frei von Hass und Missgunst zu halten. Aber als ihr Mann auf dem Schlachtfeld durch Verrat umgebracht worden war, gab sie auf. In dieser ihr feindlich gesinnten Umgebung wollte sie ihr Kind nicht länger aufziehen, und so verließen sie bei Nacht und Nebel das Wikingerdorf, ehe sie womöglich noch als Hexen verbrannt worden wären. Ja, sie hatte die See auch vermisst, nur hatte sie diese Sehnsucht über die Jahrzehnte vergessen. Mitfühlend sah sie Timur an, der stöhnend an der Tür saß.

„Soll ich dir wirklich nichts bringen, damit es besser wird?", fragte sie ihren armen Tiger.

„Nein, danke“, presste er hervor und schenkte ihr ein gequältes Lächeln.

Wie er doch ihr ganzes Leben verändert hatte … damals, als Epona und sie sich in der Nähe von Wien aufgehalten hatten, war er in ihr Leben gestürzt. Im Sommer waren die Türken durch das Land gezogen, die Wien zu erobern versuchten und die Stadt belagerten. Sie brandschatzten, mordeten und plünderten. Auch das kleine Dorf, in dem sie sich mit Epona niedergelassen hatte, wurde angegriffen. Mila konnte noch heute das brennende Fleisch riechen und die Schreie der Sterbenden hören. Als dann ihr kleines Häuschen gestürmt werden sollte, hatte sie mit Epona alle Möbel an die Seite geschoben, um Platz in der Mitte ihrer Hütte zu schaffen. Sie planten, mit ihren Streitäxten so vielen Türken wie möglich den Garaus zu machen, denn sie hätten sich niemals einfach so ergeben!
So stand sie mit ihrer Tochter bereit in ihrem Haus, als die Tür aufflog und ein Hüne von einem Mann im Türrahmen erschien. Er war es! Ihre Seelenhälfte! Mila konnte sich noch genau an ihre Gefühle erinnern, als wäre es gestern gewesen. Es war überwältigend gewesen! Tränen traten ihr damals in die Augen, und sie schluchzte auf, so sehr wurde sie von Glück überflutet. Fast hätte dieser magische Moment auf ewig zerstört sein und in einer Katastrophe enden können. Denn ihre Faszination hatte sie vergessen lassen, dass Epona neben ihr kampfbereit war und nichts davon mitbekommen hatte, dass ihre Mutter gerade den Mann ihres Lebens gefunden hatte. Ihre Tochter brüllte und wollte sich auf den Mann stürzen, der eher asiatisch als türkisch aussah. Doch Mila hinderte sie am Angriff und senkte ihren Arm mit der Waffe, die Epona auf ihn gerichtet hatte. Auch der Asiat blieb wie angewurzelt stehen, als er Mila in die Augen sah.

Mila wurde damals mit einem Mal ganz gelassen und ruhig. Um sie herum starben Menschen, das Dorf wurde verwüstet, und sie war einfach nur zutiefst glücklich.

„Woran denkst du?“, fragte Timur jetzt und riss sie aus ihren Gedanken.

„An dich … an die Zeit, als wir uns begegnet sind.“ Sie lächelte, und er erwiderte ihr Lächeln.

„Du warst die Frau, die ich unbewusst all die Jahre gesucht hatte … damals war ich sehr ruhelos“, erinnerte er sich. „Diese Ruhelosigkeit hat mich in viele Armeen getrieben, in der Hoffnung, dieser alles beherrschenden Unruhe zu entkommen … und dann sah ich dich. Du warst wie ein heiliges Wesen, das direkt vom Himmel zu mir gesandt wurde – eine Kriegsgöttin, nur für mich … und plötzlich war da nur noch eine tiefe Ausgeglichenheit in mir, die ich nie zuvor verspürt hatte.“

„Sehr poetisch …“, murmelte Epona mit belegter Stimme.

Sie hatte sich umgedreht und lehnte jetzt mit dem Rücken an der Reling. Mila besah sich das aparte Profil ihrer Tochter in der orangefarbenen Abendsonne und wünschte sich, dass auch ihr Kind endlich ihr Ziel erreichen und ihre Seelenhälfte finden würde. Aber mit einem Mal sah sie, wie Eponas Augen schmal wurden und wie sie in die Dunkelheit am Ende des Ganges starrte.

„Da ist etwas … dort im Schatten“, presste sie leise hervor. Sie bewegte dabei kaum ihre Lippen.
Langsam wandte sich Mila ebenfalls um und schaute wie zufällig in dieselbe Richtung wie ihre Tochter.

Sie tastete nach dem Geist desjenigen, der sich dort verborgen hielt. Seine Gedanken waren verwaschen, aber sehr bedrohlich.

„Du hast recht. Ich kann seinen Geist berühren, aber nicht lesen. Er fixiert uns."
Vorsichtig tastete sie nach dem Messer, das im Gürtel unter ihrem langen Oberteil versteckt war. Doch bevor sie es heimlich hinter Epona hervorgezogen hatte, durchdrang ein lauter Knall ihr Gehör, der jedoch im Getöse der Wellen unterging. Sie hatte den Lichtblitz gesehen, der sich aus der Schattenecke gelöst hatte. Einen Augenblick später krümmte sich Epona. Sie presste die Hand auf ihre Hüfte, und Blut drang durch ihre Finger. Mila handelte sofort! Mit einem Wutschrei warf sie ihr Messer in den Schatten. Es war ein Keuchen zu vernehmen, und dann fiel ein uniformierter Mann mit ihrem Messer in der Brust und einer Pistole in der Hand wie ein gefällter Baum auf das Holzdeck. Timur war hochgeschreckt und warf sich brüllend nach vorn. Seine Augen waren verwandelt und seine Finger bereits zu Klauen vergrößert.

„Er ist schon tot!", sagte Mila trocken, wandte sich von dem Tiger ab und legte behutsam die Hand auf die Wunde ihrer Tochter. Sie untersuchte sie eingehend, um festzustellen, ob Organe getroffen worden waren. In der Vergangenheit hatte sie oft Wunden gesehen, untersucht und geheilt – vor allem in der Kriegszeit.

„Zum Glück ist die Verletzung nicht schwer."
Sie atmete erleichtert aus. Ihre extreme Anspannung fiel in sich zusammen. Wenn es um Epona ging, war sie sehr empfindlich und besorgt – alles, was ihrer Tochter auch nur im Geringsten schaden könnte, versuchte sie, von ihr fernzuhalten.

Sie wollte sie stets vor allen Gefahren beschützen.

Nun kniete sie sich vor ihrer Tochter hin, riss einen Stoffstreifen von ihrem Kleid ab und drückte ihn auf die blutende Wunde. Gleich darauf reichte ihr Timur ein sauberes Tuch, das er aus dem Bad geholt hatte.

„Komm in mein Zimmer", sagte Timur und führte seine Stieftochter zu sich herein, damit ihre Mutter die Schusswunde versorgen konnte. Plötzlich fiel ein Schatten in die Kabine. Sofort wandte sich Mila kampfbereit um, doch es waren nur Adam und Kira.

„Was ist passiert?", fragte die Pantherin besorgt und lief an den Männern vorbei, um Mila zu helfen. Dankbar nahm sie ihre Hilfe an und erzählte von dem Angriff.

„Ich denke, unser ausgeklügeltes Ablenkungsmanöver ist hiermit aufgeflogen", kam es nüchtern von Adam.

Finster blickte Timur den jungen Mann an.

„Schön!", spie er das Wort aus. „Wenn das das Einzige ist, was dich interessiert! Epona wurde angeschossen, Mann! Und du hast nur deine Taktiken im Kopf."

„Ich werde es überleben", presste Epona genervt hervor. „Es tut nur höllisch weh, aber morgen ist es ganz sicher wieder vergessen."

„Ja, mein Schatz, morgen ist alles wieder gut", lächelte Mila ihre Tochter an. Adam beugte sich indes über den Toten und durchsuchte seine Taschen. Ganz offensichtlich gehörte der Mann zur Besatzung. Adam zog ein Smartphone aus dessen Jacke und tippte darauf.

„Simons Nummer!“ Grimmig blickte er über das Meer.

„Wer hätte das gedacht, was?“, stichelte Timur zynisch. Er stapfte aus der Kabine, hob die Leiche des Arabers auf und warf sie ohne zu zögern über Bord. Schnell versank der Tote im Meer. Adam schickte Corvus los, um ihren Zielhafen auszukundschaften, ob da schon jemand auf sie wartete. Es würde noch ein paar Stunden dauern, bis sie an Land anlegten, und bis dahin waren sie auf der Fähre gefangen.

Es herrschte eine angespannte Stimmung unter ihnen, nachdem Adam von seinem Schildraben früh am Morgen die niederschmetternde Nachricht bekommen hatte, dass sich überall am Hafen verteilt, sogar auf den Dächern, Männer postiert hatten, die auf sie lauerten. Sie hatten zwar geahnt, dass Anhänger von Ursus auf sie im Hafen warten würden, aber dass es so viele sein würden, hätten sie nicht vermutet. Anscheinend hatte Simon alles und jeden angeheuert, um sie zu schnappen. Es war sehr still in ihrer kleinen Gruppe, denn jeder wusste, in wenigen Minuten würde das Chaos über sie hereinbrechen, wenn sie an Land gingen. Aber was blieb ihnen anderes übrig?

„Okay“, begann Adam und sah zerknirscht zum immer näherkommenden Hafen. „Lasst uns unter Deck gehen und in den Jeep steigen. Vielleicht können wir ihnen mit dem Auto davonrasen.“

Sehr überzeugt klang das nicht, und Adam merkte an den Blicken der anderen, dass das ein eher schwacher Trost war, angesichts der Hiobsbotschaft von Corvus. Wortlos folgten sie ihm unter Deck, stiegen ein und warteten.

Wenige Minuten später öffnete sich die Schiffsrampe, und der Jeep, der ganz vorne stand, wurde als Erster mit hellem Licht begrüßt. Adam tastete sofort nach den Gedanken der Crew, die vor ihm am Seitenrand stand, und entdeckte einen Metafan. Er gab Vollgas und raste an ihm vorbei. Zuerst passierte nichts, doch dann brach ein Hagel an Gewehrkugeln los, und die Luft war erfüllt von dem Lärm der Schusswaffen. Der Jeep hielt den Kugeln, die den Motorblock durchsiebten, nicht lange stand, und im nächsten Augenblick fing er auch schon an zu ruckeln und zu stottern.

„Oh nein, bitte nicht hier!“, flehte Epona mit ängstlicher Stimme, doch es half nichts, der Wagen rollte noch ein wenig weiter und blieb mitten auf dem offenen Platz stehen.

„Schnell!“, schrie Adam. „Raus hier!“
Sie rissen die Türen auf und liefen unter starkem Beschuss zur nächstgelegenen Deckungsmöglichkeit, aber lange konnten sie sich dort nicht halten, denn die Schergen von Ursus holten zu ihnen auf.
Adam konnte Kira und Epona schräg vor sich laufen sehen. Timur und Mila rannten immer wieder Deckung suchend links von ihm von einem Platz zum nächsten. Sie wurden wie Vieh von den Angreifern vor sich hergetrieben. An einem Gebäude hatten sie Gelegenheit, wieder aufeinanderzutreffen.

„Adam!“, presste Timur gehetzt hervor. „Corvus soll einen Ausweg für uns suchen! Ich weiß nicht, wo wir als Nächstes hinsollen!“ Adam verband sich mental mit seinem Tier.

Kira packte seine Hand, während er mit Corvus in Kontakt stand. Der Rabe lotste sie durch ein Labyrinth aus Gebäuden, ausgeladenem Gut und riesigen Containern.

Aber die Schlinge, die die Metafans um sie schlangen, wurde immer enger. Sie landeten in einem Hinterhof, aber die Angreifer schienen aus jeder Ecke zu kommen. Überall riefen Stimmen wild durcheinander und Schüsse fielen. Es herrschte absolutes Chaos auf dem Hafen. Corvus fand keinen weiteren Fluchtweg mehr, weil alles voller Rauch und Menschen war. Kira sah Adam an, dass er mehr als verzweifelt war, denn sie saßen in der Falle und wussten nicht mehr, wohin sie noch flüchten sollten. Die Metafans und anderen Metamorphe würden sie in wenigen Minuten entdecken, und dann wäre es aus! Alles wäre vorbei … Kira ergriff Panik, doch da entdeckte sie plötzlich eine große, schwarze Katze, die in all dem Chaos ruhig an einem Überseecontainer saß und sie beobachtete. Als sie sie entdeckte, nickte die Katze und verschwand hinter dem Container. Kira wusste nicht, wieso, aber instinktiv vertraute sie dem Tier.

„Los! Mir nach!“, rief sie den anderen zu und folgte der Katze, die irgendwo hinter dem Container verschwunden war. Alle rannten ihr nach und schlüpften ihr hinterher.

Auf einen Schlag war es ruhig. Nur gedämpft hallten die Rufe und Schüsse zu ihnen herüber, denn all die Geräusche wurden von dem riesigen Container verschluckt.
Sie waren in einer schmalen, überdachten Gasse hinter dem Hafengebäude herausgekommen, aber um sich umzusehen, hatten sie keine Zeit.
Adam lief auf die Straße und zwang einen vorbeifahrenden SUV zum Stehenbleiben. Er hypnotisierte den Fahrer, ließ ihn aussteigen und vergessen, dass er dieses Fahrzeug je besessen hatte. Alle sprangen gehetzt in den Wagen, und Adam gab Gas.

„Das war knapp …“ Epona zitterte wie Espenlaub.

„Lasst uns schnell von hier abhauen!“, keuchte Mila. „Sind alle unverletzt?“, fragte sie, als sie ihren Atem, der stoßweise kam, wieder beruhigt hatte. Alle bejahten murmelnd und schwiegen dann angespannt. Adam raste über die Straßen, bis sie endlich Zagazig erreichten. Auf direktem Weg fuhren sie zu einem Hotel, das in der Nähe des Zentrums lag, checkten ein und ließen sich alle erst einmal in dem großen Zimmer von Kira und Adam nieder.

„Wir müssen unbedingt die Oldthree ausfindig machen!“, sagte Adam eindringlich, als er sich in einen Sessel fallen ließ. „Wir haben kaum mehr einen Vorsprung. Bald werden Ursus‘ Leute uns finden, und dann werden wir nicht mehr fliehen können.“

„Stimmt, es wird knapp!“, bestätigte Timur. Das war das erste Mal, dass die beiden einer Meinung waren. „Wir müssen einen Plan machen, wo wir suchen sollen, damit wir zumindest ein wenig zielgerichtet handeln können.“

Adam nickte. „Kira“, wandte er sich ihr zu. „Wo, glaubst du, könnten wir am besten etwas erfahren?“
Sie überlegte, denn sie war sich nicht sicher, was sich alles in ihrer Heimatstadt geändert hatte.
Damals kannte sie Zagazig gut.

„Ich kann euch nur das sagen, was ich von früher weiß, aber ob die Gebäude und Orte noch so existieren, weiß ich nicht. Mir kommt vieles so neu vor.“ Sie blickte entschuldigend in die Runde. „Museen, alte Straßen und die Ruinen am Stadtrand könnten Aufschluss geben. Oder die Bibliothek der Feloidea.“
Sie zuckte hilflos mit den Schultern.
Mehr Anhaltspunkte hatte sie auch nicht.

„Okay“, rettete sie Adam aus der beklemmenden Stille, „recherchieren wir erst mal, und dann teilen wir uns auf.“

Nachdem sie nach möglichen Orten und anderen Hinweisen im Internet gesucht hatten, begannen sie mit der Suche, die aber erfolglos bis spät in die Nacht andauerte.

Erschöpft und hundemüde legten sie sich in ihre Betten und schliefen sofort ein - sie würden eine viel zu kurze Nacht ruhen können, bevor der neue Tag begann und sie erneut auf die Suche gehen mussten.

≈∞≈ Vom Suchen und Finden ≈∞≈

Am nächsten Tag machten sich alle wieder daran, die Oldthree oder ihren Kontaktmann irgendwie ausfindig zu machen, aber das gestaltete sich schwieriger als gedacht.

Sie konnten ja nicht Zettel verteilen oder es von den Dächern schreien. Also blieb ihnen nichts anderes übrig, als zu suchen. Sie teilten sich auf, und jeder durchkämmte im Verborgenen die Stadt nach irgendeinem Anhaltspunkt.

Den ganzen Tag über brannte die Sonne vom Himmel und erschwerte zusätzlich die Suche. Gegen Abend fanden sie sich wieder im Hotel ein.

„Habt ihr etwas gefunden?", fragte Epona und rieb sich dabei müde die Augen.

„Nichts, außer viel zu viel Sand, Hitze und nichtssagenden Ruinen", murrte Timur gereizt.

Adam erzählte: „Ich habe ein paar Gerüchte aus manchen herausquetschen können, und den ganzen Tag die Gedanken der Menschen zu durchforsten, ist echt anstrengend."

„Wem sagst du das", stöhnte Mila und warf sich auf die Couch in der Lobby.

„Und war etwas dabei, was uns weiterhelfen könnte?", fragte Kira hoffnungsvoll.

Adam schüttelte resigniert den Kopf.

„Nein, es waren nur Legenden über altägyptische Götter. Es war alles so geschichtlich, wie man es in Schulbüchern lesen würde. Nichts, was auf Gestaltwandler hinweisen würde.“

„Ich habe leider auch nichts Brauchbares gefunden bei den Feloidea.“ Kira fuhr sich durch die Haare. Sie war bei dem Konferenzgebäude gewesen und hatte in der Bibliothek nach Hinweisen gesucht, aber es war ebenfalls erfolglos geblieben. Das Einzige, was heute wie gestern auffällig gewesen war, waren die Katzen, die sich ständig um sie herum aufgehalten hatten. Aber was sagte das schon aus?

Die Suche war hoffnungslos ... sie kamen kein Stück weiter. Wie sollten sie den Verbindungsmann ausfindig machen können? Wie sollten sie sich ihm zu erkennen geben?
Kira sah aus dem verschnörkelten Fenster und bemerkte an der gegenüberliegenden Straßenseite die schwarze Katze, die zu ihr heraufsah. Zuerst wunderte sie sich über das auffällige Tier, das unnatürlich steif dasaß und ihr mit wissendem Blick entgegenstarrte. Doch dann erkannte sie die Katze.
Es war dieselbe, die sie am Hafen gesehen hatte und die ihr heute immer wieder auf den Straßen von Zagazig begegnet war. Wie konnte das sein? Wie war sie so schnell von Port Said hierher gelangt?
Kira schüttelte den Kopf und wollte sich abwenden, aber aus irgendeinem Grund konnte sie es nicht, denn sie war sich sicher, dass diese Katze ihnen zur Flucht verholfen hatte. Irgendetwas, nur ein Gefühl, sagte ihr, dass dieses Tier wichtig für sie alle war. Sie fühlte eine tiefe Verbundenheit mit diesem Wesen, und mit einem Mal beruhigte sich ihre aufgewühlte Seele. Ihre ausweglose Situation und ihr bedrückendes Gefühl, festzusitzen, lösten sich auf einmal auf. Kira begriff, dass sie nur nicht richtig hingesehen hatte.

Der Kontaktmann ließ sich nicht von ihnen finden. Nein, er hatte sie schon längst erwartet und gefunden. Sie brauchte ihm, oder in diesem Fall ihr, nur noch zu folgen. Wie hypnotisiert wandte Kira sich um und ging an den anderen vorbei.

„Wo gehst du hin?“, fragte Adam müde.

Sie sah sich nicht um und murmelte fast abwesend, während sie weiterging: „Ich muss etwas herausfinden.“ Und bevor Adam sie aufhalten konnte, schob sie hinterher: „Alleine!“ Ohne seine Antwort abzuwarten, verließ sie das Hotel.

Sie trat auf die Straße, und die Katze, die noch immer wie eine Statue am Straßenrand saß, sah sie mit irisierenden Augen an und setzte sich sofort in Bewegung, als sich ihre Blicke trafen. Kira folgte ihr in einigem Abstand.
Seltsamerweise fühlte sie sich mit einem Mal zurückversetzt in die Zeit, als sie hier aufgewachsen war. Auf einmal kam ihr diese fremd gewordene Stadt wieder vertraut vor. Es schien fast so, als ob diese geheimnisvolle Katze einen unsichtbaren Schleier nach sich zog – mit dem man in längst vergangene Zeiten blicken konnte. Eine tiefe Melancholie erfüllte Kiras Herz. Sie hatte ganz vergessen, wie sie damals gelebt hatte … wie anders alles gewesen war.

Während sie der Katze folgte, die sie durch viele verwinkelte Gassen führte, versuchte Kira, sich das Gesicht ihrer Tante wieder vor Augen zu führen. Aber mehr als schemenhafte Züge erschienen nicht in ihrem Geiste. Traurig senkte sie den Kopf. Wieso hatte sie so lange nicht mehr an sie gedacht? Sie hatte alles verdrängt, obwohl sie mit ihrer Tante sehr eng verbunden gewesen war – damals, als ihre Mutter sie verlassen hatte.

Doch auch ihre Tante war von einem Tag auf den anderen verschwunden. Kira bekam einen Kloß im Hals, als sie die Erinnerungen an dieses Verlassenheitsgefühl überkamen und sich in ihr Bewusstsein drängten. Sie wollte sie abschütteln, aber die verdrängten Gefühle ließen sich jetzt nicht mehr wegschieben. Kira fühlte, wie ihre Augen brannten und mit einem Mal fielen Tränen in den Staub der Straßen. Sie wusste nicht, warum das alles jetzt hervorbrach … ausgerechnet jetzt, wo sie eigentlich alles andere als Traurigkeit gebrauchen konnte. Sie musste stark sein! Wie sie es immer gewesen war … und nicht schwach wie dieses heulende Mädchen, das auf den Spuren der Vergangenheit wandelte und überrollt wurde von Gefühlen, die eigentlich der Vergangenheit angehörten und nicht ins Hier und Jetzt passten.

Plötzlich riss sie das leise, sanfte Miauen der Katze aus ihrem Gefühlschaos. Sie waren am Stadtrand angekommen. Vor Kira lag im Mondschein ein Feld mit zerstörten Tempelpfeilern, riesigen zerbrochenen Blöcken mit ägyptischen Inschriften und kaum erkennbaren Statuen. Es war eine trostlose Gegend, ein staubiges Feld, auf dem nichts als chaotische Fragmente einer lang vergessenen Zeit lagen. Kira schluchzte. Dieser trostlose Anblick zerriss ihr fast das Herz. Es sah dort so aus, wie sie sich gerade fühlte – trostlos, vergessen und zerbrochen. So hatte sie sich die heilige Stadt Bubastis nicht vorgestellt.

Kira war zwar hier in der Nähe aufgewachsen, aber diese Ruinen waren schon damals ein heiliger Ort gewesen. Nur auserwählte Gestaltwandler durften den heiligen Tempel besuchen, so wie auch heute noch dieses ungeschriebene Gebot galt.
Weinend folgte sie der schwarzen Katze, die sich wieder in Bewegung gesetzt hatte, hinab auf das Ruinenfeld.

Niemand war hier. Alles lag friedlich und still vor ihr. Die Katze verschwand zwischen den Ruinen, und Kira verlor sie aus den Augen. Sie versuchte, die Witterung aufzunehmen, was ihr aber nicht gelang. Verwirrt stolperte sie durch die vielen zerbrochenen Tempelgemäuer und suchte die Katze. Sie drehte sich um ihre eigene Achse und stand plötzlich einem alten, schwarzhaarigen Mann gegenüber, der aus dem Nichts aufgetaucht war. Erschrocken fuhr sie zusammen.

„Keine Angst, Mädchen", begann der Mann mit ruhiger Stimme, und ein leises Miauen kam von seinen Füßen – es war die Katze, die sich an den alten Mann schmiegte. Kira beruhigte sich augenblicklich.

„Ich bin Saam", stellte er sich vor und verbeugte sich leicht, wobei er Kira nicht aus den Augen ließ. Irgendwie kam er ihr bekannt vor, aber sie konnte beim besten Willen nicht sagen, woher. Auch war sie verwundert über seine altägyptische Kleidung. Er wirkte, als käme er aus einer anderen Zeit.

„Ich bin ein Diener der Oldthree", erklärte er und setzte geheimnisvoll nach: „Schön, dass du endlich wieder hier bist." Kira wollte ihm gerade widersprechen, dass sie nie zuvor hier gewesen war, als sie eine vertraute Stimme hinter sich hörte.

„Endlich haben wir jemanden der Oldthree gefunden."
Es war Adam. Kira wusste gerade nicht, ob sie froh über sein Erscheinen sein sollte oder sich eher gestört fühlte, weil er hier war. Ihre Gefühle waren so extrem widersprüchlich, dass sie sich momentan überhaupt nicht mehr auskannte.

„Wir haben euch schon erwartet", antwortete der alte Mann und begrüßte auch Adam freundlich.

„Sie sind also unser Kontaktmann", stellte Adam erleichtert fest, nachdem er sich vorgestellt hatte.

Saam schmunzelte. „So etwas in der Art, ja. Wie ich bereits Kira sagte, bin ich ein Diener der Oldthree. Meine Rolle hier wird seit Generationen auf die männlichen Nachkommen unserer Familie weitervererbt. Es ist uns eine heilige Pflicht, den Kindern der großen Bastet und ihrem Gefolge zu dienen."

„Woher wissen Sie, wie ich heiße?", fragte Kira verwundert. „Ich habe mich Ihnen nicht vorgestellt."

„Das musstest du auch nicht … wir wissen, wer du bist. Shaheen", er deutete auf die Katze, „hat dich sofort erkannt." Verwirrt sah Kira ihn und die schwarze Katze abwechselnd an.

„Ist Shaheen nicht ein Teil deines Nachnamens?", fragte Adam Kira plötzlich, die nur verstört nickte.

Saam lächelte daraufhin breit und sagte: „Ja, Shaheen Malik ist unser gemeinsamer Nachname." Es herrschte vollkommene Stille zwischen den alten Ruinen. Niemand sagte mehr etwas. Kira war wie erstarrt.
Hätte Adam diese Stille nicht durchbrochen, wäre sie wohl noch ewig so dagestanden. „Seid ihr verwandt?"

„Ja, Kiras Vater war auch mein Vorfahre – im Grunde sind wir sehr weitschichtig verwandt. Die schwarze Katze ist ein Geschenk von einer der Oldthree an uns, die Dienerschaft. Sie ist ein unsterbliches Wesen wie dein Rabe, Adam." Saam sah zu einer der noch stehenden Statuen, auf der Corvus die ganze Zeit über so getan hatte, als würde er ruhen.

Kira meldete sich wieder zu Wort:

„Ich bin total durcheinander!“ Sie konnte an ihrer eigenen Stimme hören, wie verzweifelt sie klang. Bisher hatte sie nie etwas über ihren Vater herausgefunden. Ihre Mutter und auch ihre Tante hatten nie darüber geredet, und jetzt offenbarte sich ihr, dass sie sehr wohl noch einen Teil ihrer Familie hatte. Das war alles so unglaublich … was Kira all die Jahrhunderte als unwichtig abgetan hatte, war plötzlich von unglaublicher Bedeutung für sie.

„Ja, das glaube ich dir, dass du jetzt sehr verwirrt bist, aber alles hat seine Richtigkeit, und bald wirst du es verstehen. Jetzt kommt! Die Oldthree warten bereits auf euch.“ Damit wandte Saam sich um, schob einen großen Felsbrocken mit ägyptischen Zeichen darauf zur Seite und legte so eine steile Treppe frei, die hinab in die Finsternis führte. Kira wollte sich aber mit dieser lapidaren Aussage nicht zufriedengeben.

„Wer war mein Vater?“, fragte sie mit fester Stimme. Sie wollte sich nicht einfach so abwimmeln lassen – nicht wieder erst auf später warten, um Antworten zu bekommen.
Sie wollte diese Frage, die ihr so sehr auf der Seele brannte, jetzt beantwortet haben. Saam merkte, dass sie ihm sonst nicht folgen und er mit Schweigen nicht weiterkommen würde, also gab er sich geschlagen.

„Ravic – so hieß dein Vater – war ein Diener der Göttin Bastet oder besser gesagt, ihrer direkten Nachfahren. So wie ich heute. Er war der Einzige dieser Diener, der die Gunst einer Gestaltwandlerin, deiner Mutter, erwerben konnte. Das lag wohl daran, dass er ein großer Charmeur war und außerdem ziemlich gerissen war. Er hatte das gewisse Etwas, was deiner Mutter sehr gefiel. Damals waren solche Verbindungen aber nicht gern gesehen.“

„Wieso?“, hakte Kira nach, als Saam nicht weitererzählte.

„Nun, das hatte natürlich seinen Grund: Nach der großen Katastrophe kamen die letzten Metamorphe und Meias, die sich gefunden hatten, in dieses Tal und lebten ganz offen mit den Menschen zusammen. Die Einheimischen hier verehrten sie geradezu. Sie hielten die Metamorphe aufgrund ihrer Wandlungsfähigkeit für Halbgötter, Abbilder ihrer Gottheiten – wir waren nur die Dienerschaft in heiliger Mission, und die Vereinigung mit einem dieser Halbgötter war ein Frevel. Selbst als der Kult der Götter schon längst in Vergessenheit geraten war und die Metamorphe verborgen unter uns leben mussten, wurde dieser Kodex strikt aufrechterhalten.“

Kira überlegte und fragte dann: „Was passierte mit meinem Vater?“

„Er wurde verbannt …“, entgegnete Saam knapp und wandte sich der Treppe zu – mehr wollte er jetzt nicht erzählen, und Kira gab sich vorerst damit zufrieden. Sie hatte so viel Unglaubliches erfahren, dass sie erst einmal über all das nachdenken musste.

Shaheen lief als Erste die Stufen hinab, gefolgt von Saam, der einladend winkte. Langsam setzte sich Kira in Bewegung. Adam nahm ihre Hand und sogleich durchströmte sie ein Gefühl von Trost und Geborgenheit. Corvus durfte sie nicht begleiten und musste alleine zurückbleiben, denn Shaheen hatte ihn böse angefaucht, als er ihr nachgeflogen war. Hastig war er wieder aus dem Tunnel herausgestürzt.

Saam lachte und rief dem Raben hinterher: „Tut mir leid, mein Lieber, aber das ist das Reich der Katzen. Da ist Shaheen rigoros.“

≈∞≈ Die Oldthree ≈∞≈

Als sie die gewundene, finstere Treppe hinabgestiegen waren, betraten sie eine unterirdische, geheime Ruine des verfallenen Tempels, der einst über ihnen gestanden hatte, so erklärte es Saam. Überall an den schön verzierten Wänden brannten Fackeln und tauchten die imposante Säulenhalle in ein warmes Licht. Der alte Ägypter führte sie durch den unterirdischen Tempel, der die Pracht von damals noch erahnen ließ, obwohl überall zerstörte Götterstatuen mit abgeschlagenen Köpfen lagen. Nur ab und zu stand noch eine ganze Figur mit einem Katzenkopf oder Schakalkopf herum. Aber auch diese Statuen waren beschädigt, ihnen fehlten Arme, Ohren oder das Maul. Das alles machte den Eindruck einer absichtlichen Zerstörung, aber dies konnte trotz allem nicht ihre Schönheit mindern. Adam und Kira schwiegen ehrfürchtig – sie spürten beide, dass die alten Gemäuer etwas ausstrahlten, was heilig, mächtig und unantastbar war.

„Ihr seid seit langem die Ersten, die auserwählt sind, diese Heiligtümer betreten zu dürfen, um die Oldthree zu treffen", sagte Saam, während er vor ihnen her schlurfte, sodass er dabei eine Schleifspur auf dem staubigen Boden hinterließ.

„Warum wir?", fragte Kira sofort und sah ihren Verwandten neugierig an. Saam schmunzelte.

„Du bist eine echte Nachfahrin von Bastet. Sie war auch so wissbegierig wie du, um nicht zu sagen, sehr neugierig."

Kira richtete sich kerzengerade auf.

„Das hört sich fast so an, als kanntest du Bastet?"

„Leider nicht persönlich, aber aus vielen Erzählungen unserer Vorfahren.“

Adam warf Kira einen verunsicherten Blick zu. Sie musste unwillkürlich lächeln, weil er ein wenig überfordert aussah, aber da ging es ihr nicht anders. All die neuen Erkenntnisse, die sie über sich selbst erfuhr, sprengten ihren Horizont.

Als sie die Halle durchquert hatten, blieb der Ägypter vor einer riesigen Bastetstatue stehen. Die Göttin saß auf einem Thron und sah weise und gütig auf die Besucher herab. Sie war als Einzige fast unversehrt. Saam stieg die Empore hinauf und drückte auf den in die Mauer gemeißelten Namen der Katzengottheit. Sofort begann der riesige Steinthron, sich mit einem scharrenden Geräusch von der Wand wegzubewegen. Ein Durchgang wurde sichtbar, durch den die Katze Shaheen und ihr Besitzer verschwanden.

Kira und Adam folgten ihnen in einen düsteren, schmalen Gang, der nur durch vereinzelte Fackeln erleuchtet wurde. Kaum waren sie in den Gewölbegang eingetreten, schloss sich die Tür hinter ihnen wieder geräuschvoll. Allzu lang war der Gang nicht, und sie betraten sogleich einen größeren Raum. „Saal“ zu sagen, wäre übertrieben gewesen, da die Decke nicht sehr hoch war, aber der Raum erstreckte sich so weit in die Tiefe, dass er nicht einzusehen war. Zahlreiche Wandmalereien befanden sich an den gewölbten Wänden und reichten bis in den dunklen Bereich hinab, auf den Saam zulief.

Plötzlich flammten ringsherum Kristallleuchter auf, und es wurde sehr hell. Mit zusammengekniffenen Augen, weil die plötzliche Helligkeit Kira blendete, erkannte sie nach und nach ein Podest am anderen Ende des Raumes.

Als sich ihre Augen an die Helligkeit gewöhnt hatten, blickte sie ehrfürchtig den Oldthree ins Gesicht. So alt, wie vermutet, sahen die drei gar nicht aus – als Menschen hätte man sie höchstens auf sechzig Jahre geschätzt. Sie mussten ihre Meias noch seltener sehen, als erzählt wurde. Die weibliche Urgestaltwandlerin sah sie mit einem Blick an, den Kira nicht zu deuten vermochte. Aus irgendeinem Grund konnte sie ihrem Blick nicht standhalten und sah verwirrt weg.
Irgendetwas hatte diese Frau an sich, was ihr bekannt vorkam. Saam ging währenddessen respektvoll in die Knie und beugte ehrerbietig den Kopf. Adam tat es ihm gleich. Nur Kira zögerte einen Moment, dann folgte sie seinem Beispiel, behielt die Frau jedoch im Auge.

Als Erstes sprach der in der Mitte sitzende grauhaarige Metamorph mit lauter und deutlicher Stimme: „Saam, wir danken dir, dass du die Auserwählten hierher begleitet hast. Wenn du möchtest, darfst du dich jetzt entfernen."

Sich immer wieder verneigend, verließ Saam rückwärts den Raum durch eine Tür seitlich des Podestes, Shaheen aber blieb da. Starr wie eine Sphinx blickte sie nach vorne. Adam und Kira erhoben sich, als sich der grau gekleidete Metamorph den Gästen zuwandte.

„Willkommen in unserer Zuflucht, Meia Saiwalo und Kira. Mein Name ist Orthos, ich bin der Urwolf, und das ist Aisakos, der Bär", wobei er auf den großen, kräftigen Metamorph linker Hand zeigte, und mit einer fließenden Bewegung wies er auf den rechten Thron, „und das ist Io, die Leopardin, aber ihr kennt euch ja bereits."

Es dauerte einen Moment, bis Kira begriff …

Sie starrte die Frau an, und es traf sie wie der Blitz! Sie hatte sie kaum wiedererkannt, denn so viele Jahrhunderte waren vergangen, seit sie sie das letzte Mal gesehen hatte. Kira wusste nicht, was sie sagen sollte … sie fühlte sich wie ein Kind, zurückversetzt in längst vergangene Zeiten.
Io war trotz ihres Alters noch immer eine Schönheit mit ihrer braun gebrannten Haut und dem ergrauten dunklen Haar. Adam seufzte hörbar neben Kira, als auch er begriff, wer da vor ihm saß.

„Diese Ähnlichkeit …“, flüsterte er überwältigt. „Ist das deine Tante?“ Kira nickte, und auch Io nickte hoheitsvoll auf das Paar hinab und ergriff dann das Wort. Ihre Stimme klang sehr melodisch und warmherzig, als sie sagte: „Ich freue mich, dich wiederzusehen, Kira.“

Kira rang um Fassung. „Wie kann das sein? Du bist eine der Oldthree? Ich … ich … ich wusste von nichts …“

„Ja, ich gehöre zu den Oldthree. Auch deine Mutter gehörte zu uns, aber …“

„Wo ist sie?“, fiel sie ihr ins Wort.
Ein trauriger Ausdruck huschte über Ios Gesicht und Kira ahnte, was sie gleich sagen würde.

„Es tut mir sehr leid, mein Kind, aber sie ist nicht mehr unter uns.“ Diese Endgültigkeit traf Kira wie eine eiskalte Faust in die Magengrube. Ihr wurde übel … sie konnte nicht sagen, ob es vor Trauer oder hilfloser Wut war … oder beidem.

„Was ist mit ihr geschehen?“, fragte sie leise, wobei ihre Stimme fast versagte.

Io zögerte, bevor sie antwortete: „Sie starb durch eine List … ihre Meia und sie wurden durch Gift betäubt und dann … es tut mir so leid …“ Io brach ab und schloss für einen Moment die Augen.

Schockiert sah Kira sie an. „Wieso?“
Io nickte mitfühlend, als sie ihre seelische Not sah.

„Ich werde dir einiges erklären müssen, damit du es verstehst. Lange vor deiner Geburt, Kira, als Atla Antissa längst untergegangen war, wurde das hier unser neues Reich, unsere Zuflucht. Bubastis wurde zur Urstadt der Metamorphe. Wir wurden verehrt als Götter in Tiergestalt. Die Kulturen vermischten sich, und wir passten in die Mythologie der Ägypter - unser Überleben war gesichert. Wir lebten einige Jahrhunderte glücklich zusammen, da unsere Seelenhälften nach und nach in dieses Tal kamen. Wir sandten tierische Boten aus in die Welt - Adler, Falken, Raben, andere Vögel und Tiere - damit unsere halben Seelen zu uns zurückkehren konnten. Die Meias, die auf der Welt verstreut geboren wurden, fanden so den Weg zu uns, und auch die Metamorphe kamen in unser Tal. Leider blieb es nicht so idyllisch …“ Sie sah zu Aisakos hinüber, der grimmig ihren Blick erwiderte.

Dann wandte er sich an Kira und Adam. Seine tiefe Stimme dröhnte durch den Saal.

„Einem meiner Brüder gefiel das nicht … Ursus“, erzählte der Ursidae weiter. „Er wollte nicht altern, nicht verletzlich sein und gewiss nicht irgendwann mit seiner Meia vereint in die Anderswelt hinübergehen. Dieser Bär hetzte die anderen Metamorphe auf, sich ihren Meias zu verweigern oder sich von ihnen abzuwenden. Das war aber nicht so einfach, da alle Meias nach Bubastis strömten.

Alle suchten ihre Seelenhälften und damit ihr Glück. Also schwor Ursus seine Anhänger auf seinen Kampf ein und zerstörte Bubastis, zerstörte die heilige Stadt und den Tempel. Sie töteten Menschen, Metas und Meias gleichermaßen und machten alles dem Erdboden gleich."

„Stopp, stopp!", unterbrach Adam den Urgestaltwandler und hob die Hand. „Ursus? Das kann nicht sein. Ursus ist keine tausende von Jahren alt!"
Kira schüttelte den Kopf. „Da hat Adam recht."

Aisakos nickte wissend: „Nicht der Ursus, den ihr kennt – er hat sich über die Jahrtausende in einen Teufel verwandelt. Damals war er noch nicht ganz so gerissen wie heute. Er ist machtgieriger, gewalttätiger und schlauer denn je. Durch seinen andauernden Zorn, und durch schwarze Magie hat er es geschafft, sich das Gedächtnis seiner Seele zu erhalten, als er in die Zwischenwelt gelangte und dann wiedergeboren wurde. Ursus verbreitet immer wieder Unheil, denn er hat diesen vernichtenden Hass nie verloren."
Kira schluckte schwer. Sie hatten ein noch größeres Problem als gedacht. Mit großen Augen sah sie zu Adam. Sie ahnte, woran er dachte – an Kaja. Adams Mutter hatte sicher nichts von der wahren Verderbtheit ihrer Seelenhälfte gewusst … oder hätte sie ihn dann trotzdem gesucht?

„Und was hat das alles mit meiner Mutter zu tun?", fragte sie die Urgestaltwandlerin und sah ihr fest in die Augen.

„Deine Mutter war eine exzellente Führerin. Sie hat das Beste aus uns allen herausgeholt und uns dazu inspiriert, furchtlos und unbeirrt unseren Weg zu gehen. Ihretwegen entstand dieser Ort hier."

Io machte eine ausladende Bewegung, bevor sie fortfuhr: „Und sie erhielt den Namen dieses Ortes - Bastet - den sie auch gerne annahm. Sie wurde so das Ursymbol unserer Gilde. Damals stellte sie sich mutig gegen Ursus und gewann unzählige Kämpfe, bis er sie viele Jahrhunderte nach der Tempelzerstörung durch eine List ermorden ließ. Er wusste, dass er niemals aufrichtig gegen sie gewinnen konnte."

Traurig schien Io in die Vergangenheit zu blicken. Ihr Blick verlor sich in der Ferne, als ob sie ihre Schwester und deren Meia erneut sterben sah und das Grauen wieder durchlebte, als Ursus alle Statuen und den Tempel zerstörte und Jagd auf Bastets Vertraute und Freunde machte.

„Ich selbst entkam nur knapp dem Tod …" Mit einem tiefen Seufzer kehrte Io wieder in die Gegenwart zurück.

„Wie konntest du mir das alles verheimlichen und dann einfach verschwinden?" Kira hörte ihre eigene Stimme, die sehr zornig klang. „Bastet war meine Mutter!" Aufgebracht lief sie hin und her. Wütend ballte sie die Hände zu Fäusten, und ihre Augen begannen gefährlich zu leuchten.

Io erhob sich und ging langsam auf sie zu, während sie erklärte: „Die Zeit war noch nicht reif. Alles war zu ungewiss, zu verworren, zu gefährlich - Ursus war einige Jahrhunderte vor deiner Geburt wieder zurückgekehrt. Er durfte nichts von dir erfahren! Ich musste dich verlassen, damit du dich und die Zeit sich entwickeln konnten. Alles sollte sich ganz natürlich fügen, wenn es so weit war. Ich hätte diesen schicksalhaften Fluss nur gestört, und womöglich hättest du deine Meia mit mir an deiner Seite nie gefunden." Io sah entschuldigend auf sie herab.

„Wozu das alles?“, hauchte Kira verzweifelt.

„Damit die Prophezeiung in Erfüllung gehen kann.“
Io lächelte und nahm Kira in den Arm. Es war ein seltsames Gefühl für Kira, denn es war so vertraut. Sie fühlte sich vom ersten Moment an geborgen in ihren Armen. Tränen brannten in ihren Augen, und die Wut war mit einem Schlag verraucht.

„Prophezeiung?“, fragte Adam heiser, als er seine Sprache wiederfand.

„Entschuldigt, ihr wisst noch nichts davon“, antwortete Io sanft und löste sich aus der Umarmung. „Die Zeit und die Bären haben viel verändert und auch zerstört - verzeih, Aisakos, aber deine Brüder waren nicht gerade zimperlich“, begann Io und nickte kurz entschuldigend dem Grizzly zu, der als einzige Reaktion darauf verächtlich die Nase rümpfte.

„Bubastis gab es nach dem Angriff nicht mehr. Es wurde zwar von Menschen als Zagazig wiederaufgebaut, aber die heilige Stadt der Gestaltwandler war verloren - nur diesen unterirdischen Teil konnten wir bewahren. Die Metamorphe und die Meias verstreuten sich aus Angst vor Ursus auf der ganzen Welt. Es war schwer, sie wiederzufinden, und es wurde unmöglich, unsere Geschichten weiterzugeben … unsere Kultur starb erneut. Alles wurde vergessen und verdrängt. Nur wir drei schworen uns, die Kultur Atla Antissas zu bewahren, die Stellung zu halten, bis die Prophezeiung der Priesterin des alten Bubastis in Erfüllung gehen würde.“

„Und wie lautet diese Prophezeiung?“ Gespannt sah Adam die Urmetamorphin an und bemerkte, dass sie fast die gleichen grünen Augen hatte wie Kira.

Ios Stimme hallte daraufhin kraftvoll durch den Saal, und Kira rieselte ein Schauer über den Rücken.

„Bastets Bluterbe wird zurückkehren an die Stätte des Verbrechens. Vollkommen vereint in inniger Liebe mit ihrem Seelenzwilling. Jahrhunderte mögen verstreichen – in denen Menschen fliegen lernen und im tiefen Meer tauchen werden – aber der ewige Kampf wird enden, und das weiße Ungetüm wird fallen. Die Hand, die ihn ernsthaft verletzen wird, wird ihn tief in der Seele erschüttern, denn noch nie wurde er derart niedergestreckt. Seine Erlösung wird ebenso die Erlösung aller anderen Seelen sein. Die Läuterung seiner Seele wird uns allen den langersehnten Frieden bringen."

„Und da ihr beide nun endlich hier seid", sagte Aisakos tief grollend, „ist die Zeit jetzt da, auf die wir so lange gewartet haben."

„Und ihr meint wirklich, wir sind diejenigen aus dieser Prophezeiung?", fragte Adam zweifelnd und nahm Kira an die Hand.

„Ja, wir sind uns sicher! Alle Details stimmen", behauptete Orthos mit klarer Stimme. Man konnte ihm anhören, dass es für ihn keinen Zweifel gab.

Adam spürte, wie Kiras Hand den Druck in seiner verstärkte.
Er konnte ihre tiefe Angst und ihre Hoffnung spüren.
Diese aufwühlenden Gefühle verwirrten seinen Seelenzwilling zutiefst.
Adam versuchte, sie durch seine Gedanken zu beruhigen, und das gelang ihm auch. Kira entspannte sich augenblicklich, und Adam fühlte ihre Liebe für ihn in seine Seele fließen.

Irgendetwas schien sie jedoch immer noch zu irritieren.

„Was beunruhigt dich?“, fragte er sie sanft.

Kira schaute zuerst ihn an und dann die Oldthree: „Ihr tragt keine Amulette. Wie könnt ihr euch dann verwandeln?“

Io lächelte und stieg zurück auf ihren Thron, während sie erklärte: „Das ist auch etwas, was durch die Jahrhunderte des Vergessens entstanden ist. Ihr braucht keine heiligen Amulette, um euch zu verwandeln. Diese Geschichte bekommen die jungen Metamorphe von Generation zu Generation erzählt, sodass sie fest daran glauben, eine Verwandlung sei nur mit Amulett möglich. Glaube kann viel Positives, aber auch Negatives bewirken.“

„Aber wieso existiert dieser Glaube immer noch?“, fragte Kira verständnislos.

„Entstanden ist dieser Glaube, um euch zu schützen. Es war ursprünglich positiv für die Metas, zu glauben, ohne Amulett könnten sie sich nicht verwandeln. Heute wendet sich dieser Schutz leider gegen euch.“

„Wann war dieser Glaube positiv?“
Adam konnte nicht verstehen, was es bringen sollte, Angst davor zu haben, sich nicht zurückverwandeln zu können.

Der Urwolf Orthos antwortete anstelle von Io: „Zum einen für die jungen Gestaltwandler, die ihre ersten Verwandlungen erlebten - sie sollten ein gesundes Maß dafür finden und nicht gänzlich zum Tier werden. Sie konnten sich anfangs schlecht zügeln, und viele verfielen dem Tier in sich ganz und gar.

Weshalb auch viele Meias ihre Seelenhälfte nie aufspüren konnten. Zum anderen zum Schutz vor den Menschen, denn die Religionen waren damals extremer als heute. Im Mittelalter zum Beispiel, zur Zeit der Inquisition, kamen viele der Jungmetas auf dem Scheiterhaufen zu Tode, weil sie nach einer Nacht, vielleicht gar nach einer Vollmondnacht, des Morgens aus dem Wald kamen und splitterfasernackt waren. Sie wurden als Hexen und Zauberer verbrannt. Deshalb wurde das Amulett eingeführt, damit ein Metamorph immer ein Kleidungsstück am Körper hat."

„Also kann ich mich auch ohne meinem heiligen Amulett zurückverwandeln?", fragte Kira ungläubig nach. Sie konnte es immer noch nicht fassen.

„Natürlich, meine Liebe. Du hast jetzt das Wissen, dass es auch ohne Amulett geht. Also wirst du es können", lächelte Io und nickte aufmunternd.

„Und was ist mit den Ratsmitgliedern, die Ursus in seinen Kellern gefangen hält?", fragte Adam aufgebracht.

„Auch die könnten es, wenn sie nicht an die Macht des heiligen Amuletts glauben würden", antwortete Orthos und fragte seinerseits: „Was geht dort vor sich?"

Die beiden erzählten ihnen von dem verheerenden Ausmaß von Ursus' diabolischen Machenschaften. Betroffen schwiegen die Oldthree, bis sie ihre Erzählung beendet hatten.
Auch Kira schwieg nun erschöpft, aber Adam fiel plötzlich wieder etwas sehr Wichtiges ein, und sein Gesicht hellte sich auf - endlich konnte er die Frage stellen, die ihm schon so lange auf der Seele brannte:

„Wenn die Meia Saiwalos und die Metamorphen früher hier zusammenlebten, hatten sie sicher auch engere körperliche Beziehungen zueinander, oder?“

„Du meinst, ob sie Sex miteinander hatten?“, schmunzelte Orthos.

„Ja“, antwortete Adam verlegen und schaute Kira an, die ebenfalls etwas unsicher aussah. Sie hatten nicht damit gerechnet, dass der Urgestaltwandler so direkt war und seine Frage auf den Punkt brachte.

„Ja, natürlich, hatten sie den.“ Orthos nickte leicht. „Das war mit einem Ritual verbunden – wenn sich zwei Seelenhälften gefunden hatten, feierten sie sozusagen Hochzeit. Bei uns nannte sich das ‚Seelenverschmelzung‘ und war weit mehr als nur bloße Worte. Es war viel mehr eine heilige Angelegenheit.“

Kira hörte, wie Adam fast ehrfürchtig „Seelenverschmelzung“ flüsterte, als ließe er sich dieses Wort auf der Zunge zergehen.
„Das klingt erhaben.“

„Ja, und gefährlich …“, erwiderte Kira kaum hörbar.

„Stimmt, man kann es gefährlich nennen“, bestätigte Io. „Denn nur zwei Seelenhälften, die wirklich bereit sind, alles füreinander aufzugeben, und ich meine wirklich alles, können den Lohn einer gemeinsamen Seele erlangen.“

„Den Lohn?“ Verwirrt sahen sich Kira und Adam an.

„Wahres Glück, ein gemeinsames erfülltes Leben, ewige Liebe und Sex, der einer Verschmelzung gleicht.“

Io lächelte geheimnisvoll.

„Aber zwei Seelenhälften, die sich gefunden haben, würden doch immer alles füreinander tun, oder nicht?“ Adam verstand den Sinn des Ganzen nicht.

Io hielt ihn mit ihren grünen Katzenaugen gefangen, als sie antwortete: „Du irrst, Adam. Es spricht für dich, dass du so denkst, aber nicht jeder ist so selbstlos und liebt den anderen bedingungslos, egal ob Meia oder Meta. Die einzig wahre Liebe ist vollkommen bedingungslos.“

„Nur, wenn ihr wirklich bereit seid, alles zu opfern, können wir das Ritual durchführen.“ Orthos hatte sich von seinem edlen Thron erhoben, und die beiden anderen folgten ihm. Hoheitsvoll schritten sie die Stufen herab auf das junge Paar zu.

„Habt ihr das Ritual vollzogen?“, fragte Kira neugierig.

„Ja, das haben wir, und wir haben es niemals bereut. Man verliert zwar etwas, aber man gewinnt vieles hinzu, wenn man bereit ist, zu teilen.“

„Was teilt man denn?“ Kira schaute Io nervös an.

„Deine Tierseele, mein Kindchen.“

„Meine Tierseele?“

„Ja, bist du bereit, deine Tierseele mit deiner Meia zu teilen, um wahres Glück zu erlangen?“
Kira schwieg verunsichert, aber Adam antwortete statt ihrer:

„Diesen Preis wird sie nicht zahlen! Das werde ich nicht zulassen! Das will ich nicht! Sie soll nicht erleben, wie es ist, zerrissen zu sein!“ Er legte beschützend den Arm um sie.

„Das ist sehr edel von dir, Adam, aber nicht nur sie wird einen Teil verlieren, auch du wirst deine speziellen Fähigkeiten einbüßen. Bei den Meias ist es so, dass sie ihre Gabe verlieren, wenn sie die Tierseele ihres Metas annehmen. Auch du solltest dir absolut sicher sein, dass du das willst. Du wirst dich danach mit deinem dir anvertrauten Tier nicht mehr verständigen können.“

Corvus! Adam sog scharf die Luft ein. Sein Rabe war ein Teil von ihm – mit ihm nicht mehr verbunden zu sein, wäre zwar schlimm, aber er würde trotz allem immer an seiner Seite sein … und Kira war wichtiger!

„Ich bin absolut bereit dazu! Ich würde auf alles verzichten, um mit Kira zusammen zu sein“, sagte er mit fester Stimme und sah auf sie in seinen Armen hinab.

Sie lächelte glücklich. „Und ich auch!“
Die Oldthree schauten sich bedeutungsvoll an.

„Dann kommt, meine Lieben.“ Io winkte das Paar hinter sich her. „Wir müssen die heilige Pyramide aufsuchen.“

„Ich habe gar keine Pyramide gesehen“, wandte Adam ein.

Orthos schmunzelte etwas. „Es ist keine über der Erde. Unsere Pyramide liegt unterirdisch. Dieser Tempel hier ist so etwas wie der Eingang. Die heilige Stätte führt noch viel weiter in die Tiefe.“

Aisakos ergänzte: „Es gibt viele Geheimnisse, die ihr sicher alle lüften werdet. Jetzt aber müsst ihr uns einfach vertrauen und folgen."

Die Oldthree wandten sich um und gingen aus der Seitentür hinaus, aus der Saam verschwunden war. Der Diener wartete bereits dahinter. Er hatte in einem großen Korb Kerzen und geschliffene Edelsteine von erheblichem Ausmaß dabei.
Io nickte ihm zustimmend zu, und er lief mit schleppenden Schritten voraus. Für einen Moment wunderte sich Kira, wie Saam das wissen konnte, dass sie das heilige Ritual wirklich vollziehen wollten, aber da fiel ihr Blick auf Shaheen, und ihr war alles klar.

Nach einer Weile blieb der Diener an einem Felsblock stehen. Kira erkannte auf dem Stein ein uraltes Relief von Bastet und Anubis. Ein drittes Bild war kaum noch zu erkennen, könnte aber ein Hirsch gewesen sein, und ein viertes war wohl mit einem Meißel komplett verunstaltet worden. Kira konnte nicht erkennen, was es einmal gewesen sein mochte.

Saam stellte den Korb ab, verneigte sich vor den Oldthree und trat ohne ein weiteres Wort den Weg zurück zur Tempelanlage an. Die Urgestaltwandler hatten zwischenzeitlich begonnen, sich in eine Art Trance zu versetzen.
Adam konnte erkennen, wie sich ihre Augen veränderten. Diese Veränderung hatte er bei Kira schon oft beobachten können. Plötzlich verformten sich ihre Köpfe, die Kiefer schoben sich nach vorne, ihre Ohren wuchsen, und es bildete sich Fell auf der Haut. Der restliche Körper jedoch blieb unverändert. Einen Augenblick später standen die drei Uralten mit menschlichen Körpern und Tierköpfen vor ihnen. Kira und Adam sahen sich fasziniert an.

„Noch ein Geheimnis …“, flüsterte Kira ergriffen.
Aber eigentlich war das zu erwarten gewesen, wenn sie sich damals der ägyptischen Mythologie angeglichen hatten.

„Genau.“ Io sprach immer noch mit ihrer menschlichen Stimme, obwohl ihr Kopf der einer Leopardin war.

Aisakos Grizzlykopf brummte gut verständlich: „Einen Gott mit Bärenkopf gab es früher auch, aber der wurde nach Ursus‘ Gräueltaten aus dem Gottestempel und somit aus unserer Geschichte getilgt. Die dritte Reliefzeichnung ist leider auch in Mitleidenschaft gezogen worden durch den Krieg damals.“
Kira wusste nun, was die vierte Zeichnung auf dem Gestein gewesen war.

Orthos drehte sich zu dem Felsen um. „Nur in dieser Gestalt können wir den Felsen bewegen und das Heiligtum betreten, und nur in dieser Gestalt können wir die heilige Zeremonie durchführen.“

Verständig nickten Kira und Adam.
Die Oldthree fassten sich bei den Händen und berührten den Stein.
Ein leises Summen ertönte, und von den sich berührenden Händen glitt ein blauer Strahl in das Gestein. Ein Ruck ging durch den Felsen, und er begann, sich zur Seite zu bewegen. Darunter wurde wieder eine steinerne Treppe sichtbar, die in die Tiefe führte. Io nahm den Korb und ging voraus. Aisakos lud Kira und Adam mit einer Handbewegung ein, Io zu folgen. Die beiden Metas machten den Schluss, wobei Orthos durch Berührung des Felsens, diesen dazu veranlasste, sich mit einem schürfenden Geräusch wieder in seine Ausgangsposition zu bewegen.

Einen Augenblick war es stockfinster, doch einen Moment später flammten Fackeln an den Wänden auf, die die Treppe beleuchteten.
Am Ende der vielen Stufen betrat die Gruppe einen großen Raum, dessen Wände bunt bemalt waren. Erstaunlicherweise war er hell erleuchtet, sodass man jede Einzelheit der Gemälde studieren konnte.

Io zeigte auf die linke Wand. „Hier seht ihr die untergegangene Insel Atla Antissa."

Die Wand zierte eine Landkarte. Mitten im Meer zwischen Amerika und Afrika erhob sich eine fast runde Insel, in deren Mitte ein imposanter Berg thronte. Es gab Städte, Wälder, Flüsse und allerlei Getier.

Auf der vorderen Wand war augenscheinlich die neue Heimat der Antisser, Bubastis, zu sehen. Man konnte steinerne Wohnhäuser und einen Tempelbezirk erkennen. In der Stadt gab es Menschen und Raubtiere, die sich entspannt vor den Häusern aufhielten oder arbeiteten. Alle schienen miteinander glücklich zu sein. Ließ man den Blick auf die rechte Wand weiterwandern, konnte man diesen Raum wiedererkennen, der an die Wand gemalt worden war. An der Decke schwebten Götter und hielten ihre schützenden Hände über die beiden Gestalten auf den Altären. Blaues Licht strahlte aus den beiden heraus. Kira und Adam betrachteten fasziniert die Wand.

„Wir werden also blau erstrahlen …", stellte Adam fest und verkniff sich ein Grinsen.

„Nun ja, vereinfacht gesagt, stimmt das", bestätigte Orthos schmunzelnd.

In der Mitte des Raumes stand ein Doppelaltar, der durch einen goldenen, schmalen Steg verbunden war. Er war aus kostbarem Gestein und reich mit schönen Reliefs verziert von Raubkatzen, Wölfen und Bären und vereinzelt mit Rehen oder anderen Säugetieren, aber auch mit Menschen. Jedem Tier war ein solcher zugeordnet.

Darüber hing ein goldener, fünfzackiger Stern mit Öffnungen in jeder Zacke und in der Mitte. Er war sehr groß und schwebte waagerecht unter der Decke.

Io trat zwischen die Altäre und legte in jede der Öffnungen im Stern einen der geschliffenen Edelsteine. Dann trat sie zurück.

„So, nun möchte ich euch bitten, dass ihr euch auf die Altäre legt. Kira links, Adam rechts. Kira, gib mir bitte dein Amulett."

Zögerlich reichte die Pantherin ihrer Tante das Schmuckstück und war so nervös, dass sie am ganzen Körper zitterte. Was würde nun passieren? Wie würde es sich anfühlen? Würde es wehtun, wenn sich ihre Tierseele spaltete? Sie musste zugeben, dass sie große Angst hatte. Was würde sich für sie ändern, bei ihrer Verwandlung in ihr Tier und mit der Beziehung zu Adam? Sie musste ihre Gedanken unter Kontrolle bringen, sonst würde sie sich verrückt machen. Sie schaute Adam an. Liebevoll erwiderte er ihren Blick. Sie versank in seinen Augen, und dann wusste sie aus tiefstem Herzen, dass es richtig war, wie sie sich entschieden hatte. Sie wollte es genauso sehr wie er. Er küsste sie, bevor sie sich auf die ihnen zugewiesenen Lager begaben. Io, die in die Mitte der Altäre getreten war, nahm Kiras und Adams Hände und legte sie auf dem goldenen Steg zusammen, sodass beide sich anfassen konnten. Sie drehten die Gesichter zueinander und lächelten.

„Ich liebe dich", hauchte Kira, und Adam strahlte.

„Ich dich auch! Du weißt gar nicht, wie sehr …"

≈∞≈

Adam konnte nicht in Worte fassen, wie glücklich er war. Endlich bekam er das geschenkt, was er sich sein Leben lang gewünscht hatte. Wonach seine Seele so sehr gehungert hatte. Kira ließ sich endlich vollkommen auf ihn ein – sie würde zu ihm gehören, für immer und ewig. Er fühlte sich, als würde er vor Glück zerbersten. Konnte Glück wehtun? Dann war es jetzt fast so …

„Ihr dürft euch jetzt auf keinen Fall mehr loslassen. Haltet euch an den Händen und fühlt euch. Fühlt eure Liebe, die stark, bedingungslos und aufopfernd ist. Seid ihr euch dessen wirklich sicher?"

„Ich werde sie nie mehr loslassen", lächelte Adam Kira an. Sie sah ihm dabei vertrauensvoll in die Augen und erwiderte sein Lächeln.

≈∞≈

„Dann lasst uns mit der Zeremonie beginnen."
Aisakos stellte sich rechts, Orthos links und Io ans Kopfende der Altäre. Dann traten sie an die Liebenden heran. Io legte jedem einen Diamanten auf die Stirn. Kira fühlte das kalte Gestein auf ihrem Kopf und sah aus dem Augenwinkel Aisakos zu, wie er Adam zwei weitere Edelsteine auf das Herz und den Bauch legte. Gleichzeitig platzierte Orthos zwei Diamanten an denselben Stellen auf ihrem Körper … Kira spürte eine fremde Macht, die ihren Geist berührte. Dann traten die drei Ursprünglichen zurück.

Wie durch Geisterhand erschien eine Öffnung in der Decke, und herein strahlte reinstes Sonnenlicht. Kira blinzelte in das gleißende Licht. Fasziniert beobachtete sie, wie die vielen, geheimnisvollen Strahlen auf den mittleren Stein des Sterns trafen und sich durch dessen Schliff auf die fünf äußeren Steine verteilten, die wiederum ihren Strahl auf die Diamanten auf Adams und ihrer Stirn sandten. Kira fühlte eine wohlige Wärme, die ihren Körper und Geist ganz und gar einhüllte. Vollkommener Frieden und tiefe Gelassenheit breiteten sich in ihrer Seele aus und vertrieben den letzten Rest an Zweifeln. Sie verspürte eine allumfassende, reine Liebe, so etwas Intensives hatte sie noch nie empfunden.

Es entstand zwischen den Edelsteinen ein Netz unendlich vieler glitzernder Strahlen, die blau schimmerten. Plötzlich ging ein Ruck durch die Altäre, und sie begannen, sich langsam aufeinander zuzubewegen. Kira spürte mit einem Mal etwas Fremdes und doch gleichzeitig Vertrautes, das ihren Geist sanft berührte. Anfangs war es wie ein zaghaftes Näherkommen einer anderen Seele, und Kira wollte schon zurückschrecken, doch auf einmal verschmolz diese fremde Seele mit ihrer.
Sie erkannte sie - es war ihr eigener, verloren gegangener Seelenanteil. Kira spürte Adams Geist, seine Gefühle, seine Gedanken … ihn und sich selbst. Es war überwältigend … sie waren eins!

Langsam aber stetig verschmälerte sich die Lücke zwischen den Altären, und der goldene Steg verschwand im Gestein. Während sich die beiden Gesteinsblöcke bewegten, verstärkte sich das Licht immer mehr, weil die Strahlen immer kürzer aufeinandertrafen. Als die Altäre zusammenkamen, waren sie zu einem einzigen gleißend blauen Strahlen geworden, das sich in einem blendenden Licht vereinigte.

Kira fühlte sich zutiefst entspannt – aber plötzlich spürte sie ein anhaltendes, reißendes Ziehen in ihrem Körper. Sie hörte das zornige Fauchen des Panthers im Geiste. Er versuchte, sich gegen die fremde Seelenhälfte zu wehren, aber Kira war so entspannt und voller Vertrauen, dass ihre wilde Pantherseele schließlich nachgab und die Verschmelzung geschehen ließ.

So plötzlich, wie die Lichter erschienen waren, verschwanden sie auch wieder. Die Öffnung in der Decke schloss sich, und in dem Raum war es nach dem gleißenden Licht mit einem Mal dunkel.

Die drei Ursprünglichen blieben ruhig an ihren Positionen stehen. Ihre Tierköpfe schienen wie erstarrt zu sein.
Sie warteten auf eine Regung der beiden Liebenden.

Adam öffnete die Augen und blickte zu Kira hinüber.
Er lächelte selig, und sie erwiderte es. Ihre Körper schienen vollkommen erschöpft zu sein, als hätten sie tagelang schwere Arbeit geleistet. Die Verschmelzung ihrer Seelen war eine große Herausforderung gewesen. Adam war währenddessen in einen seelischen Abgrund gefallen, denn das erste Mal in seinem Leben hatte er das ganze Ausmaß seiner inneren Leere gespürt, als er Kiras Seele berührt hatte. Ihre Seele war mit dem Panther so eng vereint gewesen, dass sie seine Einsamkeit niemals hätte verstehen können. Sie war nicht abhängig gewesen von seiner Hälfte und hatte nie die Vereinigung gesucht wie er. Ihre Raubtierseele hatte sich gegen ihn zur Wehr gesetzt.

Zuerst dachte er, Kira würde ihn abweisen, aber er fühlte ihre Offenheit und Bereitschaft.

Er musste den Panther für sich gewinnen und ihn an sich gewöhnen, denn das Tier in ihr war verwirrt über die seelische Berührung und musste beruhigt werden. Die Raubkatze forderte Adam so sehr heraus, dass er sie fast nicht zähmen konnte – sie war wie eine unüberwindbare Barriere zwischen ihm und Kira. Das Tier ließ ihn nicht passieren. Erst als Adam begriff, was der Panther von ihm forderte, konnte er die Grenze überwinden. Die Raubkatze forderte seine Gabe der Telepathie als Tribut!

Adam war bereit, all das zu opfern, aber es war schmerzvoll gewesen. Zuerst fühlte es sich an, als würde ihm ein weiterer Teil aus seiner Seele entrissen. Er hatte sich leer und ausgehöhlt gefühlt, und für einige Momente spürte er rein gar nichts mehr. Doch plötzlich hatte sich die andere Seele an ihn geschmiegt, wie es eine Katze bei einem geliebten Menschen tat.

Und endlich wurde er von einer Flut von Liebe und wahrer Erfüllung umhüllt, wonach er sich immer gesehnt hatte. Da war aber noch etwas anderes gewesen. Nicht nur Kiras Liebe, sondern auch ihre wilde Tierseele, die fremd in seinem Geist und Körper war.
Adams Instinkte waren mit einem Mal auf das Äußerste geschärft – ganz anders, viel reiner und freier als bisher. Nun konnte er Kira verstehen. Seine Gabe der Manipulation und der Telepathie war sein Handwerk gewesen, um anderen seinen Willen aufzuzwingen, aber die Pantherseele war ganz anders. Sie war fern von jeglichem Egoismus und war nur auf die ursprünglichen Instinkte ausgelegt.

Io erhob feierlich das Wort: „Es ist vollzogen, ihr seid für alle Zeiten vereint. Der Panther war einverstanden mit Adams Opfer. Ihr könnt euch jetzt beide in dieses Tier verwandeln.“

Kira sah erschrocken zu Adam hinüber. Der zuckte nur mit den Schultern. „Es war nicht der Rede wert“, spielte er es herunter, obwohl es alles andere als leicht gewesen war.

Aisakos erläuterte weiter: „Und da ihr nun beide eine halbe Tierseele habt, kann eure menschliche Seele die animalische Seite viel besser unter Kontrolle halten. Eine Menschenseele ist in diesem Fall stärker - ihr seid nun noch enger miteinander verbunden. Eure Stärke ist verdoppelt, und ihr könnt Ursus das Handwerk legen mit eurem Wissen über die Verwandlung, Vergangenheit und vor allem mit der Verschmelzung eurer gemeinsamen Kraft.“

Kira erwiderte mit fester Stimme: „Ja, wir werden Ursus all seine Lügen in den Rachen stopfen, damit er daran erstickt!“ Ihre Augen funkelten kampfbereit bei dieser Ansage. Adam stand auf und reichte ihr seine Hand. Sie bedankten sich bei den Urgestaltwandlern und folgten ihnen zurück an die Oberfläche, an der es bereits hell geworden war. Geblendet sahen sie in den blauen Himmel.

„So, wir verabschieden uns jetzt von euch. Wir werden uns aber auf jeden Fall wiedersehen! Stärkt euch, und ruht euch ein paar Stunden aus. Kira wird dir sicher bald zeigen, wie du dich verwandeln kannst, und dann erfüllt eure Bestimmung!“ Aisakos reichte Adam beide Hände und nahm dessen Hand herzlich in seine. Io tat das Gleiche mit Kira, zog sie an sich heran und umarmte sie.

„Saam wird euch jetzt zurückbringen. Und - einen ganz wichtigen Rat haben wir noch für euch: Liebt euch, bevor ihr in die Hölle zurückkehrt! Es wird eure Verbindung nochmals stärken!“, schmunzelte die alte Leopardin.

Auch Orthos verabschiedete sich: „Eure Freunde sollten ebenfalls nach eurem Sieg gegen Ursus zu uns kommen und die Seelenverschmelzung feiern. Auch sie haben ihre Liebe bereits bestätigt, da sie ebenfalls große Risiken für diese Liebe eingegangen sind und mit ganzem Herzen für sie kämpfen. Wir werden jetzt untertauchen und uns gut verstecken, sodass wir nicht als Druckmittel gegen euch verwendet werden können. Seid versichert, die Bären werden uns nicht finden."

„Das ist gut so! Wir werden es unseren Freunden ausrichten und dafür sorgen, dass sie unversehrt auf euch treffen werden, um die Seelenverschmelzung zu feiern", sagte Adam dankbar und schüttelte den anderen Urmetamorphen die Hände.

≈∞≈ Verschmelzung ≈∞≈

Saam brachte sie zu ihrem Hotel zurück, verabschiedete sich herzlich von ihnen und verschwand still in den verwinkelten Gassen Zagazigs.

„Hallo, Leute!“ Adam betrat die elegante Hotellobby, in der ihre Freunde zusammensaßen und sich berieten.

„Wo wart ihr so lange?“, fragte Mila besorgt.

„Wir dachten schon, die Ursidae hätten euch erwischt!“, ergänzte Timur.

Adam grinste breit, als er stolz antwortete: „Wir haben die Oldthree gefunden und …“

„Eigentlich haben sie uns gefunden“, unterbrach Kira ihn lachend. Timur, Mila und Epona rissen erstaunt die Augen auf.

„Tatsächlich?“

„Das, was wir euch erzählen werden, wird euch umhauen.“ Sie erzählten ihnen von ihrer Begegnung mit den Oldthree, von den Geheimnissen und von ihrer Verschmelzung. Die anderen konnten nicht glauben, was sie da zu hören bekamen, und schüttelten mehr als einmal die Köpfe. Irgendwann fragte Adam: „Gibt es etwas Neues von Atha und Alexander?“

„Sie sind in Fairbanks angekommen, und die Canoidea haben sie in einem Hotel untergebracht. Deine Band ist auch dort, aber eingeweiht sind die Jungs noch immer nicht. Sie sind nach wie vor ahnungslos. Atha konnte die Meias der Oldthree noch nicht aufspüren“, erzählte Mila und runzelte die Stirn.

„Das ist gut, dass meine Jungs nichts wissen. Je mehr sie wissen würden, desto gefährdeter wären sie." Adam nickte erleichtert.

„Ja, aber Atha sagte, dass einer der drei ihr ganz schön auf den Zeiger gehe mit seinem Gefrage."

Adam lachte.
„Peter, oder? Er lässt sich nicht gern abwimmeln."

„Nein, und offensichtlich auch nicht gern manipulieren, laut Alex", erwiderte Mila amüsiert. „Die Manipulation scheint bei ihm nur kurzfristig zu wirken, und dann geht die Fragerei wieder von vorne los."

„Ja, ich weiß!" Adam grinste und sagte dann entschlossen: „Okay, lasst uns Pläne machen, wie wir Ursus das Handwerk legen können. Unsere Verfolger sind uns sicher auf den Fersen, und ehrlich gesagt, habe ich keinen Bock mehr, ständig zu flüchten!" Alle nickten.

≈∞≈

„Endlich allein!" Kira kuschelte sich in den Sessel und sah Adam mit ihren hellgrünen Augen erwartungsvoll an. „Die Armen", sprach sie weiter. „Die drei waren echt verwirrt, aber uns ging es da ja nicht anders. Aber ich denke, es hat ihnen noch mal einen Anreiz verschafft, gegen Ursus zu kämpfen."

„Hm, Timur war erschüttert, als er hörte, dass das Amulett wertlos ist. Tja, Pech gehabt!" Adam grinste schadenfroh.

„Jaja, du wieder!" Sie zog die Augenbrauen hoch. „Hey, sag mal, wann willst du dich das erste Mal verwandeln?"

„Denkst du, ich bin schon so weit?“

„Warum nicht? Ich bin gespannt, wie es mit einer halben Tierseele sein wird und ob die Verwandlung einfacher ist durch unsere Verschmelzung.“ Kira sah nachdenklich aus dem Fenster.

„Apropos, Verschmelzung …“ Adam blickte sie verschmitzt an. „Ein anderes erstes Mal würde mich jetzt viel mehr reizen … verschieben wir das mit dem Verwandeln.“

Kira fixierte ihn, legte den Kopf schief und lächelte leicht. Lasziv stand sie auf und ging geschmeidig auf ihn zu und setzte sich auf seinen Schoß. Ihre Blicke versanken ineinander, und dann legte sie ihren Kopf an seine Schulter und gab so den Weg für seine Lippen auf ihre Halsbeuge frei.

Ein scharfes Keuchen entrang sich seiner Brust, und sein Herz hämmerte gegen seine Rippen. Sein Körper reagierte fast schmerzhaft auf sein jahrhundertelanges Verlangen. Langsam stand er auf und zog sie sanft mit sich zu dem Doppelbett.

Es war dunkel im Hotelzimmer, aber mit der Sensibilität der Raubtieraugen, die Adam jetzt auch sein Eigen nannte, war die Dunkelheit taghell. Er war froh darüber, denn er wollte diesen aufregenden Körper, nach dem er sich so lange verzehrte, nicht nur fühlen und schmecken, nein, er wollte ihn auch sehen.

Sanft legte er Kira auf das breite Bett. Behutsam öffnete er die Knöpfe ihrer Jeansbluse und küsste zärtlich ihren Hals. Seine Lippen glitten über ihre nackte, zarte Schulter und wanderten hinunter zu ihren Brüsten. Seine Hände streichelten über ihren Rücken und verweilten mit sanftem Druck auf ihren Hüften.

Er verlagerte sein Gewicht ein wenig, damit er ihren Körper mit seinen Händen erforschen konnte, ohne seine Lippen von ihren Brüsten lösen zu müssen. Kira stöhnte leise auf. Seine Hände glitten in ihre seidigen Haare und verteilten sie wie einen duftenden Schleier über ihren grazilen Körper. Seine Finger liebkosten ihr Gesicht und strichen über ihren Hals, was wohlige Schauer in ihr auslöste. Kein einziger Teil ihres Körpers entging seiner zärtlichen Prüfung. Während er ihre Brüste erkundete, die unter seinen sanften Berührungen und heißen Lippen erwachten, entrang sich ihr ein heiseres Stöhnen, und sie wölbte sich ihm entgegen. Als sich ihre Lippen fanden, küssten sie sich in brennender Begierde.

Kira wollte, dass dieser Kuss niemals endete, aber sie löste sich von ihm, denn auch sie wollte jetzt seinen Körper erkunden. Gierig riss sie ihm sein Hemd vom Leib und zerrte ungeduldig an seiner Hose. Diese Verzögerung vergrößerte ihr Verlangen nur noch mehr. Jede von ihr freigelegte Stelle wurde von ihrem Mund in Beschlag genommen. Sie kostete seinen muskulösen Körper und konnte nicht genug von ihm bekommen.

Adam stöhnte unter ihren Berührungen auf, und seine Männlichkeit schwoll vor Verlangen nach ihr an.

Er presste sie an sich und glaubte, die Hitze würde sie beide verbrennen … endlich öffnete sie sich für ihn.

Als sich ihre Körper vereinigten, verschmolzen sie zu einem einzigen bebenden Leib, der nur noch aus reiner Lust zu bestehen schien … die Zeit blieb stehen … ihr gemeinsamer Höhepunkt war pure Ekstase.

Es wurde bereits hell, als er erwachte. Ägypten wurde von einem zartrosa-orangen Licht geweckt, aber Adam konnte den herrlichen Anblick nicht genießen, denn ihnen blieb keine Zeit mehr. Sie mussten weiter, mussten den Jägern entkommen. Aber er wollte die Minuten, die ihnen noch gemeinsam hier in diesem Bett blieben, genießen, bevor der Kampf und die Flucht sie wieder einholten. Er betrachtete Kiras wunderschönen Körper und strich zart über ihre Hüften, so vorsichtig, dass er sie nicht aufweckte. Darauf hatte er Jahrhunderte gewartet, hatte es sich immer wieder ausgemalt und davon geträumt. Die Wirklichkeit jedoch war tausendmal wundervoller als jeder Traum, jede Hoffnung, jeder Wunsch.
Er vertiefte sich in ihr schlafendes Gesicht.
Ein sinnliches Lächeln umspielte ihren Mund, während sie sich wohlig an seine Brust schmiegte. Ihre langen Wimpern warfen Schatten auf die hohen Wangenknochen. Sie sah glücklich und gelöst aus. Würde er jemals genug von diesem zauberhaften Geschöpf bekommen können?

Aber jetzt mussten sie in den Kampf ziehen und dieses Glück verteidigen, um es auch für die anderen Meia Saiwalos und Metamorphe zugänglich zu machen. Dieses pure Glück und diese tiefe Liebe waren all die Opfer wert. Sie mussten Ursus besiegen und die Ratsmitglieder befreien. Das war ihr Plan! Entschlossen fuhr er sich mit der Hand über das Gesicht und weckte Kira mit dieser Bewegung auf. Mit schläfrigen Augen lächelte sie ihn an. Spontan gab er ihr einen Kuss auf die Stirn.

„Es war überwältigend“, sagte er leise.

„Mhm, und ohne, dich verspeist zu haben. Nicht einmal annähernd wollte mein Raubtier ausbrechen“, lachte sie glücklich.

„Obwohl … ich hätte dich schon ganz gern mal gebissen“, grinste sie vielsagend.

„Ich glaube, ich könnte dich auch vor Liebe auffressen. Da haben wir wohl die gleichen Gedanken.“ Adam küsste sie, erhob sich widerwillig und zog seine Jeans und sein Hemd an. Während er es zuknöpfte, räkelte sich Kira in den Federn wie eine Katze.

„Ich weiß, du hörst es nicht gern, aber wir müssen los! Ich möchte es gar nicht aussprechen, aber Simon und seine Schergen sind sicher nicht mehr weit und …“ Er brach ab, denn es war so aufreibend, wieder alles – diesen Moment der innigen Liebe und harmonischen Ruhe – zerstören zu müssen, aber er musste diese Verbindung, diese Liebe und alles, was damit zusammenhing, verteidigen.

„Hm, du Spielverderber.“

„Ich verspreche dir, dass wir noch sehr viele Jahre im Bett verbringen werden, wenn wir Ursus erst erledigt haben.“ Er grinste breit.

„Hoch und heilig?“

„Hoch und heilig!“

„Na gut, ich komme. Geh schon mal vor.“ Kira gähnte und warf dann ihr Kissen nach ihm.

„Du kleine, hinterhältige Katze!“, lachte er, schmiss das weiche Kissen zurück und ließ sie allein. Mit ernsten Mienen erwarteten ihn die anderen bereits in der Hotellobby.

Ein unangenehmer Geruch lag in der Luft, den er nicht einordnen konnte. Er bemerkte nur, dass es ihm die feinen Nackenhaare aufstellte.

Timur sagte sehr leise zu ihm: „Irgendwo hier im Haus sind Bärenmetas untergebracht. Man kann sie riechen! Sie sind anscheinend vor wenigen Minuten hier durchgelaufen. Und sie werden auch wissen, dass wir hier sind. Sie sind bestimmt bereits auf der Suche nach uns."

Adam wusste nun, was der Geruch zu bedeuten hatte - Bären und Ärger! Er drehte sich daraufhin wortlos zur Rezeption um und versuchte, die Gedanken des Angestellten zu lesen, aber es ging nicht.

„Verdammt!", murmelte er. Er hatte vergessen, dass das nicht mehr funktionierte. Das war nicht sehr vorteilhaft. Er musste Mila um Hilfe bitten. Das versetzte ihm einen Stich ins Herz, vor allem, wenn er an Corvus dachte. Wie sollte er sich denn nun mit ihm verständigen?

Mila durchforstete die Erinnerungen des Rezeptionisten und fand, was sie suchte: „Sie sind zu dritt. Ein kleiner Blonder und zwei riesige Kerle. Der Kleine hat sich nach uns erkundigt. Er hat ein Foto gezeigt und Geld über den Tresen geschoben."

Auf einmal riss es Adam. Hektisch lief er durch die Lobby zur Treppe und rief: „Sie haben unsere Zimmernummern. Kira ist allein da oben!"

„Scheiße!" Timur rannte ebenfalls los, die beiden Frauen folgten ihm. Als sie in den Hotelflur einbogen, hörten sie bereits Glas und Möbel zu Bruch gehen.

Adam riss die angelehnte Tür auf und stand zwei Bären und einem Schakal gegenüber. Kira hatte sich auch verwandelt. Als Panther kämpfte sie mit all ihrer Kraft gegen die Übermacht.

Als hätte Adam das schon tausendmal gemacht, riss er sich instinktiv das Hemd vom Leib und begann, sich ebenfalls zu verwandeln. Er spürte ein schmerzhaftes Reißen, aber er ignorierte es. In Bruchteilen von Sekunden sahen sich die drei anderen Raubtiere zwei Panthern gegenüber. Die Schergen von Ursus waren verdattert, dass diese Meia Saiwalo plötzlich zum Raubtier werden konnte.
Timur war auch sehr erstaunt, nutzte jedoch das Zögern der Feinde und verwandelte sich ebenfalls. Mila und Epona verharrten nicht lange auf dem Hotelflur und starrten entsetzt in das völlig verwüstete Hotelzimmer, sondern rannten zu ihrem Zimmer, um ihre Waffen zu holen. Jetzt waren es drei gegen drei, wobei der Schakal gegen einen Panther oder gar gegen einen Tiger keine Chance hatte.

Blitzschnell drehte sich Simon um und griff die Frauen an, die gerade wieder auf der Bildfläche erschienen waren, um sich Geiseln zu verschaffen. Epona war unaufmerksam. Sie achtete nicht auf den Schakal, sondern hatte nur Augen für den sandfarbenen Bären, der sich ihr nun zugewandt hatte. Ein Gefühl von Wärme und Liebe durchströmte ihre Seele, und sie bohrte ihren Blick wie erstarrt in das Gesicht des Ursidae.

„Epona! Pass auf!“, schrie Mila warnend, als der Schakal auf Eponas Kehle zusprang.
Plötzlich änderte das Tier aber ruckartig seine Flugrichtung und knallte direkt an die gegenüberliegende Zimmerwand und blieb bewusstlos auf dem Hotelteppich liegen. Ein Prankenhieb des hellbraunen Bären hatte ihn hart getroffen.

Der andere Braunbär wurde unsicher. Man konnte ihm im Gesicht ablesen, dass er sich fragte, was hier eigentlich lief? Der Kampf kam ins Stocken.
Plötzlich drehte sich der sandfarbene Bär, der die ganze Zeit Epona im Visier gehabt und sich schützend vor sie gestellt hatte, nach seinem Kumpan um und brüllte ihn kampfbereit an. Epona trat an den Bären heran und schmiegte sich an dessen Rücken. Ein Seufzen drang dem Ungetüm über die Lefzen, und er gab einen Moment sein Gebrüll auf, um sich nach ihr umzusehen.
Diesen kurzen Moment nutzte Simon, der das Bewusstsein wiedererlangt hatte, und startete einen erneuten Angriff auf Epona. Iwan jedoch hatte die Gefahr aus dem Augenwinkel bemerkt und blockierte den Schakal in der Luft, biss ihm ins Genick und riss ihm dann den Kopf vom Körper.
Der Tierschädel rollte über den blauen Hotelteppich und blieb vor Eponas Füßen liegen. Blut strömte aus dem Hals des Toten und färbte augenblicklich den Teppich rot.
Iwan brüllte ein letztes Mal die Leiche an und wandte dann seinen Blick zu Sergej, der die Flucht ergriff. So schnell ihn seine vier Pforten tragen konnten, stolperte er den Hotelflur entlang und verschwand um die Ecke. Man konnte das hysterische Geschrei der anderen Hotelgäste hören, die wegen des Lärms aus ihren Zimmern getreten waren und einen wildgewordenen Bären an sich vorbeilaufen sahen.

Schnell nahmen alle vier Raubtiere wieder ihre menschliche Gestalt an. Adam legte Kira eine Decke um den nackten Körper und zog dann seine zerschlissene Jeans an. Auch Timur schlüpfte in seine kaputte Hose. Nur der Isabellbär hatte nichts anzuziehen, deshalb griff er sich ein Kissen und presste es sich vor sein Geschlecht. Sichtlich verlegen drehte er sich den anderen zu. Er wusste nicht, wie er sich verhalten sollte.

„Hi …“, verlegen sah er vom Boden auf und Epona an.

„Hallo“, hauchte sie glücklich und lächelte den Ursidae an. Dann wandte sie sich den anderen zu. „Darf ich vorstellen, mein Metamorph.“ Sie lachte und warf sich dem Hünen in die Arme. Der ließ vor lauter Schreck sein Kissen fallen und fing die junge Frau auf. „So fühlt es sich also an, wenn man seine andere Seelenhälfte gefunden hat“, flüsterte Epona dem jungen Mann zu, der nicht fassen konnte, was hier gerade geschah.

Iwan war vorhin völlig ausgerastet, denn das Bedürfnis, dieses wunderbare Geschöpf beschützen zu müssen, hatte seine Gedanken überflutet. Er hatte sich gegen Simon und Sergej gestellt – und jetzt war Simon tot, und er fühlte sich nicht einmal schuldig. Im Gegenteil, er fühlte sich frei und glücklich. Ursus hatte sie alle angelogen!
Eine Meia brachte kein Unglück.

Wärme durchströmte seinen Körper, und er presste die fremde Frau an sich, als würde er sie nie mehr loslassen wollen. Aber er musste sich zügeln, denn sonst drohte sein inneres Raubtier hervorzubrechen. Er schob seinen Seelenzwilling ein wenig zur Seite und packte sich wieder ein Kissen, das er sich vor seinen Unterleib halten konnte. Verlegen drehte sich Epona weg.

„Mein Name ist Iwan …“, stellte sich der nackte Mann mit hochrotem Gesicht vor. „Ich … ähm … weiß nicht, wie ich mich verhalten soll …“, stotterte er. „Ich weiß nur, dass ich glücklich bin, meine Meia gefunden zu haben, obwohl ich nie geglaubt hätte, das jemals zu sagen. Ursus hat uns so viele Lügen über euch erzählt – und das ist alles mit einem Mal null und nichtig.“

„Ich heiße Epona, und ich warte jetzt schon vierhundert Jahre auf dich. Der Eisbär hat es uns sehr schwer gemacht, euch zu finden", sagte sie und kam aus dem Lächeln gar nicht mehr heraus. „Du warst die ganze Zeit über immer in meiner Nähe. Deshalb konnte ich immer, und auch vorgestern, so schnell heilen", stellte sie fest.

„Vorgestern? Da war ich im Flieger über dem Mittelmeer, als ich plötzlich starke Schmerzen in der Hüfte verspürte – wahnsinnige Schmerzen. Meinst du das?"

„Ja, genau … man hat mich angeschossen", bestätigte sie aufgeregt.

„Wer? Ich werde ihn umbringen!", grollte Iwan.

„Nicht mehr nötig. Ist bereits geschehen", mischte sich Mila ein.

„Oh, entschuldige, Iwan. Das ist meine Mutter Mila, auch eine Meia. Der Kerl dort drüben …", Epona wies auf Timur, „ist der Metamorph meiner Mutter, sozusagen mein Stiefvater. Des Weiteren siehst du hier noch Adam, ebenfalls eine Meia Saiwalo, und seine Meta Kira. Wir alle haben Ursus Maritimus den Krieg erklärt."

„Ja, die anderen kannte ich schon von Fotos, aber du bist nirgends drauf gewesen." Iwan warf Adam einen unsicheren Blick zu. „Wenn das eine Meia ist, wie kann er sich dann in einen Panther verwandeln? Davon habe ich noch nie gehört – nur, dass die Meias uns verhexen und schwach werden lassen, sodass wir sterben."

„Ursus stellt uns wie eine Krankheit dar?", zischte Adam.

Iwan nickte: „Ja, eine Krankheit mit tödlichem Ausgang, der man nicht mehr entfliehen kann. Nachdem du so einen Wirbel auf der Konferenz gemacht hast, hat Ursus das erzählt und uns eindringlich beschworen, uns von euch fernzuhalten, weil ihr eine tödliche Seuche seid."

„Ha! Das ist so ein Schwachsinn! Ich kann gar nicht in Worte fassen, wie wütend mich das macht!", stieß Adam hervor. Sein Lachen klang kalt, aber dann sagte er etwas zugänglicher: „So, damit von vornherein alles klar ist zwischen uns, erzähl ich dir mal was. Folgendes ..." Adam beendete energisch seine kurze Zusammenfassung mit den Worten: „Und das gerade mit der Verwandlung war auch das erste Mal für mich, und das geht auch erst seit gestern. Seit unserer Seelenverschmelzung."

„Seelenverschmelzung?", murmelte Iwan das fremde Wort verdutzt nach.

„Wir werden dir alles genau erklären", versprach Kira. „Du schließt dich doch uns an?" Mit einem verliebten Blick auf Epona nickte der junge Mann erfreut.

„Ganz sicher! Aber jetzt ziehe ich mich erst einmal an."
Iwan verschwand schnell aus dem Zimmer und man hörte die Tür des Nachbarappartements laut zuklappen. Nach wenigen Augenblicken stand der Bär wieder im Zimmer, in Jeans und T-Shirt, und hielt Simons Handy in den Händen, das aggressiv klingelte. Erschrocken sahen ihn die anderen an, aber er sagte gelassen: „Ich werde jetzt im Auftrag von Simon rangehen."

Er warf einen flüchtigen Blick auf den Toten am Boden: „Und werde behaupten, wir hätten euch gefangen genommen. Mal sehen, wie wir mit euch weiter verfahren sollen."

Timur nickte anerkennend. „Ich sehe, der Bursche denkt mit."

Iwan wartete einen Moment und stellte den Lautsprecher an, sodass alle das Gespräch mitverfolgen konnten. „Ja?"

„Das dauerte aber! Wart ihr erfolgreich?"
Eine kratzige Stimme bellte aus dem Apparat, gab jedoch keinen Namen an. Iwan formte still mit den Lippen „Ursus". Der Eisbär war persönlich am Apparat. Hoffentlich ging das gut. Alle starrten jetzt einerseits erwartungsvoll, andererseits misstrauisch auf Iwan. Würde er sie verraten? Nur Epona blieb ruhig und entspannt. Sie vertraute ihrem Bären vollkommen. Adam war auch misstrauisch, aber er konnte sich ja nicht mehr in dessen Gedanken einklinken. Auch Kira war nervös und tigerte unruhig hin und her.

„Ja, waren wir!", erwiderte Iwan sachlich.

„Wer bist du? Das ist das Handy von Simon!", zischte Ursus schneidend ins Telefon.

„Ich bin der Bär, der Simon begleitet. Simon ist gerade in, sagen wir mal, einer Besprechung mit gewissen Leuten, die uns ins Netz gegangen sind."

„‚Besprechung' nennt er das also jetzt neuerdings." Ursus lachte schallend und giftig. „Sehr schön! Lassen wir ihm seinen Spaß. Aber er soll noch etwas übrig lassen, wir brauchen diese Verräter lebend. Wir werden an ihnen ein Exempel statuieren für unsere gefangenen Gäste. Vielleicht öffnet es denen dann die Augen für unser Anliegen."

Er zögerte einen Moment, fuhr dann aber fort:

„Ich habe mir Folgendes überlegt – gib das Simon so weiter! Wir werden mit den Gefangenen nach Deutschland fliegen. Dort gibt es viele Wälder und in einem davon werden wir uns treffen und unsere Pläne in die Tat umsetzen."

„Nach Deutschland?" Iwan hakte nach, da er glaubte, sich verhört zu haben. „Ist das nicht zu gefährlich? Dort gibt es doch gar keine wilden Tiere mehr. Wir würden auffallen, und die Deutschen würden uns sofort abschießen, wenn wir in Tiergestalt in freier Wildbahn umherlaufen."

„Du hast meinen Plan kapiert, wie ich sehe – die erledigen sicher gerne die Drecksarbeit, was die Aufständischen angeht. Wir setzen sie als Tiere dort aus, und die knallen sie ab. Das ist doch ein perfekter Plan, findest du nicht?", lachte er zynisch. „Ich sende dir die genauen Koordinaten und den Zeitpunkt auf dieses Handy."

Ursus lachte eiskalt und beendete grußlos das Gespräch. Kira strich sich über ihre Arme, die mit einer Gänsehaut überzogen waren. Adam bemerkte das und schlang seine Arme um sie, um sie zu wärmen. Die Bösartigkeit dieses Ungetüms war entsetzlich. Auch Mila suchte nach der Hand ihres Tigers, um aus seiner Wärme Geborgenheit und Schutz zu ziehen.

Adam zischte verächtlich: „So ein Irrer! Wenn ich bis jetzt nicht sowieso schon davon überzeugt gewesen wäre, dass der absolut größenwahnsinnig ist, dann …"

Ein kurzes Klingeln unterbrach ihn. Iwan klappte erneut das Handy auf.

„Die Koordinaten … er hat sie gesendet."

„Gut! Wir müssen nach Deutschland. Ich werde einen Jet mieten." Adam nahm sein Telefon und führte ein kurzes Gespräch, aber leider mussten sie bis morgen warten, bis ihr Flug ging, aber so konnten sie sich wenigstens etwas besser kennenlernen.

Kira und Adam gingen das erste Mal gemeinsam jagen, denn Adam verspürte nun auch diesen brennenden Hunger eines Panthers.

Epona und ihr Iwan unterhielten sich verliebt in einem Café, und Mila und Timur streiften gemeinsam durch die Stadt auf der Suche nach Sergej. Er war der Einzige, der sie noch verraten konnte. Aber er war wie vom Erdboden verschluckt.
Sie konnten den Tag normal verbringen.
Allerdings immer mit dem Hintergedanken, morgen dem Grauen gegenüberzustehen.

Da sie aber offiziell als geschnappt galten, konnte ihnen für eine Weile nichts passieren.

≈∞≈ Bezwingende Pläne ≈∞≈

Sie waren an diesem Morgen nach Berlin geflogen und dann weiter nach Thüringen. Dort hatten sie sich auf dem Flughafen einen Jeep gemietet und fuhren nun mitten durch den Thüringer Wald.

Sie näherten sich den genannten Koordinaten. Noch waren sie auf einer Bundesstraße unterwegs, würden aber sehr bald in unbefestigtes Gelände in den Wald abbiegen müssen.

Iwan hatte nochmals mit Sibirien telefoniert, und diesmal hatte er sein eigenes Handy benutzt, um mit den Bären aus dem Gefolge zu telefonieren. Er hatte erfahren, dass sämtliche Gefangene, die immer noch in Tiergestalt ihr Dasein fristeten, in Käfige verfrachtet und Richtung Flughafen abtransportiert worden waren. Auch viele Bären hatten gestern ihre Koffer gepackt und waren nach Deutschland unterwegs. Stimmten die Angaben seiner Kollegen, so mussten schon fast alle an Ort und Stelle sein, sodass sie jetzt dort im Wald auf die laufende Versammlung treffen würden. Das Überraschungsmoment lag also auf ihrer Seite.

Von Sergej war bisher kein Wort gefallen - bis jetzt hatten sie Glück gehabt und er hatte sich noch nicht bei Ursus gemeldet, was Iwan allerdings sehr merkwürdig fand. Mila und Timur waren auch nicht fündig geworden. Seine Spur hatte sich in den Gassen der Stadt verloren.

„Hier rein!" Epona zeigte auf einen schmalen Weg, und Timur lenkte das Auto durch das holprige Gelände. Adam konzentrierte sich auf die Fahrtstrecke.

„Hier sind einige Fahrzeuge durchgefahren und scheinen schwer beladen gewesen zu sein. Ich denke, wir sind richtig."

„Ja, sind wir", bestätigte Mila mit starrem Blick. „Ich lasse Corvus höher fliegen, damit ich einen besseren Überblick bekomme."
Adam bekam einen Stich ins Herz, denn er konnte mit dem Raben nicht mehr gedanklich kommunizieren. Er versuchte es immer wieder, scheiterte aber ständig. Zwar hatte er noch eine enge Verbindung zu dem Vogel, aber er konnte ihn nicht mehr für seine Zwecke benutzen. Corvus' Kopf blieb für ihn für immer verschlossen. Adam hatte Mila die Erlaubnis gegeben, mit Corvus kommunizieren zu dürfen.
Aber diese Entscheidung war ihm sehr schwergefallen.

„Ich sehe sie! Keine zweihundert Meter westlich ist eine Lichtung, da stehen viele Personen und Kisten. Ich nehme an, das sind die Käfige. Wenn Corvus hoch genug fliegt, kann er die gesamte Gegend überblicken. So riesig ist dieses Waldstück gar nicht. Ganz schön gefährlich, was Ursus da treibt. Hier gibt es einige Dörfer in der Nähe."

Plötzlich trat Timur voll auf die Bremsen.
Alle im Wagen stürzten nach vorne. Zwei dunkle Gestalten waren aus dem Dickicht auf den Weg getreten, und in diesem Moment flatterte ein Käuzchen in die Luft.

„Mann, das sind Alexander und Atha!"
Timur stieß die angehaltene Luft aus.

Adam gab zu: „Ich habe sie sofort informiert und es ihnen natürlich freigestellt, hierherzukommen. Ich wollte ihnen nicht vorenthalten, sich am Kampf zu beteiligen."

Er öffnete die Tür, und die beiden Neuankömmlinge stiegen in den Jeep. „Hallo, ihr beiden! Wie ist es euch ergangen?“ Mila umarmte Atha.

„Wie ihr seht, sind wir wohlauf. Deine Bandmitglieder sind die neuen Stars bei den Canoidea, Adam, auch ohne ihren Sänger. Dein Freund Peter hat auch eine sehr schöne Stimme und singt sie alle in Grund und Boden. Ich bin froh, den endlich losgeworden zu sein. Ohne eine sinnvolle Aufgabe ist er echt lästig.“

Atha grinste, und Alex erzählte weiter: „Und die Meias der Oldthree sind gewarnt und gut versteckt. War echt nicht leicht, sie zu finden, aber Nighteye hat sie aufgespürt. Die Meias der Oldthree haben offenbar eine besondere Bindung zu Eulen. Sie haben uns entdeckt, weil Nighteye in ihrem Gebiet fremd war. Wahnsinn, oder?“

Atha fuhr eifrig fort: „Wir wollten unseren Teil zur Freiheit beitragen, also sind wir hier. Außerdem hatte ich Heimweh …“, schmunzelte sie. „In dieser Gegend bin ich aufgewachsen und habe hier meine Kindheit verbracht. Damals war hier noch der reinste Urwald, und es gab viel mehr Laubbäume, vor allem Eichen, aber ich erkenne trotzdem alles wieder.“

Alex betrachtete einen Augenblick Iwan mit erschrockenem Blick, als er den Ursidae bemerkte und ihn erkannte. Flüsternd wandte er sich an Adam: „Du weißt aber schon, dass ihr einen Bären von Simons Gang mit an Bord habt?“ Adam warf Alexander einen beruhigenden Blick zu und nickte nur.

Epona mischte sich ein: „Das ist Iwan, mein Metamorph.“ Glücklich schaute sie dem jungen Mann tief in die Augen.

„Ach, wirklich?“ Nervös kaute Alex auf seiner Unterlippe. „Habt ihr es ihr gesagt, dass er zu Simon gehört?“

„Sie weiß es, und Simon ist tot. Iwan hat ihn umgebracht, als der Schakal Epona bedroht hat. Bist du nun überzeugt? Er ist auf unserer Seite“, erklärte Adam.

„Na, wenn das so ist.“ Alex lehnte sich entspannt zurück und hielt Iwan freundschaftlich die Hand hin. „Nichts für ungut, mein Freund. Aber man kann nicht vorsichtig genug sein, vor allem, wenn einer wie du uns in Mörön ausschalten wollte …“

„Ist schon klar“, gab sich Iwan zerknirscht, schüttelte die Hand von Alex und lächelte unsicher.

„Fahr etwas langsamer, dahinten geht es nochmals rechts in den Wald. Das letzte Stück müssen wir zu Fuß gehen“, sagte Mila mit fernem Blick, der ihre Verbindung mit Corvus verriet.

Der Wagen hielt, und alle stiegen aus. Adam horchte in die Luft – der Schildrabe hatte sich in den Zweigen einer riesigen alten Eiche niedergelassen, die auf der Lichtung wuchs, auf der jetzt Hunderte von Metamorphen versammelt waren.

„Ursus hat bereits mit seiner Rede begonnen. Wir müssen uns beeilen.“ Mila war sehr besorgt.
Angespannt verteilte Timur die Waffen aus dem Kofferraum. Mila und Epona nahmen ihre Streitäxte entgegen. Er selbst und Alexander hatten ihre Langbögen um die Schultern gelegt. Adam kontrollierte nochmals sein Katana und sein Wakizashi. Atha band sich ihre silberblonden Haare zusammen und auch Kira flocht sich einen Zopf.

„Ich hoffe, dass wir uns nicht verwandeln müssen." Atha griff sich an ihr Amulett.
Kira sah das und nahm Athas Hände in ihre. „Du brauchst dieses Amulett nicht, um dich zu verwandeln. Vertrau mir! Die Oldthree haben uns die Wahrheit erzählt und die werden wir in wenigen Minuten Ursus um seine verdammten weißen, pelzigen Ohren hauen. Wir werden vor allen demonstrieren, was es mit dem Amulett auf sich hat!"

Atha sah ihr erstaunt in die Augen. „Wirklich?"

„Wirklich!" Kira lächelte aufmunternd und drückte erneut Athas Hände.

„Na, dann mal los!" Die Paare gaben sich noch einmal einen Kuss oder umarmten sich und marschierten dann in das Dickicht des Waldes.

Es dauerte nicht lange, da hörten sie das Gebrüll des Eisbären, der fanatisch auf seine Anhänger einschrie. Wortfetzen seiner aufgebrachten Rede drangen zu ihnen durch: „Wir sind mächtig und … sogenannte Ratsmitglieder werden … sollten sie nicht ihre … dann werden sie hier an dieser Stelle ohne ihre Amulette freigelassen … in diesem kleinen Waldgebiet …!"
Je näher sie kamen, umso mehr Zusammenhänge konnten sie verstehen und sogar die Lichtung ein wenig einsehen.

„… keine Rückzugsmöglichkeit, keine großen Flächen, keine Steppen, Wälder, Wüsten oder Dschungel. Es gibt keine Beute und keine Ruhe. Die Wildnis in Deutschland wird nicht genügen. Sie werden alle gejagt, erschossen oder bestenfalls gefangen werden und in Zoos und Tierparks verschwinden. Ein Leben lang eingesperrt und von den Menschen begafft!"

Ursus lachte sein irres Lachen und hielt dann seine große Hand mit einem Bündel Amulette hoch, die im Sonnenschein glitzerten und leise klirrten, wenn sie aneinanderstießen. Die Tiere in den Käfigen schienen in sich zusammenzusinken, und auch die Ratsmitglieder Bila, die Tigerin, und Hektor, der Schakal, Asron, die Hyäne, und Justus, der Löwe, die in ihrer menschlichen Gestalt anwesend waren, senkten resigniert ihre Köpfe. Tashiba, die Wölfin, schien nicht hier zu sein. Kira bekam Angst – hatte sie es nicht geschafft?

Iwan betrat in diesem Augenblick die Lichtung, und Ursus' Gesicht strahlte noch euphorischer auf. Er glaubte sicher, dass Simon jetzt gleich kam und seinen Plänen noch mehr Auftrieb gab. Ursus sah sich bereits als Gewinner, aber dann … erschien einer nach dem anderen der Gefährten auf der Lichtung, bis sie alle vor Ursus standen.

Der war für einen Moment unschlüssig, erkannte jedoch die Situation und schrie Iwan an: „Du Verräter! Du Schwächling! Ich wusste von Anfang an, dass du zu wenig Mann bist gegen die da." Er deutete angewidert auf Epona.

Iwan erwiderte ruhig: „Simon lässt sich entschuldigen – er ist zurzeit etwas kopflos."

Ein Raunen ging durch die Menge. Ursus' Augen verengten sich zu schmalen Schlitzen. Purer Hass strahlte aus ihnen hervor.

„Du verdammte Kreatur!" Speichel flog aus seinem Mund. „Das wirst du mir büßen! Du und diese widerwärtigen Wesen, die nicht existieren sollten und eine Lüge der Nation sind und …"

„Entschuldige, dass ich deine kleine Rede unterbrechen muss“, begann Adam schwer beherrscht, „aber wir wollen doch mal schön bei der Wahrheit bleiben. Außerdem hast du uns Meias bei deinen Plänen ganz vergessen – uns erst als nicht existent und dann als Krankheit zu bezeichnen ist unfassbar! Die einzige Lüge hier bist du!“

„Du, du …!“ Ursus' Augen veränderten sich bedrohlich, aber Adam sprach unbeirrt weiter: „Wir können euch allen beweisen, dass wir alles andere als eine Krankheit sind. Und was alles möglich ist, nicht nur in Bezug auf uns, sondern auf euch, eure Amulette und euer Leben.“ Adam entdeckte seine Mutter, die unter einer alten Eiche stand. Sie lächelte stolz, und er nickte ihr zu.

„Glaubt diesem Abschaum nicht!“, brüllte der Eisbär böse. „Oder ich werde euch alle hier und jetzt vernichten!“

Unsicheres Gemurmel breitete sich unter den Gestaltwandlern aus.

Doch bevor Ursus sie alle demoralisieren konnte, erhob Kira die Stimme: „Ihr könnt euch auch ohne eure heiligen Amulette zurückverwandeln! Ihr braucht diesen Schmuck nicht! Es war nur zu eurem Schutz und nicht zu eurem Zwang angelegt worden. Seht her!“

Noch trug sie ihr Amulett, aber mit einer fließenden Bewegung streifte sie es ab, und Adam nahm es entgegen. Augenblicklich verwandelte sie sich vor aller Augen, und ihre Kleider zerrissen. Majestätisch stand sie als Raubkatze inmitten der staunenden Metamorphe. Ihr Fell glänzte in der Sonne, und ihre grünen Augen blitzten.

Plötzlich streckte sich der Körper des dunklen Raubtieres und wenige Augenblicke später stand wieder die schöne, junge Frau vor ihnen, die ihre Blöße bedeckte. Adam reichte ihr das rote Kleid aus dem Amulett und das Schmuckstück, was sie beides überstreifte.

„Ihr könnt euch zurückverwandeln, nur mit dem Wissen, dass ihr frei seid und es tatsächlich auch so geht", rief Kira den eingesperrten Ratsmitgliedern zu. Sofort kam Bewegung in die unzähligen Käfige, und einige Sekunden später saßen in allen Gefängnissen Menschen statt Tiere, die sich verwundert über ihre Fähigkeit umsahen. Stimmen in der Menge der Bären und der anderen Gestaltwandler wurden laut.

„Es ist wahr!", rief einer empört, und ein anderer: „Wir wurden hinters Licht geführt!" Ursus sah wütend in die Menge, aber gegen diese lautstarke Demonstration konnte selbst er nicht anschreien.

Adam übertönte die Meute: „Und noch etwas müssen wir euch zeigen! Wir Meias sind keine Last! Kira, meine geliebte Frau, hat mir ihr Vertrauen und ihre Liebe geschenkt. Und wir haben unsere Seelenverschmelzung gefeiert. Wir sind jetzt für immer eins. Seht her!"
Adam trat neben sie, und gleichzeitig verwandelten sie sich in zwei erhabene Panther.

Ursus wich schockiert zurück.
Kaja fasste sich an ihr Herz und taumelte gegen den Stamm der Eiche. Es entstand ein Tumult unter den Metamorphen.
Sie alle waren völlig überrascht und aufgebracht, und die beiden Liebenden verwandelten sich zurück. Kiras Kleid war zwar nun etwas zerrissen, aber das störte sie nicht.

„Wir stehen hier zu acht vor euch. Vier Paare, die sich für ein gemeinsames Leben gefunden haben. Ein Leben ohne Leere und mit dem Wunsch nach Freiheit. Wir brauchen keinen irren Tyrannen, der über unsere Leben bestimmen will, nur weil er selbst nicht in der Lage ist, zu lieben und seine Meia Saiwalo zu akzeptieren. Seht ihn euch an! Wie erbärmlich muss man sein, wenn man die Schwächeren unterdrücken und ausbeuten will!"

Mit einem markerschütternden, tiefen Gebrüll verwandelte sich Ursus in den riesigen Eisbären, der in ihm schlummerte.

Adam schrie den anderen zu: „Haltet mir den Rücken frei, und überlasst ihn mir!"

Dann riss er sein Lang- und sein Kurzschwert aus den Scheiden und stürzte sich auf den rasenden Bären. Der hatte sich auf die Hinterbeine gestellt und brüllte über den ganzen Platz. Dabei schüttelte er seinen riesenhaften Schädel und verteilte seinen Speichel in der Menge, die erschrocken zurückwich. Viele seiner Anhänger waren unsicher und wussten nicht, was sie tun sollten. Auch sie wichen zurück. Adam führte einen Schlag gegen die Brust des Ungetüms aus, der wehrte diesen jedoch mit einem Prankenhieb ab. Adam setzte einen Vorstoß mit seinem Kurzschwert nach und traf den Bären in die Flanke. Das machte ihn aber nur noch wütender. Während die beiden Kämpfer aufeinander einschlugen, hielten Adams Freunde die Bären, die ihrem Herrscher zu Hilfe eilen wollten, in Schach. Sie zielten mit den Langbögen auf sie, und die Wikingerfrauen hielten ihre Streitäxte wurfbereit mit grimmigen Mienen in die Höhe. Adam und Ursus schlugen ohne Rücksicht und mit aller Kraft aufeinander ein. Viele Wunden waren bereits auf beiden Körpern zu sehen.

Das Fell des Eisbären hatte sich blutrot gefärbt, und auch Adams Hemd hing nur noch in Fetzen am Körper. Eine breite Krallenspur zog sich quer über seine Brust. Da passierte es – Adam machte einen Schritt rückwärts und stolperte über eine Baumwurzel, die wie eine Schlinge aus der Erde herausragte. Er stürzte auf den Rücken und war beim Hochsehen vom Sonnenlicht geblendet. Bei seinem Blick nach rechts sah er in Kiras entsetztes Gesicht. Auch sie hatte starke Schmerzen, denn sie war mit ihm verbunden und versuchte, die Qual aus Adams Körper auf sich zu ziehen, was auch gelang. Er hätte viel stärkere Schmerzen haben müssen, bei der Vielzahl und Schwere seiner Wunden.

Atha stützte Kira, als die vor Schmerzen das Bewusstsein verlor. Adam hatte Angst um sie, aber jetzt konnte er sich nicht um sie kümmern … er musste sich wieder dem Ungetüm zuwenden. Das alles war in einem Bruchteil von Sekunden geschehen und doch auch wieder wie in Zeitlupe. Der Eisbär machte sich bereit, Adam den finalen Schlag zu versetzen.

Da flog plötzlich ein Schatten aus dem Eichenbaum herunter und schoss in das Gesichtsfeld von Adam. Es war Corvus, sein Schutzschild! Ursus konnte nicht zuschlagen, da die Flügel des Raben die freie Sicht auf sein Opfer behinderten. Corvus flatterte ununterbrochen vor dem Riesenschädel des immer wütender werdenden Bären hin und her. Dabei versuchte er, den riesigen Pranken des Ungetüms auszuweichen. Diese Zeit nutzte Adam, um sich aus der Gefahrenzone herauszurollen und wieder auf die Beine zu kommen.
Er griff nach seinem Katana und drehte sich wieder zu seinem Gegner um. In diesem Augenblick traf Ursus den Raben mit einem Prankenhieb und schleuderte den Vogel gegen einen Eichenbaum.

Corvus prallte dagegen, und man konnte ein schreckliches Knacken hören, bevor der Vogel auf das weiche Moos fiel. Dort blieb er liegen und bewegte sich nicht mehr.

„Nein!", schrie Adam entsetzt. Unfassbare Wut überflutete seinen Geist. Unkontrolliert und wie ein Berserker schlug er nun auf Ursus ein. Der brüllte, und sein Speichel spritzte dabei Adam ins Gesicht.

≈∞≈

Kaja hatte ihren Platz unter dem Baum verlassen und war an den toten Raben herangetreten. Unter Schock hob sie ihren ehemaligen Weggefährten auf, den sie damals zum Schutz ihrem Sohn überlassen hatte. Er hatte sie nicht enttäuscht … und gerade eben hatte der treue Vogel sein Leben für das ihres Sohnes geopfert. Er hatte seine Aufgabe als Schutzschild erfüllt. Kaja presste den treuen Vogel an ihre Brust, und heiße Tränen liefen über ihre Wangen, während sie die beiden Kämpfer beobachtete.

Plötzlich ging ein Ruck durch ihren Körper und ihre Seele – so konnte es nicht mehr weitergehen! Jeder Schlag von Adam, der den Bären traf und ihn verletzte, heilte wieder. Und diese Schläge verursachten auch ihr schreckliche Schmerzen. Ihr ganzes Leben war nur ein einziger Schmerz gewesen …

An der Seite dieses Ungetüms würde sie nie das erhoffte Glück finden. Er hatte sich gegen die Liebe und für den Hass entschieden. In diesem Moment verstand sie aus tiefstem Herzen, dass sie nie eine Chance haben würde. Entschlossen legte sie Corvus zurück in das weiche Moos und lief zu einem der Wachen, der keinen Blick von dem Spektakel auf der Lichtungsmitte abwandte.

Mit einem Ruck zog sie das Schwert aus der Scheide des Wachpostens und lief damit auf die Mitte der Waldlichtung.

„Adam, jetzt!", schrie sie und stürzte sich in das Schwert.

Es durchbohrte ihre Brust und blieb in ihr stecken. Sie fiel zu Boden, und über ihr Gesicht rollte eine einsame Träne, dann brach sie zusammen. Ihr Blick wurde starr … es war vorbei …

Kaja war tot.

≈∞≈

Adam reagierte wie in Trance. Er stach auf die Brust des Eisbären ein und traf dessen schwarzes Herz. Ursus brüllte voller Schmerz und Leid auf und suchte verwirrt die Augen seiner Meia Saiwalo. Dann kippte er um und ein letztes Stöhnen entrang sich seiner Brust, bevor auch er starb. Es herrschte absolute Stille auf der Waldlichtung. Niemand gab einen Laut von sich, alle waren wie erstarrt. Schwer atmend stützte sich Adam auf sein Schwert.

Plötzlich regte sich Kira wieder. Sie kam zu Bewusstsein.

„Adam?", krächzte sie leise.

„Liebling!" Adam half ihr auf die Beine.
Er musste sie stützen, denn der letzte Prankenhieb von Ursus auf seinen Oberkörper hatte sie aus der Bahn geworfen.

„Ist es vorbei?"
Kira sah in die Gesichter ihrer Freunde und Feinde. Sie konnte bei allen Anwesenden den Schock, Unglauben, aber auch große Erleichterung erkennen.

„Was ist denn passiert?“ Verstört wandte sie sich Adam zu. In seinen Augen schimmerten Tränen, dann trat er zur Seite und gab den Blick auf die beiden Toten frei.

„Kaja …“
Kira starrte ungläubig auf die zusammengesunkene, zarte Frau in dem himmelblauen Kleid, dessen Vorderteil sich bereits blutrot gefärbt hatte. „… ist … ist sie …“

„Ja, sie ist in die Anderswelt gegangen zusammen mit ihrem Metamorph. Sie hat sich geopfert, um uns allen Frieden zu schenken, und damit wir die Wahrheit leben können.“
Die letzten Worte hatte Adam laut ausgesprochen, damit sie auch alle anderen hören konnten.

„Lasst sie sich nicht umsonst geopfert haben. Wir haben euch gezeigt, dass ein Zusammenleben mit euren Meias keine Entbehrung, sondern eine Bereicherung sein kann. Ihr müsst es nur von ganzem Herzen wollen und eure Seelenhälften bedingungslos lieben, wenn ihr es nicht schon tut.“ Sein Blick wanderte zu Epona und Iwan, die eng aneinandergeschmiegt bei seinen Kampfgefährten standen. Iwan hatte beschützend den Arm um seine Meia gelegt. Er wäre für sie hier und heute gestorben, dessen war sich Adam sicher, und so fuhr er fort: „Seht euch Iwan an! Er war durch Ursus verblendet und vergiftet. Ja, er war einer seiner besten Bluthunde, aber selbst er konnte durch die Liebe bekehrt und geheilt werden. Seht hin! Er liebt seine Meia von Herzen.“

Alle Blicke wandten sich dem jungen Paar zu.
Iwan drückte Epona noch etwas fester an seine Seite, um allen zu zeigen, dass Adam die Wahrheit sprach und er seine Frau verteidigen würde, egal, was oder wer sie bedrohen würde.

„Gebt den Meia Saiwalos eine Chance, euch zu finden, und erlebt das reine Glück. Ihr werdet sehen, es ist viel mehr wert als die Unsterblichkeit. Außerdem sind auch mit eurer Meia noch viele Lebensjahre drin“, schmunzelte er und zog Kira in seine Arme, um sie zu küssen.

„Genau!“, lachte Timur und beugte sich zu Mila, um es Adam gleichzutun.

Haru sah sich in den Reihen der Bären um und sagte laut: „So, Freunde, ich werde jetzt nach Hause zu meiner Meia fliegen, und dann geht's weiter nach Ägypten. Ich glaube, ich habe dort mit meiner Frau ein Date zur Seelenverschmelzung. Und wenn ihr nicht dumm seid, dann tut ihr das Gleiche und macht euch auf die Suche nach eurer Meia Saiwalo. Wir haben lange genug in Kälte und Finsternis gelebt, die Ursus mit seiner Machtgier über uns gebracht hatte. Auch uns steht Glück zu und nicht dieses beschissene Leben in Angst und Schrecken unter der Tyrannei eines einzelnen Übergeschnappten.“

Dann wandte er sich Adam zu und fragte mit tränenerstickter Stimme: „Wirst du dich auch um ein ordentliches Begräbnis für deine Mutter kümmern?“ Adam nickte betreten.

Damit drehte sich Haru um und verließ die Lichtung.

Die Worte des Bären hatten endlich das Eis gebrochen, es kam Bewegung in die stille Menge. Nach und nach verließen die Zuschauer, ob Bärenmetas oder Ratsmitglieder, schweigend die Waldlichtung, um den Heimweg anzutreten.

Jeder war in seine eigenen Gedanken versunken und hatte sich sein Urteil gebildet.

Ob gut oder schlecht, konnte man keinem von ihnen am Gesicht ablesen. Zurück blieben nur die Kampfgefährten und die Toten.

„Wir werden Kaja verbrennen. Das ist ehrenvoll."
Mila hatte an die Tradition der Wikinger gedacht, als sie diesen Vorschlag machte. Alle nickten zustimmend.

So brannte in dieser Nacht ein großer Scheiterhaufen auf der Lichtung unter der alten silbernen Eiche mitten im Thüringer Wald. Die Trauernden standen still und würdevoll daneben, während Kaja, auf deren Brust Corvus lag, und Ursus Seite an Seite den Flammen übergeben wurden.

„Ich hoffe, sie wird in der Anderswelt endlich glücklich", murmelte Kira ergriffen an Adams Brust.

Er konnte nicht antworten, seine Kehle war ihm zu eng, also nickte er nur und küsste seine Frau zärtlich auf den Scheitel.

≈∞≈ Heiliges Versprechen ≈∞≈

Kira schnurrte. „Du hast noch ein hohes und heiliges Versprechen einzulösen.“

„Hab ich das?“ Adam machte große Augen.

„Ja, weißt du nicht mehr? In dem Hotelzimmer in Zagazig?“

„Ja, natürlich, wie konnte ich das vergessen, wo ich doch eigentlich immer nur daran denke, das zu wiederholen“, lachte der junge Mann.

„Du hast es gar nicht vergessen!“, stellte Kira fest.

„Nein, und das werde ich auch niemals! Ich werde alles dafür tun, dieses Versprechen einzulösen. Komm her, mein Liebling, fangen wir damit an.“

Adam konnte seinem Begehren nicht mehr widerstehen. Zärtlich hob er mit seinem Zeigefinger ihr Kinn. Seine Augen waren schwarz vor Verlangen. Sie sah es und wollte es so wie er. Er nahm ihr Gesicht zwischen seine Hände und senkte seinen Kopf. Als seine Lippen die ihren trafen, konnte er ein Stöhnen nicht unterdrücken.

Sie erwiderte seinen Kuss hingebungsvoll. Er spürte, wie sie ihre Lippen öffnete. Seine Zunge erforschte ihren Mund. Zuerst war der Kuss zärtlich und behutsam. Er knabberte spielerisch an ihrer Unterlippe und hauchte kleine Küsse auf ihren Mund. Dann wurde er fordernder, er konnte einfach nicht genug von ihr bekommen.

Sie seufzte auf und schlang ihre Arme um seinen Hals. Seine Hände wanderten an ihrem Rücken herunter, um dann wieder nach vorne zu wandern und zärtlich über ihre Brüste zu streicheln. Er konnte die harten Brustwarzen unter ihrem Shirt spüren. Kira lag auf dem Bett und Adam neben ihr.

Er hatte sich über sie gebeugt und strich behutsam mit seinem Daumen über ihre Unterlippe. Dann hauchte er zarte Küsse auf ihr Gesicht. Sie überließ sich seinem Mund, der jetzt zärtlich über ihren Hals glitt, und seiner Zungenspitze, die einen Augenblick in ihrer Halsgrube verweilte. Sie atmete seinen männlichen Duft ein, und ihre Lust wurde immer drängender. Leidenschaftlich bog sie sich ihm entgegen.

Er konnte sein Begehren kaum noch zügeln, aber er wollte sie glücklich machen und sich Zeit lassen. Kira fühlte, wie sich sein sehniger Körper an den ihren drängte, und sie spürte seine Lippen, die begehrlich ihren Nacken küssten, und fühlte an ihrem Schoß Adams Lust wachsen. Sie rieb sich durch den Stoff seiner Hose daran.

„Ich will dich!“, hörte sie es rau aus seiner Kehle aufsteigen. Adam knöpfte ihr Shirt auf. Sie spürte seine warmen Hände, die zu ihren Brüsten wanderten.

Seine weichen Lippen umfassten ihre Knospen. Kira seufzte laut und knöpfte seine Hose auf und schob sie ihm über seine Schenkel. Fordernd zog sie ihn zwischen ihre Beine. Sein Atem wurde schneller, und er machte leichte Bewegungen mit der Hüfte. Kira entschlüpfte ein Seufzer des Wohlbehagens. Sie hielt sich an seinen Schultern fest und schmiegte sich enger an ihn. Mit den Händen erforschte sie jede Wölbung auf seinem Rücken. Seine Hände fassten sie fest um die Taille, hielten sie, bis sie sich stöhnend in die Bewegung fügte.

Ein Aufwallen begann zwischen ihren Schenkeln, und als ihr Höhepunkt aufloderte, hörte sie seinen halb erstickten Schrei und wusste, dass sie gemeinsam ihr Ziel erlangt hatten.

Sie lehnte sich an ihn und fühlte sich schwer und müde, aber überglücklich. Mit einem seligen Lächeln auf den Lippen schlief sie an seiner Brust ein.

Adam hielt sie fest in seinen Armen. Er hatte sein Glück gefunden, und er hatte es vielen anderen ebenfalls ermöglicht. Die Metamorphe und Meia Saiwalos konnten jetzt einer gemeinsamen, glücklichen Zukunft entgegensehen und diese zusammen aufbauen.

Ursus Maritimus war tot. Nur der Gedanke an seine Mutter schmerzte ihn sehr, aber sie hatte ihre Wahl vor langer Zeit schon getroffen. Ein Leben ohne Liebe ist nicht lebenswert. Kaja hatte mit ihrem Opfer den Meias und Gestaltwandlern zu Glück und Frieden verholfen. Sie würde ihnen allen stets in ehrenvoller Erinnerung bleiben.

Adam stand auf und ging an das Panoramafenster des Hotels und sah hinaus in die klare Nacht. Die hell erleuchtete Stadt lag wie ein Lichtermeer in dem thüringischen Tal.
Ein tiefes Gefühl des Friedens und unbeschreiblichen Glücks durchströmte seine Seele.

Er war endlich angekommen.
Seine Seele hatte ihr wahres Zuhause gefunden.

Edition Sternsaphir

Der Verlag Sternsaphir

Der kleine Verlag „Sternsaphir“ wurde im April 2015 in Saldenburg von Nicoline Drexler gegründet. Tochter Nadine arbeitet freiberuflich als Illustratorin für den Verlag und haucht den Geschichten mit ihren zauberhaften Bildern Leben ein.

Der Name „Sternsaphir“ wurde aufgrund der Bedeutung des Edelsteins gewählt, der ein „Stein des Himmels“ ist. Um den Saphir ranken sich viele Mythen und Legenden, so besagt eine davon, dass die Strahlen des Sternsaphirs Hoffnung, Glaube und Schicksal symbolisieren. Es heißt, in Sternsteinen wohnen „Engel des Lichts“, manchmal aber auch Dämonen und Schatten.

Der Saphir steht für Wahrheitsliebe und Weisheit.

Der Verlag Sternsaphir verlegt Bücher, die aus der Reihe tanzen, Herzen berühren, verzaubern, beflügeln, betören, manchmal vielleicht auch verstören - Bücher, die das bunte „Chaos“ des Lebens in allen Farben reflektieren.

„Das Leben soll kein uns gegebener, sondern ein
von uns gemachter Roman sein.“
(Novalis)